Die U-Boot-Fahrer

Lothar-Günther Buchheim

Die U-Boot-Fahrer

Die Boote, die Besatzungen und ihr Admiral

C. Bertelsmann

Die Fotos dieses Buchs stammen aus meiner Zeit als Marine-Kriegsberichter – mit Ausnahme einiger, die Fritz Grade als Leitender Ingenieur von U 96 machte, und einiger anderer aus meinem Archiv, deren Urheber ich nicht kenne. Ich danke Fritz Grade und den unbekannten Fotografen.

Auf dem Vorsatz: U-Boot-›Nachwuchs‹ auf einem U-Boot-Begleitschiff der 27. U-Boot-Flottille
Dem Titel gegenüber: Erich Topp inmitten seiner Besatzung auf U 552

Layout und Gestaltung: Lothar-Günther Buchheim
Schutzumschlag: Lothar-Günther Buchheim
Satz: Filmsatz Schröter GmbH, München
Printed in Austria
ISBN 3-570-01288-3

Inhalt

»Sie waren jung: 22, 21 Jahre die Kommandanten, die ›Alten‹, 20, 19 die Wachoffiziere. Ihre Lebenserwartung betrug wenige Monate, statistisch waren sie binnen Jahresfrist alle tot. Wenn die Boote Saint Nazaire oder Brest, Lorient, La Pallice oder Bordeaux verließen, verdichteten sich Krieg und Geschichte zum raum- und zeitlosen Kampf ums Überleben, der fast immer verlorenging ... Sie hatten keine Ahnung, worum es ging, sie kannten nur die Propaganda und wurden von einem dumpfen Gefühl getrieben, ›es‹ gut machen zu wollen.«

Michael Salewski: Von der Wirklichkeit des Krieges

»U-Boote sind wieder zu einer höchst aktuellen Waffe geworden. Der U-Boot-Krieg des Zweiten Weltkriegs ist aber Historie. Die U-Boote von heute sehen ganz anders aus als die von ehedem, die U-Boot-Strategie hat sich total geändert. Die Waffe wie die Strategie haben nur noch den Namen mit der Waffe und der Strategie des Zweiten Weltkriegs gemein. Aus den Torpedoträgern sind Atomraketenträger geworden. Die Strategie hat sich zur Abschreckungsstrategie gewandelt. Ihre Heimtücke haben die U-Boote aber behalten, ja sie sogar in einem erschreckenden Ausmaß vervielfacht.«

Lothar-Günther Buchheim

Die Bedrohung aus der Tiefe

U-Boote! U-Boote und kein Ende.
Irgendwann nach dem Krieg glaubte ich, freizukommen von der Obsession U-Boot. Ich hoffte, die U-Boote würden, wie so viele andere Waffen auch, veralten – aber das Gegenteil ist der Fall:
U-Boote beherrschen in erschreckendem Ausmaß die Nachrichtenspalten. Die grauen Ungetüme erscheinen bedrohlich verschlossen auf Illustriertenseiten: U-Boote – das wird immer deutlicher – sind nunmehr tatsächlich zu unser aller Lebensgefährdung geworden. Grund genug, die wahre Natur dieser bösartigen Waffe zu zeigen – zu zeigen auch, wie die U-Boot-Fahrer im Zweiten Weltkrieg verheizt wurden und ein propagandistisch hochstilisiertes Dauersiegen in Wahrheit eine entsetzliche menschenverschlingende Niederlage war, und wie die als technische Wunderwerke gefeierten Tauchboote schließlich für viele tausend junge Menschen zu ›stählernen Särgen‹ wurden.
U-Boote sind zur schlimmsten Bedrohung zwischen den potentiellen Feinden geworden. Im Verhältnis zu ihrem gemutmaßten Gegner UdSSR sind die USA viel anfälliger für atomare U-Boot-Angriffe – ihre großen Städte sind schließlich, weil an den Küsten gebaut, solchen Angriffen fast schutzlos ausgesetzt, während die meisten der russischen Großstädte aufgrund ihrer geographischen Lage vor U-Boot-gestützten Raketen relativ sicher sind.
Schiffe zu versenken, das war auch jüngst erst wieder das Ziel von U-Booten. Die ›Belgrano‹ wurde von einem britischen U-Boot torpediert.
Die Aktualität der U-Boote ist dadurch bestürzend geworden. Ich habe sie mir nicht gewünscht. Ich dachte vielmehr, dieses Kapitel meines Daseins wäre abgeschlossen. Nun aber kommen Publikationen im Gefolge meines Romans quasi am laufenden Band auf den Markt, fast durchweg Verherrlichungen des unterseeischen Orlogs – für mich eine Herausforderung, die ich annehme.
Mein Part: Schildern, wie es wirklich war.

Die Historiker können nur wenig dazu beitragen, ein ›richtiges‹ Bild vom U-Boot-Krieg zu zeichnen. Es gibt nun einmal für diesen schrecklichen Teilkrieg auf und unter dem Wasser, für das Dahinleben der Besatzungen am Rande der Existenz, für ihr tapferes oder auch ihr unmenschliches Verhalten, keine Vergleiche. Die Historiker selber können sich schwerlich vorstellen, worüber sie schreiben. Ihr Anspruch, die Vergangenheit – und damit auch diesen ans Mythologische grenzenden Untersee-Orlog – mit wissenschaftlichen Analysen zu bewältigen, muß unerfüllt bleiben. Versagen muß auch schon eine genaue und noch so zuverlässige Beschreibung – eben weil der Kampf der U-Boot-Fahrer, ihre maßlosen Strapazen, ihr klagloses Erleiden, ihre Schrecknisse und ihr Verenden in den Tiefen der Meere außerhalb aller ›normalen‹ Erfahrungen liegt.

Wenn schon die ›klassischen‹ Mittel der Wissenschaft versagen, »wenn es darum geht, den Davongekommenen ihre eigene Vergangenheit vorzuhalten, sie ihnen einsichtig zu machen, ihnen zu helfen, mit ihr fürderhin zu leben«, sollen Fotodokumente die genaue Erinnerung an den U-Boot-Krieg als eine schreckliche, schier perverse Abart des Seekriegs bewahren.

Man kann, wie es Militärapologeten so gerne tun, den U-Boot-Krieg als einen ›Kampf von historischer Größe‹ bezeichnen. Man kann ihn aber auch ein grausiges Beispiel des Kriegswahnsinns nennen, ein so sinnloses wie schreckliches Hinmorden meist blutjunger U-Boot-Fahrer und alliierter Seeleute.
Gerade weil es sich bei den U-Boot-Fahrern um eine kleine Truppe handelt und ihr Kampf überschaubar bleibt, kann der U-Boot-Krieg als Paradigma für die Perversität *aller* kriegerischen Auseinandersetzungen gelten, eines auch dafür, wie brutal eine Verbrecherclique, wenn sie erst einmal die Macht über Leben und Tod besitzt, die ›Blüte der Nation‹ ins Verderben schicken kann, und wie am Ende eine die Wirklichkeit verfälschende Geschichtsschreibung das Grauen dieses Kriegs mit ihren Statistiken und Auflistungen vergessen macht.

Warum der Empörungsschrei der Veteranen so laut und unisono gegen mein Buch ›Das Boot‹ tönte, und immer noch tönt, ist klar: Der U-Boot-Krieg soll als ›saubere Variante des deutschen Größenwahns‹ in die Geschichte eingehen. Der U-Boot-Krieg hat, um ein banales Bild zu gebrauchen, ›unter Ausschluß der Öffentlichkeit‹ stattgefunden. Die wenigen Überlebenden unter den Beteiligten wollen, als hätten sie sich dazu verabredet, das Bild dieses Teilkriegs nach ihren Wünschen zurechtretuschieren, um es gesäubert und idealisiert der Geschichte anheimzugeben: die U-Boot-Fahrer als eine Truppe von opfermütigen Edelingen, die Kommandanten eine Runde von Artusrittern ohne Fehl und Tadel, die standhaft gegen eine erdrückende Übermacht unter einem löwengleichen, genialen Führer kämpften und am Ende nur von der Materialüberlegenheit der Gegner schachmatt gesetzt wurden.
Für den Historiker Michael Salewski ist der U-Boot-Krieg der Deutschen »ein ausgespiener Brocken der Zeit und zugleich ein in der Geschichte der Deutschen und des deutschen Selbstverständnisses seit Generationen tiefverwurzeltes Erlebnis säkularen Zuschnitts. Zugleich von beklemmender Allgemeingültigkeit und tiefster Verfremdung. Gräßliche Wirklichkeit für einige Tausende, schauernde Ahnung für die Millionen, die das Deutsche Reich aus den Tiefen der Weltmeere zur Weltmacht auftauchen zu sehen glaubten, im Ersten wie im Zweiten Weltkrieg. Absurde Rechtfertigung für viele, denen angesichts der Vernichtungslager im Osten der Gedanke an die kontinentale Expansion des Reichs stockte und die ›ihre Augen nach dem Wasser‹ gerichtet hatten.«

Alle Bezeichnungen für das, was den U-Boot-Fahrern geschah, sind letztlich Beschönigungen. Was in den Weiten und den Tiefen des Atlantiks tatsächlich passierte, kann nicht überliefert werden.
Den Männern in den Stahlröhren ist alles abgefordert worden, was der Mensch nur zu leisten und zu leiden vermag. Wie sie, den fast sicheren Tod vor Augen, hinausfuhren und sich keine ›Schwachheit‹ anmerken ließen, das ist, wenn es schon ums Preisen der sogenannten soldatischen Tugenden gehen soll, über jedes Lob erhaben.
Denen aber, die nicht Mut und Mumm hatten, dem grausigen Treiben ein Ende zu setzen – den skrupellosen Einpeitschern – muß Zorn und Verachtung gelten.

›Schöne‹ Bilder aus dem Totenreich

Vor manchen Bildern dieses Buchs sollte man sich hüten. Einige könnte man ›aufregend‹, andere sogar ›schön‹ nennen, ihre graphischen Reize könnten gefangen nehmen. (Selbst noch Bilder mit Vietnamgreueln konnten ja schön, fast dekorativ aussehen. Ich kenne Bilder mit viel Menschenblut, denen sogar etwas Kulinarisches anhaftet.)
Fotos sind allemal nur ein Surrogat der Wirklichkeit, ein mit dem Sucher herausgepickter Teilaspekt. Sie reizen auch nur das Auge. Geräusche, Gerüche fehlen. Ihre Objekte sind nicht ertastbar. Fotos geben also tatsächlich nur einen Abklatsch der Wirklichkeit. Mit Hilfe von Fotos gelingt es deshalb selten, den Motor der Vorstellung anzuwerfen. Ich sage hier bewußt nicht ›der Phantasie‹, denn um Phantasien geht es ja nicht, sondern um Vorstellungen von der Realität.
Die Detonationen flach eingestellter Wasserbomben erscheinen zum Beispiel auf Fotos schön wie mächtige weiße Blumenkohle. Für einen wie mich, der selber bei der U-Boot-Jagd dabei war, ist es besonders verwirrend, daß man diese Bilder auch *so* sehen kann.
Die Jagd auf U-Boote ist eine quasi abstrakte Jagd. Es gibt meistens außer diesen Blumenkohlen keine Bilder. Allenfalls noch den Anblick einer leeren Meeresfläche mit einem breitlaufenden Ölfleck darauf. Wenn man davon nun gar nur Fotos sieht, wird es schwer, sich vorzustellen, daß da unten im Wasser die ganze Besatzung eines U-Boots um ihr Leben bangt.
Jedes Mal, wenn ich Bilder von Wabodetonationen sehe, muß ich zwanghaft an jenen britischen Zerstörer denken, der seine Wasserbomben mitten zwischen die eigenen Schiffbrüchigen werfen mußte, weil es, als er gerade beim Retten der Besatzung eines torpedierten Dampfers war, U-Boot-Alarm gegeben hatte – einen starken ASDIC-Kontakt direkt dort, wo die armen Kerle schwammen.
Das Beispiel soll zeigen, wie verschieden die Wirkung einzelner Fotos auf ihre Betrachter sein kann, wie sie sich je nach den Erfahrungen, die der einzelne gemacht hat, verändern kann, und daß es das ›objektive‹ Foto gar nicht gibt.

Die Fotos dieses Buchs habe ich während meiner Zeit als Marinekriegsberichter gemacht. Als solcher war ich *vorsätzlicher Zeuge* für Entbehrungen, Angst und Lebensgefahr im U-Boot.
Ich war dabei – und zwar in einer besonderen Rolle: Als Kriegsberichter war ich zugleich Insider und Outsider. Ich *mußte* beobachten, *mußte* mich informieren. Das war mein Dienst. Ich hatte mehr Einblicke als der normale Mann. Daher kommt mein Obligo: Ich muß meine Einzelstimme erheben gegen die schon wieder wie ein Sprechchor zusammenklingenden Stimmen der unbelehrbaren Geschichtsverfälscher.

Deutsche Landser mit einer angeschwemmten Ankertaumine – ein Bild aus dem Ersten Weltkrieg. Wie später im Zweiten Weltkrieg auch wurde schon damals der Haß aufs ›Brudervolk‹, die Engländer, künstlich erzeugt. (Die Italiener standen seit 1915 auf der anderen Seite.)

Von Mythen umrankt …

Als Prien am 14. Oktober 1939 mit U 47 nach Scapa Flow eindrang und das Schlachtschiff ›Royal Oak‹ versenkte, entstand für das Volk eine schier mythologische Verbindung mit den U-Boot-Helden des Ersten Weltkriegs. Dem Reichspropagandatrommler Goebbels konnte gar kein besseres Argument als der Angriff eines U-Boots direkt in der Bucht von Scapa Flow geliefert werden, um das Volk in einen wahren Siegestaumel zu versetzen. Wie der Winzling David den Riesen Goliath hatte nach Weddigen nun auch Prien einen übermächtigen Feind besiegt und damit zugleich auch noch die ›Schande‹ der Internierung und schließlichen Selbstversenkung der Reste der deutschen Hochseeflotte in der Bucht von Scapa Flow getilgt.
An die U-Boote heftete sich nun einmal mehr der Wunderglaube des Volks.
Das erste U-Boot der Kaiserlichen Marine war zwar schon vor rund achtzig Jahren, nämlich am 14. Dezember 1906, von dem Kapitänleutnant von Boehm-Betzing als U 1 in Kiel in Dienst gestellt worden, aber erst mit der ›Ruhmestat‹ von Weddigen drangen die U-Boote ins allgemeine Bewußtsein.
Weddigen war der alles überstrahlende Held des Ersten Weltkriegs. Er hatte in

einem einzigen, überaus klug und kaltblütig vorgetragenen Angriff vor der holländischen Küste drei britische Panzerkreuzer versenkt.
Daß von einem einzigen U-Boot drei englische Kreuzer in kürzester Zeit versenkt werden konnten, ging gegen alle Vorstellung. Es war unglaubhaft. Es schien, als hätte sich die Schicksalsgöttin auf die Seite der Deutschen geschlagen und der böse Feind einen warnenden Fingerzeig direkt von oben bekommen. Otto Weddigens Boot, U 9, wurde legendär.

Die Begeisterung für Weddigen und die Männer von U 9 kannte keine Grenzen mehr. In einer zeitgenössischen Schrift wurde Weddigen so bejubelt:
»... Immer peinlicher empfanden es die stolzen Panzer und Kreuzer Albions, daß geheimnisvolle Kräfte ihnen entgegentraten, die abzuwehren nicht in ihrer Macht lag. Anfang September sank der englische Kreuzer ›Pathfinder‹ plötzlich – ein Torpedo des deutschen Unterseebootes ›U 21‹ hatte ihn vernichtet. Es war der erste Erfolg eines Tauchbootes im Weltkrieg.
Noch glaubte die ›Ozeanbeherrscherin‹ an einen Zufallstreffer. Aber da brachte der 22. September ein Ereignis von gewaltiger Tragweite, den bahnbrechenden Triumph der Unterseewaffe. Das deutsche Tauchboot ›U 9‹, Kommandant Kapitänleutnant Weddigen, kreuzte in den Morgenstunden auf der Höhe Hoek van Holland, als es dreier englischer Panzerkreuzer, begleitet von kleinen Fahrzeugen, ansichtig wurde. Unbemerkt näherte sich das Unterseeboot. Sein erster Torpedo traf den ›Aboukir‹, der sofort sank. Sofort wurde ›U 9‹ beschossen, tauchte aber und vernichtete in kurzen Zwischenräumen auch ›Hogue‹ und ›Cressy‹. In nicht zwei Stunden hatte das kleine Tauchboot eine ganze englische Eskader in den Grund gebohrt!
Diese unerhörte Tat lenkte begreiflicherweise die Augen der ganzen Welt auf die großartigen Möglichkeiten der neuen Waffe. Unbeirrt arbeiteten die deutschen Blaujacken auf dieser neu eingeschlagenen Bahn des Erfolgs weiter...«

Damals ging es für die U-Boote noch im ungleich größeren Maß als im Zweiten Weltkrieg um den Kampf Kriegsschiff gegen Kriegsschiff. Weddigen konnte mit seiner Tat den größten, je von einem U-Boot-Kommandanten errungenen Sieg über eine ›Feindesmacht‹ für sich in Anspruch nehmen. Wenn von militärischen ›Leistungen‹ gesprochen wird – im Fall Weddigen war es sicher eine.
Ob die reine Zerstörung, wie sie später die Aufgabe der U-Boote wurde, im gleichen Sinn als militärische ›Leistung‹ gelten darf, muß dahingestellt bleiben. Für manchen Kommandanten verband sich jedenfalls das Dampferversenken mit Skrupeln, vor allem für diejenigen, die selber, ehe sie zur Kriegsmarine kamen, als Kapitäne von Handelsschiffen gefahren waren und es als ihre Aufgabe betrachtet hatten, ihr Schiff *heil* von einem Hafen zum anderen zu bringen. Einen dieser Kommandanten hörte ich nach einer ›erfolgreichen‹ Feindfahrt schimpfen: »Diese Abwrackerei, die gefällt mir nicht!«
Diesen Mann konnte ich von allen Kommandanten, die ich erlebte, am besten verstehen: Er tat seine Pflicht, aber er empfand sie als triste Notwendigkeit, der er nicht entgehen konnte, und er tat sie ohne Haß auf die Zunftgenossen von der anderen Seite. Es war ihm befohlen worden, Schiffe zu versenken – also versenkte er Schiffe. Zuletzt – das heißt, als er von einem Frontboot abgelöst wurde – hatte er so viele Schiffe versenkt, daß sie, hätten sie noch schwimmen können, einen ganzen großen Hafen gefüllt hätten. Seinen Halsorden trug er, weil er zur Uniform gehörte. Aus dem Dilemma, in das der Krieg ihn gebracht hatte, fand er auch Jahrzehnte danach nicht mehr heraus.

Die Herrscher der See

Im Ersten Weltkrieg müssen die U-Boot-Operationen, besonders die im Mittelmeer, wie große Sensenschläge gewesen sein. Manchem U-Boot gelang es, an einem einzigen Tag ein Dutzend und mehr Schiffe – freilich meist kleine – zu vernichten. Noch jeder hölzerne Frachtensegler, den die U-Boote trafen, wurde versenkt. Die U-Boote waren damals im Mittelmeer tatsächlich ›Herrscher der See‹.

Der Handelskrieg mit U-Booten war, als er im Oktober 1914 entbrannte, ›neuartig‹. Die U-Boote konnten, weil sie den Gegner überraschten, unerwartet große Erfolge erzielen. Die Anzahl der Schiffe, die ihnen schließlich zum Opfer fielen, ist erschreckend hoch: 6394 Handelsschiffe mit 11948702 Bruttoregistertonnen und dazu 100 Kriegsschiffe.

Welchen materiellen Verlust die im Seewasser versunkenen Ladungen der Handelsschiffe darstellten, läßt sich kaum ermessen. Die ›Strecke‹ der U-Boote – die Anzahl der versenkten Schiffe – war im Ersten Weltkrieg noch größer als im Zweiten. Aber auch die Verluste der U-Boote waren damals hoch: Von den 273 Frontbooten gingen 178 zugrunde. 4744 U-Boot-Fahrer wurden getötet. Als der schreckliche Kampf zu Ende war, wurden die übrigen Boote an die Sieger übergeben. Die meisten wurden in den britischen Hafen Harwich geschleppt: 105 Boote. Frankreich bekam 46, Japan 7, Italien 10, die USA 6.

So wurde damals die »modernste und wunderbarste Waffe«, das U-Boot, gefeiert:
»Eine unübersehbare Reihe von Erfolgen hat der einjährige Guerillakrieg der Tauchboote bereits gebracht, Taten von strahlender Ethik und Größe, von denen die Enkel in fernen Tagen noch singen und sagen werden. Daß des Deutschen Reiches und unseres Vaterlandes Küsten noch kein feindliches Geschwader zu beschießen wagte; daß in England peinliche Teuerung herrscht und die Streiks immer mehr an der Tagesordnung sind; daß Stambul in voller Zuversicht der weiteren Entwicklung des Meerengenkampfes entgegensieht und unser treuverbündetes Halbmondreich von seinen Feinden auch zur See gefürchtet werden muß: Es ist das Verdienst jener jugendlichen Helden in ihren stahlumhüllten Booten, von denen gar manche nur mehr im treuen Gedenken der Heimat weiterleben. Die Fülle des von ihnen in selbstlosester Aufopferung Vollbrachten in engem Rahmen zu sichten, ist schier unmöglich geworden.«
So erschreckend hoch die ›Erfolgsziffern‹ der U-Boote auch gewesen sein mögen, sie täuschten über die Effektivität dieser Art von Seekriegsführung: Weder im Ersten noch im Zweiten Weltkrieg gelang es der deutschen Führung, England mit U-Booten ›auf die Knie‹ zu zwingen. Im Rückblick stellt sich der U-Boot-Krieg *beider* Weltkriege – nicht anders als die Flächenbombardements gegen deutsche Städte im Zweiten Weltkrieg – als ein Demolierunternehmen von monströsem Ausmaß und als ein absurder Ausrottungsversuch dar.

Ein wahrer Begeisterungstaumel durchlief nach der Tat Weddigens das Volk. Die Kurzformel ›U 9‹ wurde zum Siegessymbol. Auf unzähligen Postkarten wurde die dekorativ aufgereihte Besatzung von U 9 mit dem Kommandanten in ihrer Mitte abgebildet. Torten wurden mit U 9 genauso geschmückt wie Zigarrenkisten. Eine Woge von nationalem Kitsch schwappte allerorten hoch.

Die U-Boot-Waffe – verpönt oder makellos?

Nach dem Ersten Weltkrieg, heißt es, war es nicht einfach, sich U-Boot-Fahrer zu nennen. Die Waffe hatte einen schweren Makel. Der Nimbus einzelner Kommandanten strahlte zwar – Weddigen, Steinbrinck, Forstmann –, die Waffe aber war als ›heimtückisch‹ verpönt. Die Erinnerungen an den ›totalen‹ U-Boot-Krieg wurden nach dem Friedensschluß von den Politikern tunlichst verdrängt.
Heute muten die Vorbehalte von damals als schier groteske Ehrpusseligkeit an: Heimtücke gilt längst nicht mehr als negatives Kriterium, der Krieg ist allemal ›total‹, also ein Krieg auch gegen Zivilisten, der Überfall in der Art der Strauchdiebe ist zur üblichen Form der Kriegserklärung geworden, wer mit Verschlagenheit und Heimtücke operiert, gilt als der intelligentere der Kämpfer.
Damals – das heißt zu Beginn des Ersten Weltkriegs, also bevor auch schon dieser Krieg ein ›totaler‹ wurde – mag es mit dem ›Kampf ausschließlich gegen Schiffe‹ noch seine Richtigkeit gehabt haben: Als der U-Boot-Krieg noch ›nach Prisenordnung‹ geführt wurde, mußten von U-Booten ›offen‹ gestellte Dampfer anhalten und ihre Ladung untersuchen lassen. Erst dann, wenn sich herausstellte, daß es ›Bannware‹, also für England bestimmtes Kriegsgut war, mußte die Besatzung das Schiff verlassen, und erst dann wurde es mit Artillerie oder Torpedos von dem U-Boot, das ihm den Weg verlegt hatte, versenkt.

Bilder aus dem Ersten Weltkrieg: Sie ähneln denen aus dem Zweiten fast aufs Haar. Oben: Verabschiedung von Freiwilligen für die U-Boote nach ihrer Ausbildung auf einem Schulschiff im April 1917. Rechts: Ein neues Besatzungsmitglied meldet sich, Seesack auf dem Rücken, bei seinem neuen Kommandanten auf dem Oberdeck des U-Boots an Bord.

1917 änderten die Deutschen endgültig das ›Verfahren‹: *Alle* entdeckten Dampfer wurden ohne Warnung torpediert.
Für die Politiker war nach Ende des Ersten Weltkriegs die U-Boot-Waffe vor allem deshalb ein so heißes Eisen, weil der totale U-Boot-Krieg ja, wie man annahm, zum Eintritt Amerikas in den Krieg auf der Seite der Gegner Deutschlands geführt hatte. Vom Gegner wurden die U-Boote als ›Pest‹ bezeichnet und die Kommandanten als ›Kaperer‹ oder ›Piraten‹ öffentlich beschimpft.

Selbst noch im Zweiten Weltkrieg gab es ganz erhebliche Skrupel gegen den Einsatz von U-Booten. Raeder stand im Grunde während seiner ganzen militärischen Karriere den U-Booten skeptisch bis ablehnend gegenüber. Hitlers Zögern zu Anfang des Kriegs hatte freilich seine Ursache darin, daß er immer noch hoffte, die Engländer würden klein beigeben. Im Grunde wollte er gegen das ›Brudervolk‹ keinen Krieg haben. Selbst dann noch, als die Generäle nach den großen Siegen im Westen darauf drängten, daß nun sofort der Sprung über den Kanal gewagt werden sollte, zögerte Hitler, und das tat er so lange, bis der Elan des Siegens und Weiterstürmens endgültig dahin war und die geplante Invasion Englands abgeblasen werden mußte.

Ausrüstung eines U-Boots im Kriegshafen von Kiel 1917.

Oben: Granaten kommen an Bord.
Rechts oben: Torpedos werden von Prahmen übernommen.
Links: Im Hecktorpedoraum eines U-Kreuzers. Foto aus dem Jahr 1917. Die Bodenverschlußklappe des Steuerbordrohrs steht offen, die Schrauben des Torpedos – gegenläufige Schrauben – sind zu sehen. Auf der stark ausgebildeten Mittelachse des Torpedos setzte der Preßluftkolben an, genauso wie bei Torpedos der Boote im Zweiten Weltkrieg.
Rechts: Im Motorenraum eines U-Boots im Ersten Weltkrieg.

Die Waffe rüstet auf

Das Prestigedenken der Marine mag die höchste Hemmschwelle gebildet haben, als Dönitz statt einiger schwerer Überwasserschiffe eine ganze große Flotte ›grauer Haie‹ bauen wollte. Die Kriegsmarine war auf neue riesige, mächtig drohende schwimmende Stahlkolosse aus – Skagerrak rumorte noch in den Köpfen. Aber U-Boote? Die sahen alles andere als imposant aus: Auf fatale Weise traf die Metapher von den schwimmenden Särgen die U-Boote genau. Keiner, der sie in den Häfen der Schulflottillen zu sehen bekam, konnte sich dem Eindruck der besonderen Bösartigkeit und Bedrohlichkeit dieser schwimmenden Kampfmaschinen, deren mörderische Waffen unter dem Wasser verborgen blieben, entziehen. Man wußte ja auch, *wie* die U-Boote attackierten – wie gut getarnte Wegelagerer nämlich, die ihre Torpedos vorwiegend schutzlosen, als Einzelfahrern daherziehenden Dampfern ›verpuhlten‹.

Diese Bilder zeigen das legendäre U 35. Das Boot gehörte zur U-Boot-Flottille Pola und war das erfolgreichste U-Boot der Welt überhaupt. Vom November 1915 bis zum März 1918 wurde es von dem einer Hugenottenfamilie entstammenden Kapitänleutnant Lothar von Arnauld de la Perière befehligt, der mit ihm auf fünfzehn Unternehmungen 189 Schiffe mit 446 780 Bruttoregistertonnen und dazu zwei Kanonenboote versenkte. Mit U 35 wurden insgesamt 224 Schiffe mit 535 900 Bruttoregistertonnen versenkt. Arnauld de la Perière überlebte den Krieg. Er kam am 24. Februar 1941 durch einen Flugzeugabsturz bei Le Bourget um. Er gilt als »erfolgreichster U-Boot-Kommandant der Welt«. Ihm fielen 194 Handelsschiffe und dazu zwei Kriegsschiffe zum Opfer. In einem nur vierundzwanzigtägigen Unternehmen im westlichen Mittelmeer versenkte er 54 Schiffe mit 90 350 Bruttoregistertonnen alliierten Schiffsraums.

Links: Prinz Heinrich von Preußen begrüßt Besatzung und Kommandant von U 35.

Der Prinz dichtete zum Jahreswechsel 1915/16 auf »seine U-Bootsleute«:
»Zu neuen Taten rüstet Euch, wenn neu ins Jahr wir gehn,
Ihr, die Ihr Eure Pflicht erfüllt von andren ungesehn,
Wenn tauchend unterm Meer Ihr fahrt, wenn Euch verbirgt die Flut,
Dann steh' Euch bei – in Sicht der Feind – des Ubootsmannes Mut!
Halt't aus Ihr tapf'ren Tauchgesell'n, seid stark zu aller Zeit,
Vergeßt nie, daß wir kämpfen all' für Deutschlands Herrlichkeit.«

Rechts: U 35 begegnet einem Seeflieger. Im Zweiten Weltkrieg war von der eigenen Luftwaffe fast nichts zu sehen.

Der Seekrieg der Habenichtse

Die Deutschen waren, als sie den Zweiten Weltkrieg vom Zaun brachen, Habenichtse, aber zugleich auch Möchtegerns. Beides ging schlecht zusammen. Und dennoch schien es ein Patentrezept zu geben, mit dem sich Mittel und Anspruch vereinen ließen, und das hieß: forcierter U-Boot-Bau. Wenn man schon mit den Briten in punkto Seerüstung nicht gleichziehen konnte und eine offene Konfrontation in der Art der Skagerrak-Schlacht sich diesmal mangels Schiffen von selbst verbot, wollte man die Briten mit List und Tücke zur Ader lassen, und zwar an ihrer empfindlichsten Stelle – ihren Nachschubwegen.
Die Handelsschiffe, die dringende Versorgungsgüter und später das Kriegsmaterial für die Landung in der Normandie, die ›Invasion‹ Europas, zur britischen Insel karrten, waren die eigentlichen ›Objekte des Seekriegs‹, diesmal genauso wie im Ersten Weltkrieg. Nur fühlten sich nunmehr die U-Boot-Kommandanten – wie auch die Gegenseite – an keine auf dem Völkerrecht fußenden Regeln und Einschränkungen gebunden.
Das U-Boot wurde ein Kampfinstrument, das den pervertierten Bedingungen des totalen Kriegs ganz und gar entsprach: *Jede* Einschränkung des U-Boot-

Dieses 1917 bei seinem Auslaufen aus Kiel fotografierte U-Boot hatte noch einen offenen Steuerstand vor der Brükke. Bei den Booten des Zweiten Weltkriegs war der Steuerstand im Turm. In beiden Fällen zeigt allein schon die Plazierung des Steuerstands deutlich, daß es sich eben nicht, wie die Bezeichnung ›Unterseeboot‹ suggeriert, um unter dem Wasser operierende Schiffe handelte, sondern nur um Tauchboote, die ›normalerweise‹ über Wasser fuhren. Das echte Unterseeboot unserer Tage, also das von der Außenluft unabhängige, gab es weder im Ersten noch im Zweiten Weltkrieg.

Kriegs – und im Ersten Weltkrieg gab es deren viele – wäre gegen die Natur der U-Boot-Waffe gegangen. Seine wirkliche Natur war nun einmal die Heimtücke. Seine Torpedos wurden ohne Unterschied auf zivile Dampfer wie auf Kriegsschiffe losgemacht. Seine ›eigentlichen‹ Ziele waren sogar die ›zivilen‹ Schiffe, die Handelsdampfer also, die ihrerseits ganz und gar außerstande waren, ein U-Boot zu bekämpfen. *Jeder* Handelsdampfer war, sobald er seinen Hafen verlassen hatte, ein potentielles Opfer der U-Boote. Die Kapitäne konnten nichts anderes tun, als auf Gott zu vertrauen und von ihm möglichst schlechtes Wetter zu erbitten – und allenfalls noch Zickzackkurse zu fahren.

Man könnte hier einwenden, die Handelsdampfer seien schließlich auch bewaffnet gewesen. Diese ›Bewaffnung‹ war aber ridikül. Ihre schrottreifen Kanonen waren Relikte früherer Zeiten. Ich habe während des ganzen Kriegs von keiner einzigen Beschießung eines U-Boots durch einen Handelsdampfer gehört.

Im Propagandaministerium muß man schier frohlockt haben, als die Engländer Kanonen auf die Backs ihrer Handelsdampfer setzten. Für die Verteidigung der Dampfer hatten diese Ungetüme wenig, oder besser gar keinen Wert, für die Führung des ›Reichs‹ aber lieferten sie den Grund, die mit diesen kümmerlichen Kanonen martialisch herausgeputzten Handelsschiffe als Kriegsschiffe anzusprechen und damit die Reste moralischer Skrupel beiseite zu räumen.

Drei Jahre hindurch hatten im Ersten Weltkrieg die Politiker gezögert, den uneingeschränkten U-Boot-Krieg, für den der Admiralstab so nachdrücklich plädierte, zuzulassen – ungeachtet der Gefahren, in die U-Boote bei der Erfüllung der geltenden Regeln – zum Beispiel durch die sogenannten U-Boot-Fallen – gerieten. Die Politiker wußten eben besser als die Admiräle, was auf dem Spiel stand: die Pervertierung des Kriegs aus einer militärischen Auseinandersetzung in den mit aller nur erdenkbaren Rücksichtslosigkeit und Härte geführten totalen Krieg – in den Krieg Volk gegen Volk statt Armee gegen Armee und Flotte gegen Flotte.

1917 gaben die Politiker nach, und bald schon mußten sie die verheerenden Folgen ihrer Schwäche erkennen: Die USA traten an die Seite der Gegner: Der Erste Weltkrieg war nun wirklich für die Deutschen verloren. Worauf Hitler, und mit ihm Dönitz, die Hoffnung gründete, England im Zweiten Weltkrieg mit U-Booten zu besiegen, bleibt Hekuba.

Die simple Grundidee

So ›großartig‹, wie sie immer von Dönitz-Apologeten dargestellt wurde, war also die Idee des Angriffs auf die Zufuhrwege der Britischen Insel nicht – sie sah mehr nach ›ein Schnippchen schlagen‹ als nach offener kriegerischer Auseinandersetzung aus: Wenn man nur gleichzeitig verschlagen und kühn genug war, mußte der Sieg über den viel stärkeren Gegner gelingen können.

Die Engländer waren von vornherein durch ihre Insellage strategisch benachteiligt. Sie waren von Zufuhren über See völlig abhängig. Im Rückblick nimmt es wunder, daß die Briten nach den Erfahrungen aus dem Ersten Weltkrieg die deutsche U-Boot-Gefahr vor Beginn des Zweiten Weltkriegs so folgenschwer unterschätzten. Sie hatten sich offenbar bluffen lassen und im Flottenvertrag mit Großbritannien vom 18. Juni 1935 den Deutschen den Bau von U-Booten im Verhältnis 45 zu 100 zur englischen U-Boot-Flotte erlaubt.

Nächste Doppelseite: Eine Ehrenkompanie der Reichsmarine marschiert während der Olympischen Spiele 1936 über den Berliner Kurfürstendamm, der Kompaniechef und die Zugführer mit Schärpe angetan, den Säbel gezogen.

JUNO

Die Engländer fühlten sich im Besitz ihres schon 1917 entwickelten ASDIC gegen die U-Boote gefeit. Damit überschätzten sie jedoch die Möglichkeiten der Ortung mittels Schallwellen erheblich.
ASDIC: Allied Submarine Detection Investigation Committee. Es handelte sich um ›aktive‹ Schallortung mit Hilfe von Unterwasserschallimpulsen – ›Pings‹ –, die vom U-Boot reflektiert wurden. Die Amerikaner nannten das Verfahren ›Sonar‹. (Die deutschen U-Boote besaßen nur ›passive‹ Schallortungsgeräte.)
Bei Demonstrationen hatten sich zwar verblüffende Ergebnisse eingestellt, in der Kriegswirklichkeit aber sah dann alles anders aus: Sehr oft gingen die ASDIC-Kontakte, die ein Zerstörer oder ein anderes Eskortschiff hatte, wieder verloren. Außerdem war die Reichweite des Geräts sehr gering: ungefähr nur eine Seemeile. Zur richtigen Deutung der Schallreflexe war langes Training und auch Begabung nötig. Weitere Nachteile des ASDIC waren, daß es nur bei relativ geringer Fahrt und relativ ruhiger See eingesetzt werden konnte. Aber auch dann konnten die Angaben – zum Glück für die U-Boote – noch sehr fehlerhaft sein: Die Schichtungen des Meerwassers spielten dabei eine Rolle – sie konnten die Schallwellen ablenken, den ›Strahl‹ brechen. Vor allem aber war das ASDIC gegen aufgetaucht fahrende U-Boote unwirksam, und so konnten sich U-Boote, ohne daß sie geortet wurden, bei ihren nächtlichen Attacken sogar von vorn in die Geleitzüge hineinsacken lassen, im Geleitzugstempo mitfahren, um schließlich mit Torpedoangriffen ›von innen heraus‹ heillose Verwirrung zu stiften.
Viele U-Boote konnten sich, auch dann, wenn sie unter Wasser geortet worden waren, ihrem Verfolger wieder entziehen. Wenn freilich zwei Eskortschiffe mit ihrem ASDIC nach einem U-Boot suchten, gab es für dieses kaum ein Entkommen.
Noch 1937 müssen die Engländer die von den deutschen U-Booten ausgehende Gefahr falsch – nämlich zu gering – eingeschätzt haben, erlaubten sie den Deutschen doch eine Erhöhung der U-Boot-Tonnage bis zum Gleichstand mit der eigenen. Da die Briten vor allem zur Protektion ihrer Interessen in entfernten Seegebieten große Boote besaßen, konnten die Deutschen – selbst im Rahmen des Vertrags – bald über eine wesentlich größere Zahl von U-Booten als die Briten verfügen, indem sie kleinere bauten – es zählte ja nicht die Stückzahl, sondern die Tonnage. Der Typ VII, das im Zweiten Weltkrieg hauptsächlich eingesetzte Kampfboot, war das Ergebnis.
Das Kalkül kam freilich nicht mehr zur vollen Wirkung, weil durch langdauernde Meinungskämpfe im OKM über den richtigen Bootstyp soviel Zeit verlorenging, daß bei Kriegsbeginn die Deutschen erst knapp über vierzig Prozent der britischen U-Boot-Tonnage erreicht hatten.
Die Rechnung der Deutschen – den Engländern mit U-Booten die Zufuhr abzuschneiden – war simpel. Aber funktionieren konnte der Plan, den Dönitz seiner Seestrategie zugrunde legte, nur dann, wenn der Gegner sich ›erwartungskonform‹ verhielt, also seinerseits nichts unternahm, was die Voraussetzungen für den ›Zufuhrkrieg‹ der U-Boote ändern würde. Sie wurden aber ganz entschieden geändert, als die Alliierten ihre Dampferherden zu riesigen schwimmenden Festungen zu machen verstanden und die U-Boote ihres besten Schutzes, und damit auch ihres heimtückischen Wesens – ihrer Unsichtbarkeit nämlich –, beraubten. Als auch die Alliierten sich auf den U-Boot-Krieg eingestellt hatten, war es für die U-Boot-Waffe mit den siegbringenden Überraschungscoups vorbei: Aus den Siegern wurden Gejagte und schließlich Geschlagene.

U 38, ein VII A-Boot, ein Boot der neuen Kriegsmarine, gebaut bei der Deschimag AG Weser, Bremen. Diese im Rahmen des Londoner Flottenabkommens gebauten Boote, hatten ›offiziell‹ eine Verdrängung von 500 Tonnen, in Wirklichkeit aber betrug die Verdrängung 626 Tonnen über Wasser, 745 unter Wasser. Die Länge war 64,51 Meter. Das Geschütz hatte Kaliber 8,8 cm, das MG 2 cm.

U 38 wurde am 24. Oktober 1938 unter Kapitänleutnant Liebe in Dienst gestellt und fand am 5. Mai 1945 durch Selbstversenkung bei Wesermünde sein Ende. Sein letzter Kommandant: Korvettenkapitän G. Peters.

Hier paradiert U 38 im Oktober 1939, also kurz nach Kriegsbeginn, vor Admiral Raeder. (Das Boot zeigt die Reichskriegsflagge.) Die hier groß mit weißer Farbe aufgemalte Bootsnummer wurde später allgemein eliminiert, um dem Gegner keine Möglichkeit der Identifizierung der U-Boote zu geben.
Die VII A-Boote waren ›Einhüllenboote‹ und die Vorläufer der VII C-Boote, der ›eigentlichen‹ Kampfboote im Zweiten Weltkrieg. Die Boote der Typen VII A und B wurden als ›mittlere Hochseeboote‹ zu Beginn des Kriegs wesentlich im Kanal, aber auch gegen die Westküste Englands eingesetzt.

Drei VII C-Boote im vereisten Hafen von Pillau. Das Boot links bekommt durch die dikken Schläuche Dampf von einem Heizprahm. Am Bug des dritten Boots ist ein vormontierter Eisschutz zu sehen. Im Hintergrund ein Dampfer der Afrikalinie, die ›Huascaran‹, das Mutterschiff für die 23. U-Flottille, die eine Ausbildungsflottille war. Hinter der ›Huascaran‹ die mit Tarnanstrich versehene ›Robert Ley‹, ein ›Kraft durch Freude‹-Dampfer, der als Wohnschiff der U-Boot-Lehrdivision eingesetzt war.

Der Typ VII C verdrängte im aufgetauchten Zustand 761 Tonnen. Es war das Ergebnis des Wunsches, möglichst viele atlantiktüchtige und im Vergleich zu den englischen Einheiten kleinere Boote zu besitzen.

Die eisernen Särge von Pillau

Es erscheint mir nötig, gleich am Anfang zu sagen – also ehe die Bilder zur Wirkung kommen – was in diesem Buch Sache ist: die grauenhafteste Form des Kriegs überhaupt, der Seekrieg.

Der Seekrieg war weitaus schrecklicher, als es die hier versammelten Bilder zeigen können. Er verschaffte manchem Erlebnisse, die so grauenhaft waren, daß er sie nicht mehr wahrhaben will. Im Seekrieg haben beide Gegner stets einen zweiten Feind, die See – ›the cruel sea‹. Die große Wassergarotte wartet im Krieg auf *jeden* Seemann.

Der Seekrieg ist ein pervertierter Krieg. Er ist es auch deshalb, weil er ein ganz und gar ›sauberer‹ Krieg ist: keine im Stacheldraht hängenden Verwundeten, keine Trümmer und Ruinen, keine aufgedunsenen Leichen. Die Seeschlacht hinterläßt keine Spuren. »Affe tot – Klappe zu!« sagten wir damals mit keckem Zynismus.

Ich habe selber erlebt, wie spiegelglatt die See im Morgendämmern dalag, nachdem sie eben ein von einer Fliegerbombe getroffenes Kameradenboot verschlungen hatte. Ich wollte mit dem Kopf gegen die Stahlwand rennen, weil ich nicht kapieren konnte, daß das andere Boot, mit dem wir eben noch Blinksignale getauscht und dann sogar Sprechverbindung hatten, weg war. Einfach weg und aus! Und auf der seidig opalisierenden See nur ein paar unordentlich hingesprenkelte Punkte: die schiffbrüchigen Kameraden.

Nie wieder empfand ich sie so sehr als eiserne Särge wie bei ihrem ersten Anblick im winterlichen Hafen von Pillau. Als ich die Boote im Eis entdeckte, erschauerte ich bis ins Mark. Es kam gewiß von der Kälte, und weil wir mit bloßer Brust herumlaufen mußten, aber damals spürte ich zugleich auch eine Art Entsetzen, wußte ich doch schon von dem Unglück, das U 57 – einen ›Einbaum‹ – getroffen hatte:

Das kleine Boot, das zur Flottille ›Emsmann‹ gehörte, war im Herbst 1940 in der Brunsbütteler Schleuse mit einem norwegischen Frachter kollidiert – und das mitten in der Nacht. Das Boot hatte keine wasserdichten Schotts. Es wurde knapp hinter der Zentrale vom Steven des Norwegers getroffen und so gründlich aufgeschlitzt, daß es in Sekunden wegsackte. Nur die Brückenbesatzung kam bei dieser nächtlichen Kollision unbeschadet davon.

Als das auf die Seite gekippte Boot im Beisein des Kommandanten gehoben

wurde, fand man in der Zentrale einen Teil der Besatzung ineinander verklammert. Ohne Zweifel wollten die Leute zum Turm und sich vor dem andringenden Wasser retten. Sie bildeten aber auf der anderen Seite des Sehrohrschachts – an einer völlig falschen Stelle – eine dichte Menschentraube.
Nach diesem Unfall wurden in allen Booten an den Decken aller Räume grün phosphoreszierende Richtungszeiger hin zum Turmluk angebracht.
Damals kam meine Phantasie heftig in Gang. Ich konnte mir deutlich vorstellen, wie es in einem Boot zugeht, das absäuft: Wasserstürze, Wassergurgeln und Panikschreie, dunkelste Nacht und keine Möglichkeit mehr, sich zu orientieren, wenn das Boot nicht mehr senkrecht und nicht mehr auf ebenem Kiel liegt.

»Jugend ist kein Fehler...«

Der BdU brauchte schnell sehr viele Boote und sehr viele Besatzungen. Für den Nachschub an »Menschenmaterial« für die U-Boote – so nannte Karl Dönitz bisweilen ›seine‹ U-Boot-Fahrer – sorgten die Schulflottillen in der Ostsee. Als Schulboote dienten vorwiegend die sogenannten ›Einbäume‹. Sie hatten sich bei Mineneinsätzen gegen englische Häfen bewährt, waren aber dann – gegen Ende 1939 – an die U-Boot-Schulen gegeben worden.
Diese U-Boote von etwa 260 Tonnen Wasserverdrängung waren nur 44 Meter lang, konnten 150 Meter tief tauchen und galten als vergleichsweise sehr seetüchtig. Mit ihrer Bunkerfüllung konnten sie 5600 Seemeilen fahren. Die Besatzung: fünfundzwanzig Mann, einschließlich dreier Offiziere.
Bei den Unterseeboots-Lehrdivisionen (ULD) und Unterseeboots-Ausbildungsabteilungen (UAA) wurde mit Hochdruck gedrillt. Zum Vorteil für die Führung wirkte es sich aus, daß es eine Menge ›Vorgeschulte‹ gab, Leute, die schon jahrelang auf anderen Einheiten der Reichsmarine Dienst getan hatten. Dönitz vermerkte mit Genugtuung, daß er auf dieses »Reservoir zurückgreifen« konnte. Im Verlauf des Kriegs blutete die U-Boot-Waffe freilich so schnell aus, daß sich nur mehr mit sehr jungen Besatzungen die Lücken füllen ließen.
Der U-Boot-Krieg gegen das »rotte Albion« ähnelte während der letzten zwei Kriegsjahre bisweilen einem Kinderkreuzzug zur See. Es gab neunzehnjährige Leitende Ingenieure und zwanzigjährige Kommandanten, die in einer Art Schnellbrütverfahren frontreif gemacht worden waren.
Und wozu war die ›Blüte der Nation‹ frontreif gemacht worden? Um auf eine der fürchterlichsten Weisen, die es auf der Welt gibt, vom Leben zum Tode befördert zu werden. Wenn ich es ›Absaufen‹ nenne, dieses vom Leben zum Tode gebracht werden, so ist das der schiere Euphemismus: Auf U-Booten ist auf die grauenhafteste Weise der Welt krepiert worden, die sich einer nur vorstellen kann. Viele Tausend junger Männer und halber Kinder sind in U-Booten ersäuft worden wie junge Katzen im Sack.

Dönitz äußerte sich dazu: »...Wir werden die große Zahl der U-Boote mit sehr viel jungen Menschen besetzen müssen. Die Jugend ist kein Fehler, wenn ein Kerl dahinter ist. Sie ist unbeschwert, sie ist gesund. Aber um so gründlicher muß die Ausbildung sein und um so wertvoller ist, daß wir möglichst wertvolles Menschenmaterial in die Kriegsmarine hineinkriegen.«
Hier war es, das zynische Wort ›Menschenmaterial‹!

Das sind die ersten Bilder, die ich je von U-Booten machte. Meine Gefühle waren beim Anblick der grauen, zeitweilig vom Wasendampf umhüllten Boote zwiespältig: Auch in meiner Vorstellung hatten die U-Boot-Fahrer den Nimbus junger Helden, die ihr graues Lederzeug anstatt einer gleißenden Brünne trugen. Auch für mich waren die U-Boote damals von einem seltsamen Mythos überglänzt. Zugleich aber war mir klar, wie tückisch diese Kriegsmaschinen waren, und just in dieser grauen Winterstimmung empfand ich die U-Boote als besonders unheimlich und bedrohlich: graue, bösartige Taranteln der Tiefe. Ich war fasziniert und geschockt zugleich, aber die Faszination überwog.

1939–1945: Eine trotzige Wiederholung

England, das ›perfide Albion‹, auf die Knie zwingen! Darum ging es der U-Boot-Waffe im Ersten wie im Zweiten Weltkrieg. Beide Male bedeutete das eine Konfrontation des Schwächlings mit einem vielfach übermächtigen Starken.
Wen kann es verwundern, daß das deutsche Volk seinen Helden zujubelte, genauso wie heute noch jedem zugejubelt wird, der den Mut zeigt, sich gegen einen weitaus Stärkeren zu erheben! Im Nachhinein wirkt der U-Boot-Krieg 1939 bis 1945 freilich wie eine trotzige Wiederholung, wie ein Versuch, gegen alle Erfahrung und gegen allen Augenschein doch noch recht zu bekommen.

Mehr als eine Chance, glimpflich über die Runden zu kommen – quasi nur nach Punkten zu verlieren – war von den U-Booten nach den Erfahrungen aus dem Ersten Weltkrieg kaum zu erwarten. Konnte denn in den höheren Stäben im Ernst einer glauben, daß England mit U-Booten zu *besiegen* wäre? War das nicht nur eine fixe Idee des altgedienten U-Boot-Fahrers Dönitz?

Die Boote auf diesen beiden Bildern sind 250 Tonnen große Einhüllenboote, also Boote ohne Satteltanks. Sie führen ihren Brennstoffvorrat innerhalb des Druckkörpers mit sich. Solche ›Einbäume‹ waren für küstennahe Einsätze gedacht. Die Bügel, die den Turm überragen, sind Netzabweiserbügel.
Die Boote dieses Typs II C hatten die Nummern U 1 bis U 24. Sie hatten drei Torpedo-

Die See: des Menschen Feind

bugrohre – zwei unten, eins in der Mitte darüber. Im Turmbereich hatten die Einbäume keine Flakwaffen. Vor dem Turm hatten sie einen druckfesten Topf mit einer ausfahrbaren 2-cm-Örlikon.
Auf dem linken Bild auf den Achterschiffen Auftreibbojen, die zur Markierung der Sinkstelle von U-Booten in der Ostsee dienten. Sie konnten vom Inneren des Boots her ausgeslipt werden.

Andere Kriege mögen genauso grausam gewesen sein wie der U-Boot-Krieg, aber im Krieg auf See kommt eine Bedrohung des Menschen hinzu, die der Landsoldat nicht kennt und auch der Flieger nicht: die Bedrohung durch das Element. Die See ist des Menschen Feind, und jeder Seefahrer ist gut beraten, wenn er das immer im Sinn behält. Wer sich der See im guten Glauben an sein Schiff, aber ohne Vorsicht anvertraut, ist schon halb verloren. Nur auf dem Land ist der Mensch zuhause. Wie fremd ihm die See und sein Denken dem Land verbunden ist, zeigt sich sogar in der Sprache: Es wird vom ›atlantischen Kampffeld‹, vom ›Schlachtfeld Atlantik‹ gesprochen. Die See ist aber kein *Feld*, in das man sich, wenn man unter Beschuß gerät, einbuddeln oder auf dem man am Fallschirm landen kann.
Die See ist allemal die grausame Verbündete des Gegners: Sie wartet nur darauf, ein angeschlagenes Schiff vollends vernichten zu können. Von ihren Opfern läßt sie nicht einmal die geringste Spur.

Auf dieser ›Seekuh‹ – einem Boot vom Typ IX – ist im Vordergrund ein Gangspill mit radialen Fußleisten zu sehen. (Normalerweise hatten U-Boote keine Gangspills.) Ganz rechts im Bild das KDB (Kristalldrehbasisgerät), ein Horchgerät zum Horchen in Bereichen oberhalb der Deckschiene. Für andere Horchbereiche gab es das GHG, das Gruppenhorchgerät oder ›Neunauge‹.

Die ›Seekühe‹, auch ›Monsunboote‹ genannte große Boote, waren für Fernunternehmungen bestimmt.

Rechts: Trotz der Eiseskälte und der Glätte auf dem Vorschiff muß hier ein Mann der Besatzung ohne Taucheranzug zwischen den Eisbrocken ins Wasser hinab, um eine Reparatur an den Tiefenrudern auszuführen.

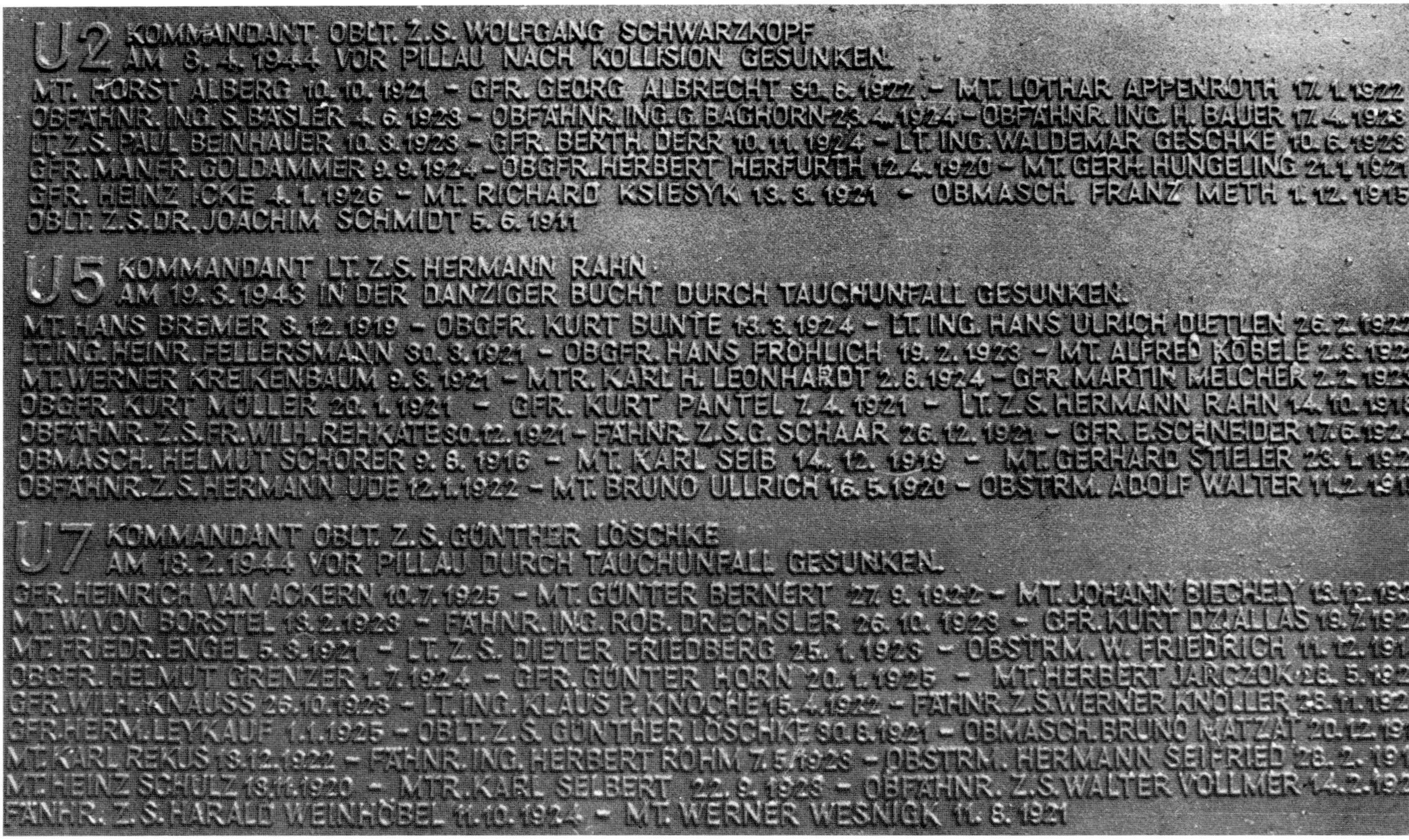

Eine Anzahl von U-Booten ging – schon bei den Schulflottillen – ohne Feindeinwirkung verloren. Die Boote verunglückten durch Kollision, oder ihre technischen Einrichtungen versagten. »Durch Tauchunfall gesunken«, »Nach Kollision gesunken«, heißt es auf dieser Bronzetafel im U-Boot-Ehrenmal Möltenort bei Laboe.
Einige der Männer, deren Namen sich unter den Besatzungen der drei schon bei der Ausbildung durch Unfälle zugrunde gegangenen Boote U 2, U 5 und U 7 finden, sind nur 19 Jahre alt geworden.

Das legendäre Boot VII C

Vom Typ VII wurden insgesamt 691 Boote gebaut, 650 wurden abgeliefert. Das VII C-Boot hatte eine Länge von 67 Metern bei einem Durchmesser von 6 Metern. Die Wasserverdrängung war aufgetaucht 761 Tonnen, getaucht 865 Tonnen.
Seine beiden Dieselmotoren – MAN-Motoren ohne Stufenschaltung – leisteten 2800 PS.
180 Tonnen Treiböl konnten gebunkert werden. Der Fahrbereich des Boots war erstaunlich groß – nämlich 8850 Seemeilen bei 10 Knoten Fahrt über Wasser, 6500 Seemeilen bei 12 Knoten über Wasser. Unter Wasser freilich betrug der Fahrbereich nur 80 Seemeilen bei 4 Knoten Fahrt.
Die Höchstgeschwindigkeit unter Wasser betrug 7,6 Knoten, über Wasser 17,3 Knoten.
Wenn Höchstfahrt unter Wasser gefahren werden mußte, war es mit der Batteriekraft schnell zu Ende. Genaue Daten über die Batteriekapazität gab es nicht, da die Leistungen der Batterien nach Pflegezustand und Lebensalter – nicht anders als bei Autobatterien – differierten. Mit einer Elektromaschine ›Kleine Fahrt‹ konnte das VII C-Boot unter Wasser gut drei Tage fahren, mit beiden E-Maschinen ›Äußerste Kraft‹ hingegen nur zirka eine Stunde. Wenn der Batteriestrom zu Ende war, mußte das Boot unweigerlich auftauchen, es konnte sich nicht statisch, sondern nur dynamisch – also nur mit der Wirkung seiner Schrauben und Tiefenrunder in einer vorgegebenen Tiefe halten. Manchen Verfolgern ist es so gelungen, ein U-Boot ›auszuhungern‹, es an die Oberfläche zu zwingen und mit dem Feuer aus Maschinenwaffen zu versenken oder zur Selbstversenkung zu zwingen. Einige wenige Boote konnten vom Gegner auch, nachdem sie ausgehungert waren und an die Oberfläche kommen mußten, gekapert werden.
Zur Seeausdauer des VII C-Boots kam eine große Seetüchtigkeit – das Boot konnte sich auch in sehr schwerer See halten – und eine sehr kurze Tauchzeit und gute Tiefensteuereigenschaften. Wenn die Besatzung gut eingespielt war, konnte das AK-Fahrt laufende Boot schon in zirka zwanzig Sekunden wegtauchen – das heißt: soweit, daß der Turm gerade unter Wasser war.
Diese Aufzählung kann so klingen, als wäre das U-Boot-Fahren ein Kinderspiel. In Wirklichkeit war die dreidimensionale Seefahrt höchst kompliziert – entfernt vergleichbar dem Fliegen mit dem Hubschrauber.

Die U-Boote wurden oft ›graue Haie‹ genannt. Der Vergleich mit einem Raubfisch kann aber allenfalls dann gelten, wenn man das Boot von der Sohle eines Docks aus von vorn sieht, also sein haiähnliches Bug-›Gesicht‹ und die beiden wie Flossen seitlich abstehenden vorderen Tiefenruder.
Der ›eigentliche‹ Schiffskörper des U-Boots, der zylinderförmige Druckkörper, entspricht einer solchen Karkasse durchaus. Die Stahlhaut und die ringförmigen Spanten waren es, auf deren Festigkeit die U-Boot-Fahrer vertrauten.
Diese ringförmigen Spanten hatten, zusammen mit den rundgewalzten und verschweißten Platten darüber, den Unterwasserdruck auszuhalten. Das waren

Das Wesen der U-Boote ist zwittrig. Sie fahren an der Oberfläche und dürfen dem Wasser ebensowenig Widerstand bieten wie jedes andere Schiff, sie dringen aber auch in die Tiefe ein und müssen gegen den dort herrschenden Druck gerüstet sein. Die Grundform des Unterseeboots ist daher eine zylindrische stählerne Hülle, die sich nach vorn und hinten verjüngt und durch halbkugelförmige Böden abgeschlossen wird. Dem Druck des Wassers wölbt sich überall der stählerne Zylinder entgegen – die Form mit dem höchsten Widerstand. Die sichtbare Form des Boots ist nur eine den gewöhnlichen Überwasserschiffen angepaßte Verkleidung: Das Vorschiff und das über die ganze Länge des Boots liegende Oberdeck sind nicht druckfest. Damit diese Umbauten unter Wasser nicht eingedrückt werden können, sind sie von Flutschlitzen durchbrochen. Durch sie kann das Wasser eindringen, so daß der Druck innen und außen gleich ist.

Im Gegensatz zu den meisten anderen Schiffen hat das Oberdeck des U-Boots keinen Sprung. Es bildet vielmehr eine nur leicht nach vorn gehobene Ebene. Dadurch unterscheidet sich, einmal von seinem Turmaufbau abgesehen, seine Silhouette sehr deutlich von der normaler Schiffe.

Auf dieser Aufnahme erkennt man gut das in Nullstellung arretierte vordere Tiefenruderpaar. Darüber liegen an jeder Seite die Verkleidungsklappen der vorderen Torpe-

dorohre, die dem Blech des Rumpfes angepaßt sind. Zwei davon sind ausgebaut. Die Mündungsklappe des unteren vorderen Torpedorohrs ist zu sehen. Die beiden Achsen des Tiefenruderpaars führen in seinen vorderen Teil.

zum Beispiel in einer Wassertiefe von 200 Metern 20 kg pro cm^2, was immerhin 200 t pro m^2 Außenhaut bedeutete. Bei so großem Druck schrumpfte das Volumen des Boots mit deutlichen Geräuschen etwas zusammen. Der U-Boot-Fahrer sagte dann: »Jetzt knistert's im Gebälk!«

Wenn aus dem Knistern gar ein Knacken und Jaulen wurde, war jeder Mann der Besatzung gefordert: Jetzt hieß es Gleichmut spielen.

›Gleichmut spielen‹ – das Wort erzwingt eine Einschaltung: Ohne Schauspielerei kam der U-Boot-Fahrer kaum aus. Sich nichts anmerken zu lassen, den ›inneren Schweinehund‹ nicht zu zeigen, den Unerschütterlichen zu spielen – darauf kam es wesentlich an. Gute Kommandanten waren allemal auch gute Schauspieler, mein ›Alter‹ einer der besten. Die Schauspielerei war sein Element, genauso wie die Seefahrt. Der Besatzung konnte er noch in den heikelsten Situationen vorspielen, es wäre alles in bester Ordnung: nicht der geringste Grund zur Aufregung. Wenn allen anderen ›der Arsch mit Grundeis‹ ging, konnte er noch ein schier schafsdämliches Gesicht vorzeigen. Auf die Zentralebesatzung wirkte seine Miene dann wie Nervenbalsam. Solange der Alte so guckte, konnte es noch nicht ›Matthäi am letzten‹ sein.

Es gab alle möglichen Dienstvorschriften und Anweisungen für das Verhalten eines Kommandanten. Aber nirgends fand sich ein Wort davon, daß er vor allem schauspielern können mußte. Dabei konnte es ganz und gar von seiner Miene abhängen, ob unter der Besatzung Panik ausbrach oder nicht.

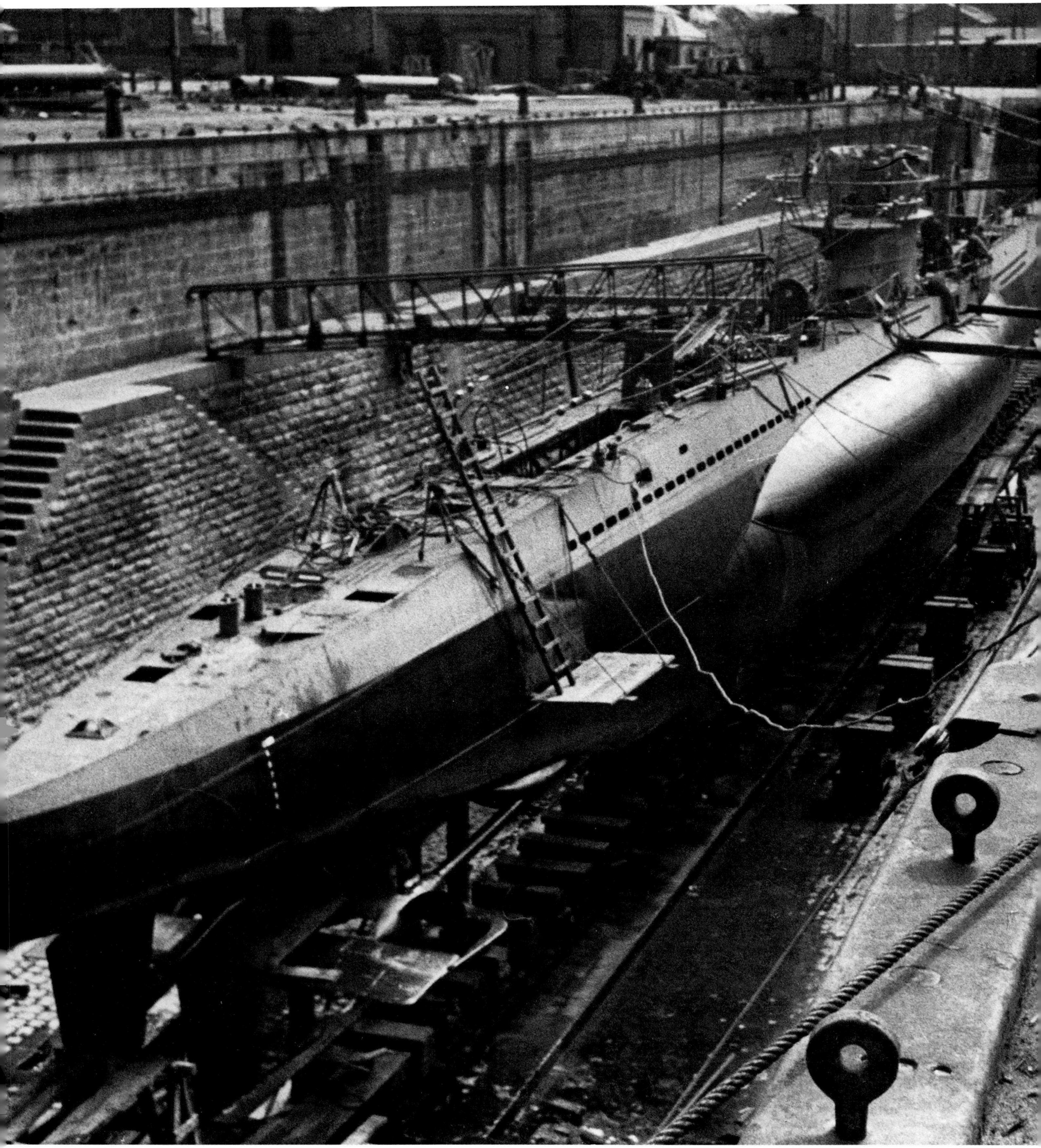

Ehe die Betonbunker für die U-Boote entstanden, wurden die Boote in offenen Docks – hier das Dock der Penhoët-Werft in Saint Nazaire – repariert. Gegen Fliegersicht wurden Tarnnetze ausgebracht.

In dem großen Trockendock konnten sogar zwei Boote gleichzeitig repariert werden. Die Tarnnetze dürften nur dekorativen Wert gehabt haben – das Hafenbecken zeigte sich allemal dem gegnerischen Aufklärer in seiner typischen Form. Über die Anzahl der Boote im Stützpunkt wußten die Briten natürlich genau Bescheid: Die Werftarbeiter waren zum allergrößten Teil Franzosen.
Saint Nazaire war der Einsatzhafen der 7. und der 6. U-Boot-Flottille.
Die Stadt – 46 000 Einwohner – wurde am 21. Juni 1939 von der deutschen 11. Schützenbrigade besetzt.
Unter dem Datum 1. August 1940 findet sich im KTB der Seekriegsleitung diese Notiz: »Da Brest infolge Beschädigung der Hafenanlagen und Zustand der Werft, sowie wegen größerer Luftgefährdung als Stützpunkt erster Ordnung wenig geeignet erscheint, wird Saint Nazaire als Stützpunkt erster Ordnung in Aussicht genommen und entsprechender Ausbau des Hafens angeordnet.«

Neue Stützpunkte am Atlantik

Nachdem Frankreich im Juni 1940 kapituliert hatte, besetzten die deutschen Truppen schnell die französischen Atlantikhäfen. Damit änderte sich die seestrategische Lage für die U-Boot-Waffe entscheidend: Sie verfügte nun vom Eismeer bis in die Biskaya über eine Reihe von Stützpunkten mit gut ausgebauten Werftanlagen. Die U-Boot-Fahrer hatten es jetzt leichter als im Ersten Weltkrieg: Die An- und Abmarschwege ins Kampfgebiet waren erheblich kürzer geworden, und die Gefährdungen, wie sie bei den Operationen aus dem ›nassen Dreieck‹ der Nordsee heraus bestanden hatten, waren mit einem Schlag aufgehoben.
Lorient wurde der erste U-Boot-Stützpunkt an der französischen Westküste. Als erstes Boot lief dort U 30 am 5. Juli 1940 ein. Es folgten: Brest, La Pallice, Saint Nazaire und Bordeaux. Acht U-Boot-Flottillen wurden in Frankreich eingerichtet.

Es gibt keinen anderen Schiffstyp, dessen äußere Erscheinung so wenig von seiner eigentlichen Konstruktionsform verrät wie das U-Boot: Was man von ihm sieht, wenn es über Wasser

dahinpflügt, ist nur Anpassungs-Camouflage für die Überwasserfahrt, wenn man so will. Über Wasser fahrende U-Boote sehen ungleich harmloser aus als diese im Dock von Saint Nazaire.

Die Trockendocks und die Schwimmdocks der Penhoët-Werft in Saint Nazaire waren für die Reparatur der U-Boote besonders geeignet: Die Werft war in vollem Betrieb. Die Docks waren so groß, daß zwei U-Boote gleichzeitig eingedockt werden konnten. Mit ihren breiten Kielen saßen sie auf Pallen auf und brauchten nur durch wenige Seitenhölzer abgestützt zu werden.

Während der Dockzeit sahen die U-Boote aus wie aus der Vorzeit stammende, riesige, an Land geworfene Wale. Ihrem Element entrissen, zeigten sie nun ihre sonst vom Wasser verborgenen Formen: die scharfen Bugschneiden, die rund ausladenden Bäuche – die Wölbungen ihrer Tauchtanks –, die Flossen der Tiefenruder und die Mündungsklappen ihrer Torpedorohre. Von der Docksohle aus gesehen boten die Boote einen zugleich imposanten und bedrohlichen Anblick. Ich konnte mich an ihnen damals nicht satt sehen.

Ich war von den Formen dieser 750-Tonnen-Boote, obwohl sie keinen eleganten Sprung hatten, fasziniert. Sie sahen in meinen Augen rassig aus.
Ich muß mich auch heute nicht verrenken, wenn ich die Faszination der U-Boot-Seefahrt und die Faszination der Technik schildere und doch vor den Konsequenzen der U-Boot-Rüstung warne. Ich brauche mich nur selber darzustellen: Ich bin nach wie vor von der unterseeischen Schiffahrt fasziniert und bin trotzdem Pazifist.
Mit dem ersten brauchbaren Unterseeboot – dem des bayrischen Sergeanten Wilhelm Bauer – hatte das VII C-Boot nicht mehr viel gemein. Bauers Boot war ein durch Treträder bewegbarer, ungefüger, schwerfälliger Kasten mit Glasfenstern. Die Stahlzigarre vom Typ VII C hingegen war ringsum geschlossen. Nur ein paar Gestänge führten durch den zylindrischen Druckkörper hindurch. Sie waren durch Flansche abgedichtet. Diese Flansche waren freilich unsere Achillesfersen: Sie waren besonders empfindlich gegen die Druckwellen der Wasserbomben. Die ersten Wassereinbrüche kamen gewöhnlich über Flansche.

Deutlich sind auf den Bildern dieser Seiten die für das U-Boot charakteristischen seitlichen Wülste zu sehen. Es sind Satteltanks. In ihnen wurde im ersten Teil der Unternehmung, bis es verbraucht war, Dieselöl gefahren. Da diese Tanks nicht druckfest waren, schwamm das Öl auf dem per Ventil nachfließenden Seewasser. Leergefahrene Tanks wurden mit Seewasser geflutet gefahren. Es kam vor, daß Boote durch Wasserbombenschäden eine Ölspur zeigten, die auf Leckagen am Satteltank zurückging, der Druckkörper selbst jedoch keinen Schaden hatte.

Die Bunker: unzerstörte Monumente

Als die Alliierten nach und nach die Luftherrschaft über der westfranzösischen Küste gewannen, wurde es zunehmend riskanter, U-Boote in offenen Docks zu reparieren. Um den verletzlichen U-Booten Sicherheit gegen Luftangriffe zu geben, wurden von der Organisation Todt und französischen ›Sklavenarbeitern‹ (man sprach beschönigend von ›Dienstverpflichteten‹) mächtige Betonbunker gebaut, die zugleich alle Boote einer Flottille und sämtliche Werkstätten einer Reparaturwerft aufnehmen konnten. Einzelne Boxen dieser Bunker wurden als Schwimmboxen, andere als Trockendocks eingerichtet.

Die Bunkerdecken aus schwer armiertem Eisenbeton waren 3,8 Meter dick. Später, als die Alliierten die Bunker mit 9-Tonnen-Bomben angriffen, wurden nochmals drei Meter Beton aufgegossen.
Diese Decken – an einigen Stellen waren sie sogar acht Meter dick – hielten bis kurz vor Kriegsende allen Bombentreffern stand. Erst als die riesigen ›Bunkerknacker‹, Bomben von der Größe einer Litfaßsäule, die von ›Marauders‹ geschleppt wurden, auf die Bunkerdächer fielen, brachen die Decken einiger Boxen durch.

Rechts:
Dieses VII C-Boot, dem die Außenhaut teilweise fehlt, zeigt deutlich seine Konstruktion aus ringförmigen Spanten. Die vier vorderen Torpedorohre sind bis zur Hälfte bloßgelegt. Ihre achteren Hälften ragen in den Druckkörper hinein. Zu sehen ist auch das backbord vordere Tiefenruder. Die Mikrophone für das GHG, das Gruppenhorchgerät, sind dicht darüber zu erkennen.

Die U-Boot-Bunker entlang der Atlantikküste sind allesamt noch vorhanden: Sie sind so mächtig armiert, daß alle Versuche, sie zu sprengen, scheiterten. In La Pallice dienen die Bunker heute der französischen Marine als Stützpunkt für Minensucher. Weil sie also noch in vollem Betrieb sind, boten sie für mich bei den Dreharbeiten zu ›Das Boot‹ einen gespenstischen Anblick – wie Bilder von einer Reise mit der Zeitmaschine: Alles war noch genau so, wie ich es vor vier Jahrzehnten gesehen hatte.
Es gab Zeiten, da wurden die U-Boot-Stützpunkte fast täglich bombardiert.
Recht begriffen haben wir es nicht, daß die Briten so intensiv die U-Boot-Basen an der französischen Küste aus der Luft angriffen, als die Bunker längst fertig waren. Sie hatten dabei ja offenkundig keinen Erfolg. Zwar wurden die Hafen-

Die ›Ballasttanks‹ – die Tauchzellen – liegen auch, bis auf zwei, außerhalb des Druckkörpers. Sie dorthin zu plazieren, war deshalb möglich, weil für sie der Wasserdruck ja nicht problematisch war: Wenn das Boot tauchte, wurden sie voll geflutet, und damit waren Innen- und Außendruck gleich. Bei Überwasser-

fahrt blieben die Tauchzellen unten offen. Wenn Tauchalarm kam, wurden sie mit Hilfe der entsprechenden Ventile nach oben entlüftet. Das Wasser konnte dann sofort von unten her in sie eindringen.

städte – Saint Nazaire, Brest, Lorient – in Trümmerfelder verwandelt, die Bunker und die Hafenanlagen blieben aber fast unversehrt.

Nicht einmal mit ihrem tollkühnen Angriff auf eine der beiden Schleusen des Hafens von Saint Nazaire – mit dem Zerstörer ›Campbelltown‹ – gelang es den Briten, die U-Boote am Ein- und Auslaufen zu hindern und das für die ›Tirpitz‹ in Aussicht genommene Reparaturdock zu zerstören. Die Attacke der ›Campbelltown‹ blieb eine Bravourtat ohne militärischen Wert. Ihr einziges Ergebnis: viele tote Männer auf beiden Seiten.

Offenbar glaubten die Briten, daß sie mit ihren ständigen Luftangriffen die französischen Werftarbeiter zwingen könnten, die Gegend zu verlassen – aber auch der Reparaturbetrieb ging ohne zu stocken weiter. Warum die Bomberflotten der Briten die U-Boot-Bunker nicht angegriffen hatten, solange sie noch im Bau waren, bleibt unerklärlich. Auch die damals noch üblichen offenen Docks blieben erstaunlicherweise lange Zeit hindurch von Luftangriffen verschont.

Brücke eines VII C-Boots mit ›Wintergarten‹ von oben. Ganz vorn die Porzellanisolierungen der Netzabweiserkabel, der versenkbare Peilrahmen und eine Kompaßtochter. Weiter nach achtern der Deckel des Turmluks und das Turmluk. Unterhalb des Turmluks der Sockel für den UZO, die U-Boot-Zieloptik für den Überwasserangriff. Achtern des Turmluks das Luftzielsehrohr, das von der Zentrale aus bedient wird. Hinter dem Luftzielsehrohr wieder eine Kompaßtochter. Weiter nach achtern: das Angriffssehrohr. An Backbordseite der ausfahrbare Antennenstabmast. An Steuerbordseite die Gitterroste, zur Abdeckung der Dieselzuluftleitungen.
Die Verlängerung der eigentlichen Brücke nach hinten in eine von einer ausladenden Reling umhegte Plattform wurde ›Wintergarten‹ genannt. Auf dieser Plattform stand im ersten Abschnitt des Kriegs eine 2-cm-Einzellafette zur Flugzeugbekämpfung. Mit ihr wurden auch einzeln fahrende, bereits torpedierte, aber noch nicht sinkende Schiffe beschossen.

Die technischen ›Innereien‹

Das Innere des U-Boots ist ein kompliziertes System aus Schiffsmaschinen und Waffen.
Man muß sich, wenn man etwas von der U-Boot-Fahrerei verstehen will, mit dieser vertrackten Technik beschäftigen. Ich habe, um der besseren Übersicht willen, die Maschinen, Aggregate, Rohrleitungen, das ganze im ersten Hinblick – aber nur im ersten – verwirrende Gedränge aus technischen Anlagen, ohne Menschen und auch ohne die üblicherweise zwischen den Maschinen untergebrachten Klamotten und sonstigen Ausrüstungsstücke der Besatzung fotografiert, damit die für die U-Boot-Fahrer lebenswichtigen schiffsbautechnischen Einrichtungen und die Waffen deutlich zu erkennen sind.
Linkes Bild: Der Tiefenruderstand mit den Anlagen zur Druckknopfsteuerung, der elektrischen Steuerung für das vordere und achtere Tiefenruder. Die beiden Handräder sind für die mechanische Betätigung der Tiefenruder gedacht, für den Fall, daß der elektrische Antrieb ausfällt.
Um die Stellung des Tiefenruders von ›Lage Mitte‹ auf ›Hartlage‹ zu ändern, sind dreißig Umdrehungen mit dem Handrad nötig: für die Tiefenrudergänger eine böse Schinderei.
Direkt über den Handrädern die elektrisch angetriebenen Lageanzeiger für die Tiefenruder. Wiederum darüber: die beiden Tiefenmanometer und – vom Bildrand oben angeschnitten – die beiden Wellenumdrehungsanzeiger.

Das linke Tiefenmanometer reicht für Flachwasser bis 25 Meter, das rechte zeigt größere Tiefen an bis zu 200 Meter.
Hinter den Handrädern: die mechanisch angetriebenen Ruderlageanzeiger.
In der Mitte der sogenannte ›Papenberg‹, eine Anlage zur Feinsteuerung des Boots auf Sehrohrtiefe. Auf dem Papenberg ist die schematische Form eines Sehrohrs angebracht. Entsprechend dieser Skala ist bei 14,8 Metern Tauchtiefe – gerechnet vom Kiel des Boots aus – der Sehrohrkopf überflutet. Die Oberkante Brücke verschwindet schon, wenn der Papenberg etwa 9,40 Meter anzeigt. Rechts vom Papenberg eine Lastigkeitswaage.
Rechtes Bild: In der Zentrale, Blick nach vorn durch das vordere druckfeste Kugelschott. Links hinter dem Kugelschott der Kommandantenraum, rechts der Funkraum. In der Mitte der Durchgang zur Offiziersmesse und zum Bugraum. Die beiden Handräder über der Kugelschottöffnung sind die Entlüftungen für die beiden Satteltanks in der Bootsmitte. Rechts der Maschinentelegraph und eine Kreiselkompaßtochter für den Zentralesteuerstand (für das Seitenruder), der dann benutzt wurde, wenn der Turm geräumt werden mußte. Normalerweise – das heißt bei Überwasserfahrt und auch bei kürzerer Unterwasserfahrt – wurde das Boot aus dem Turm gesteuert. Bei längerer Unterwasserfahrt jedoch empfahl es sich aus Sicherheitsgründen, diesen Ruderstand in der Zentrale zu benutzen. Der Turm war nun einmal eine ›empfindliche Zone‹. Das Turmluk konnte aufgerissen, der Turm beschädigt werden.
Gegen Wassereinbrüche schützte ein Schott direkt in der Decke der Zentrale.

Blick auf den Steuerstand für das Seitenruder an der vorderen Stirnwand der Zentrale, rechts neben dem Kugelschott. In der oberen Bildhälfte die beiden Maschinentelegraphen für die Dieselmaschinen. Dazwischen die Mündung des Sprachrohrs, das auf die Brücke hinaufführt. Rechts vom Maschinentelegraphen für den Steuerborddiesel der Ruderlageanzeiger für das Seitenruder. Unter der Sprachrohrmündung eine Kreiselkompaßtochter. Ganz rechts Sicherungskästen.
In der unteren Bildhälfte die elektrische Steuerung für das Seitenruder und vier Kalipatronen in ihrer Halterung. Diese dienen der Lufterneuerung im Boot. Der Kanal, durch den die Luft an die Kalipatronen gepumpt wird, ist über ihnen deutlich zu sehen. Durch die Kalipatronen soll das Kohlendioxyd in der Luft, das sich durch die Ausatmung der Besatzungsmitglieder erhöht hat, gebunden werden. Durch Zusatz von Sauerstoff wird die Luft regeneriert.

Rechtes Bild:
Der Anblaseluftverteiler, der auf der Steuerbordseite achterlich vom hinteren Tiefenruderstand sitzt, der sogenannte ›Tannenbaum‹. Mit Hilfe der Ventile dieses Anblaseverteilers – für jeden Tauchbunker und für jede Tauchbunkerhälfte gibt es hier das entsprechende Ventil – wird zum Auf-

tauchen des Boots aus der Tauchfahrt Luft aus den Preßluftflaschen in die Tauchzellen gegeben.

Um es exakt zu sagen: Auf den Befehl zum Anblasen hin wird lediglich das Hauptschlagventil, das unmittelbar über den einzelnen Ventilen sitzt, bedient, da man die entsprechenden Ventile beim Auftauchen nicht alle schnell genug betätigen konnte. Sie werden entweder in dem nötigen offenen oder geschlossenen Zustand ›gefahren‹. Außerdem befinden sich hier die Ausdrückverteiler für Regelbunker und Regelzellen, der Hochdruckstutzen mit einzelnen Flaschenstutzen (die Leitungen aller Hochdruckflaschen kommen hier zusammen, der Druck wird von hier aus verteilt), die Niederdruckstutzen, die vom Hochdruckstutzen über einen Reduzierautomaten gespeist werden (der Luftdruck muß verringert werden, ehe er von hier aus zu den Regel- und Trimmzellen geht, weil diese sonst den Druck nicht aushalten würden). Von hier aus wurde das Boot also geregelt und getrimmt, und von hier aus wurden die Tauchzellen und Tauchbunker, wenn das Boot aus dem getauchten Zustand wieder an die Oberfläche kommen sollte, ›angeblasen‹. Die nötige Druckluft wurde von den beiden Kompressoren erzeugt, die achtern im Boot standen – in der Nähe des Hecktorpedos.

Der Fahrstand des Steuerborddiesels mit Maschinentelegraph und Umdrehungsanzeiger und den Abgastemperaturanzeigern. Es sind sechs – entsprechend den sechs Zylindern des Diesels.
In der unteren Bildhälfte: Füllungs- und Umsteuerhebel, rechts davon ein Ölverteiler für die Diesellager.
Die Fahrtstufe des Diesels wird durch die Einstellung des Füllungshebels geregelt. Je mehr Treibstoff den Brennstoffpumpen zugeführt wird, desto höher ist die Fahrtstufe.
Mit dem Umsteuerhebel wird die Nockenwelle auf ›Rückwärtsfahrt‹ umgestellt.
Mit dem Maschinentelegraphen werden die Maschinenbefehle aus der Zentrale, von der Brücke oder aus dem Turm an die Maschine übermittelt.

Rechtes Bild:
Blick aus dem E-Maschinenraum nach vorn. Man sieht das Durchgangsschott zum Dieselraum und den Backborddiesel.
Im Vordergrund unten seitlich die E-Maschinen, die als Generatoren zum Laden der Batterien gefahren werden können und auch als Dynamomaschinen zum Antreiben der Schrauben. Als solche arbeiten sie mit dem Strom aus den Batterien.
Links oben wieder ein Maschinentelegraph, darunter ein Umdrehungsanzeiger. In der Bildmitte die Backbordschalttafel mit den Spannungs- und Leistungsanzeigern. Die Handräder dienen der Regelung der Drehzahl der E-Maschinen.

Nächste Doppelseite:
Blick in den Bug- und Hecktorpedoraum. Auf dem linken oberen Bild ist von dem Viersatz der Torpedorohre das steuerbord untere Torpedorohr geöffnet und leer. Die Bodenverschlußklappen der Torpedorohre haben einen Bajonettring, der das Torpedorohr ähnlich wie eine Tresortüre verriegelt. Eine solche solide Verriegelung ist deshalb nötig, weil der volle Außendruck auf der Bodenverschlußklappe lastet, wenn die Mündungsklappen der Torpedorohre unmittelbar vor dem Ausstoßen geöffnet werden. Backbord oben hängt ein Torpedo an der ›Heißschiene‹. An solchen ›Heißschienen‹ mußten die Torpedos in möglichst kurzen Abständen zum ›Regeln‹ aus den Rohren gezogen werden, das heißt zum Überprüfen ihrer Funktionen. Der Schaltkasten im Hintergrund gehört zur Torpedofeuerleitanlage (im rechten Bild besonders gut sichtbar). Man sieht vier Gestänge oben aus dem Kasten der Feuerleitanlage zu den Rohren laufen. Mit ihrer Hilfe kann automatisch durch das Drehen des Sehrohrs der Winkel für den Winkelschuß im Torpedo eingestellt und bis zum Augenblick des Torpedoausstoßes ›nachgedreht‹ werden. Der Kommandant am Sehrohr braucht dafür an den Feuerleitoffizier – den Ersten Wachoffizier – nur den Befehl: »Torpedos – folgen!« zu geben. Der I WO legt dann einen Schalter, und die Winkel an der Gradlaufeinrichtung des Torpedos werden nachgedreht.

Wenn der Torpedo ausgestoßen werden soll, erfolgt das Kommando: »Torpedo los!« (oder: »Fächer los!«, wenn mehrere Torpedos zugleich lanciert werden sollen). An dem jeweiligen Torpedo werden beim Ausstoßen die Verbindungen mit den Instrumenten mit Preßluft gelöst – unmittelbar bevor der Torpedo sich in Marsch setzt. Der Ausstoßimpuls konnte auf der Brücke mit dem Hebel am UZO oder von der korrespondierenden Leitanlage im Turm aus gegeben werden. Es gab die Regelung, daß, unabhängig von der elektrisch übertragenen Auslösung, auf das Kommando »Los!« hin der Torpedomechanikersmaat noch auf einen Abfeuerungshebel direkt am Rohr schlug. Das geschah, um sicher zu gehen, daß der Torpedo auch dann das Rohr verlassen würde, wenn die Elektrik ausfiele.

Links oben und rechts: Blick in den Bugtorpedoraum. Links unten: Das achtere Rohr, das Rohr 5, von dem nur die Bodenverschlußklappe zu sehen ist. Links im Bild der E-Verdichter. In seinem waagerecht liegenden Zylinder wird mit Hilfe einer elektrisch betriebenen rotierenden Pumpe Luft komprimiert, die dann in die unten im Bild sichtbare Druckflasche geleitet wird. Die mit diesem Kompressor erreichbare Verdichtung beträgt 200 Kilo. Rechts im Bild der ›Ju-Verdichter‹, so genannt, weil Junkers ihn entworfen hat. Krupp baute ihn für die U-Boote in Lizenz. Es ist ein Doppelkolbenkompressor.

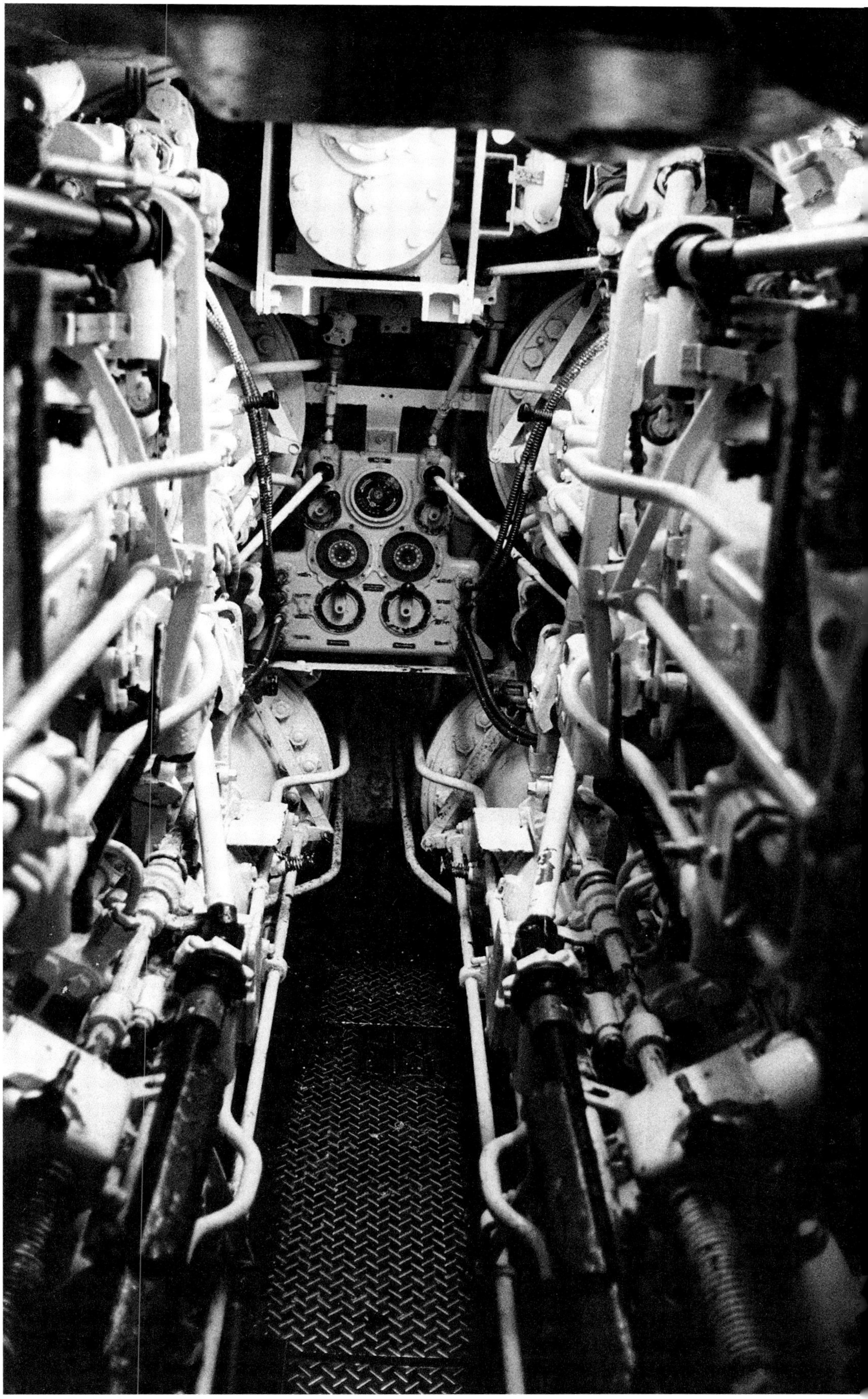

Der Ju-Verdichter in ›Großaufnahme‹ und Frontansicht. Dieser Kompressor ist ein äußerst wichtiges Aggregat: Ohne verdichtete Luft wäre das Wiederauftauchen eines getauchten U-Boots nicht zu bewerkstelligen. Krass ausgedrückt: Vom Funktionieren eines solchen Aggregats kann das Leben der Besatzung ganz und gar abhängen. Direkt neben dem Kompressor sein Antriebsmotor.

Diese Bilder von den ›Innereien‹ der U-Boote können – wie gesagt – täuschen. In einem Frontboot auf Feindfahrt sah es anders aus als hier. Dieses Gewimmel von Maschinen ist noch nicht die Umwelt, an die sich der U-Boot-Fahrer zu gewöhnen hatte. Es müßten noch Unmengen von Ausrüstungsgegenständen, von Proviant und allen möglichen, tunlichst nassen Klamotten dazukommen – und vor allem die fünfzig Mann Besatzung.
Als grotesk empfand ich es immer, daß die einzelnen Kompartimente des Boots ›Räume‹ genannt wurden. Der Begriff ›Raum‹ suggeriert schließlich Geräumigkeit. Von der aber hatten die Räume auf dem U-Boot nun wirklich nichts an sich.

Der Nimbus der ›Asse‹

Die U-Boote waren auch für die Nazigrößen eine geheimnisvolle Waffe, dazu noch eine in ihrer Bedrohlichkeit schwer einzuschätzende. Aber der Nimbus der U-Boote blendete und überstrahlte die Realitäten. Die U-Boote verführten förmlich dazu, daß auf sie die große Hoffnung gesetzt wurde.

»Die große Hoffnung war freilich auch die letzte Hoffnung. Götterdämmerung wurde da beschworen: graue Wölfe auf grauem Meer, ein halbgottgleicher Admiral als Führer junger Heroen, vor deren Booten, wie an Land gesungen wurde, ›fahl der Tod einherjagte‹, ›Angriff, ran, versenken!‹ An starken Worten, an helltönenden Sondermeldungsfanfaren, an hohen Orden war kein Mangel.«
Alexander Rost

»Ihr Platz ist in den Herzen aller Deutschen«, hieß es von den Besten unter den U-Boot-Fahrern, den ›Assen‹. Sie waren tatsächlich die Idole ihrer Zeit. Das ganze Volk erlebte es in den Wochenschauen und an den Volksempfängern mit, wenn sie wieder ein paar Dampfer mehr »zu den Fischen geschickt« hatten oder vom ›Führer‹ in dessen Hauptquartier einen neuen Orden verliehen bekamen. Die meisten konnten nicht lange mit ihren Orden prunken. Wenn sie nicht ›aus der Front genommen‹, das heißt abgelöst und zu Flottillenchefs gemacht wurden, war es nur eine Frage der Zeit, bis sie mit ihren Besatzungen untergingen. Glück, so hieß es, hätte auf die Dauer nur der Tüchtige. Aber auch dem Tüchtigen half sein Glück nicht viel, wenn die ›hunter-killer-group‹ des Captain Walker sein Boot in der Tiefe verfolgte.

Von Captain Walker sagt man, daß er kein Boot, das seine ›sloop‹ geortet hatte, wieder aus den Fängen gelassen hätte. Sein Spürsinn und seine Zähigkeit bei der U-Boot-Verfolgung wurden legendär. Er war das As der anderen Seite.

»Das Gesicht des U-Boot-Fahrers ist allen gemeinsam«, heißt es in einem Zeitungsartikel der Zeit. Das sollte bedeuten, die U-Boot-Kommandanten sähen allesamt wie junge Siegfrieds aus, mit hart gespannten Kinnmuskeln und dräuendem Stahlblick. In Wirklichkeit – und das zeigen die Bilder auf den folgenden Seiten – glichen nur wenige den Vorstellungen, die das Volk von seinen ›strahlenden Seehelden‹ hegte. Wie Artusritter sahen die Asse der U-Boot-Waffe weiß Gott nicht aus, auch nicht wie Bilderbuchhelden. Eher wie Zigarrenvertreter oder Buchhalter – oder eben wie ganz normale Menschen.

Je nach dem Charakter des Kommandanten war auch der ›Betrieb‹ auf den U-Booten ganz verschieden. Es gab auf Zackigkeit gedrillte und lässige Besatzungen, solche, die auf ihren Kommandanten schworen und alles dafür taten, daß sie nicht abkommandiert wurden, und solche, die ihren Kommandanten zum Teufel wünschten und mit allen Mitteln versuchten, vom Boot zu kommen.

Es gab Kommandanten, die geradezu väterlich um ihre Männer besorgt waren, und andere mit einem Ruf als Menschenschinder oder gar als ›Blutsäufer‹.

Kapitänleutnant Günther Prien, U 47, versenkte 29 (30) Schiffe. Prien bekam das Ritterkreuz schon am 18. Oktober 1939 nach der Versenkung der ›Royal Oak‹ in Scapa Flow. U 47 meldete sich nicht mehr nach dem 8. März 1941. Das Boot wurde durch den britischen Zerstörer ›Wolverine‹ am Geleit OB-293 versenkt. Weil das Ende von U 47 lange Zeit geheimgehalten wurde, kamen im Volk Gerüchte auf, Prien sei gar nicht gefallen, sondern verhaftet worden.

Korvettenkapitän Otto Kretschmer, U 99, versenkte 44 Schiffe.
Er wurde in den ersten Stunden des 17. März 1941 von den britischen Zerstörern ›Vanoc‹ und ›Walker‹ hochgebombt und geriet mit neununddreißig Mann seiner Besatzung in britische Kriegsgefangenschaft. Otto Kretschmer kam als Kriegsgefangener zuerst zu Verhören nach England und dann nach Kanada. Während der Gefangenschaft, die bis zum 31. Dezember 1947 dauerte, bekam er eine zusätzliche Ordensstufe – nämlich das Eichenlaub mit Schwertern – verliehen (26. Dezember 1941) und wurde auch weiter befördert, am 1. September 1944 vom Korvettenkapitän zum Fregattenkapitän.

Kapitänleutnant Joachim Schepke, U 100, versenkte 39 Schiffe. Sein Boot wurde am 17. März 1941 südöstlich Island von den britischen Zerstörern ›Walker‹ und ›Vanoc‹ versenkt. Ein Teil der Besatzung wurde gerettet.

U 100 Schepke und U 99 Kretschmer wurden am gleichen Konvoi – HX-112 – versenkt. Ihr äußerst erfahrener Gegner war der als U-Boot-Killer berühmte Commander Donald Macintyre. Er befehligte damals fünf Zerstörer und zwei Korvetten. Unter den Zerstörern die ›Walker‹ und die ›Vanoc‹, die den beiden deutschen U-Booten zum Verhängnis wurden. U 100 wurde von der ›Vanoc‹ gerammt, Schepke dabei vom Bug des Zerstörers zwischen Brückenverschanzung und Sehrohrbock eingeklemmt.

Die Reihe der ›Asse‹ lichtet sich schnell

Im März 1941 gingen an zwei Geleitzügen U 47 (Prien), U 99 (Kretschmer) und U 100 (Schepke) verloren. Nur Kretschmer wurde gerettet und geriet in Gefangenschaft. Im Dezember wurde U 567 (Endraß) von den Wasserbomben der britischen Korvette ›Samphire‹ vernichtet.
Die Reihe der Asse lichtete sich schnell. Die britische Admiralität, die damals ernste Sorgen um die Konvois hatte, konnte aufatmen. Mit der wachsenden Erfahrung bei der Konvoiprotektion begann für die Alliierten eindeutig der Nutzen aus diesem System zu wachsen und die Rudeltaktik für die deutsche Seite ihren Wert zu verlieren.
Es ist kein Zweifel, daß die Engländer für sich in Anspruch nehmen konnten, den U-Boot-Krieg schon zu ihren Gunsten entschieden zu haben, ehe ihnen Amerika zu Hilfe kam. Die amerikanischen Anstrengungen im Schiffsbau konnten sich erst Ende 1942 auswirken.
Obwohl für die Deutschen die Decke also schon 1941 an allen Seiten zu kurz wurde, bezeichnete Dönitz in seiner geübten Schönfärberei das Dilemma nur als »unbefriedigende Lage«, und diese nur als »vorübergehend«.

Oberleutnant Zürn, LI von U 48, bekam als zweiter von nur vierzehn Leitenden Ingenieuren am 23. April 1941 das Ritterkreuz. (Im Ersten Weltkrieg wurde kein Ingenieuroffizier mit dem gleichrangigen Orden ›Pour le mérite‹ ausgezeichnet.)

Kapitänleutnant Bertel Endraß, U 567, versenkte 22 Schiffe. Er kam mit allen Leuten am 21. Dezember 1941 nach Attacken der britischen sloop ›Deptford‹ und der Korvette ›Samphire‹ im Kampf um den Geleitzug HG-76 westlich der spanischen Küste unter Wasser um.

Kapitänleutnant Herbert Schultze (Vati Schultze), U 48, versenkte 26 Schiffe. Sein im April 1939 in Dienst gestelltes Boot überstand den ganzen Krieg. Es endete am 3. Mai 1945 unter einem anderen Kommandanten durch Selbstversenkung bei Neustadt.

Korvettenkapitän Erich Topp, U 552, versenkte 34 Schiffe. Er wurde im August 1942 als Frontbootkommandant abgelöst und überlebte den Krieg als Flottillenchef der 27. U-Boot-Flottille – einer taktischen Flottille.

Im KTB der Seekriegsleitung heißt es bereits unter dem 11. Juli 1941:
»Vortrag BdU (Vizeadmiral Dönitz) über Stand U-Bootskrieg
Lage im Op. Gebiet für U-Boote z. Zt. sehr erschwert durch sehr starke englische Sicherung bei allen Geleitzügen (Zerstörer, Korvetten, Flugzeuge). Letzte Beobachtungen ergaben z. B. bei einem Geleitzug von 15 Dampfern eine Sicherung von 11 Zerstörern und 3 Korvetten!! Führung der Geleitzüge hat im Verlauf des Krieges sehr zugelernt. Engländer steuert jetzt seine Geleitzüge systemlos über gesamte Breite des Nordatlantik. Keine faßbare Regelmäßigkeit der Routen mehr. U-Bootserfolge in der Weite des Raumes bei starker Gegnersicherung daher sehr abgesunken, unbefriedigende Lage wird vom BdU jedoch als vorübergehend betrachtet.
Hauptfeind des U-Bootes nach Auffassung BdU die Ortung durch Sicherungsstreitkräfte. Wasserbombenwurf auch in stärkerem Ausmaße nur gefährlich in Zusammenhang mit der sehr sicheren Ortung des Gegners.
Abwehrmaßnahmen gegen Ortung sind im Gange.«

Als hätte er den Dönitzschen Vortrag vor den Offizieren der Seekriegsleitung mitgehört, witzelte damals ein Kommandant: »Es ist alles nur ein Übergang . . .«, und fügte nach einer rhetorischen Pause grinsend an: ». . . sagte der Fuchs, als man ihm das Fell über die Ohren zog.«

Die aufgesparten Helden

Von der ›alten Garde‹ der U-Boot-Kommandanten sind erstaunlich viele am Leben geblieben. Etwa weil zu ihrer Zeit der Kampf leichter war? Oder weil sie mehr Erfahrung hatten und auch besser ausgebildet waren als die späteren naßforschen Quexe, die oft schon bei der Überführungsfahrt zum Frontstützpunkt vor die Hunde gingen?
Wer von den Alten nach dem Krieg noch lebte, war von seinem Frontkommando abgelöst und zum Flottillenchef gemacht worden. Die Kommandanten der ›alten Garde‹ konnten aber vor allem deshalb überleben, weil sie, ehe sie überhaupt zur Reichsmarine kamen, meist schon erfahrene Seeleute waren – und zudem solche, die für ihre neue Aufgabe genug Phantasie und Vorstellungsvermögen mitbrachten, um die Bewegungen eines Schiffs im Raum statt nur in der Fläche zu beherrschen und zur vertrauten Praxis werden zu lassen.
Gegen Kriegsende betrug das Durchschnittsalter der Kommandanten nur mehr zweiundzwanzig Jahre. Was für Seefahrtserfahrungen soll ein erst Zweiundzwanzigjähriger schon gesammelt haben, wie soll er sich in der sogenannten Menschenführung auskennen? Es kam dann ja auch zu Verhaltensweisen in extremen Situationen, für die alte Kommandanten nur das Attribut ›kläglich‹ fanden.

Erfolgreiche U-Boot-Kommandanten wurden durch eine generelle Anweisung der Flottille verpflichtet, während des Urlaubs Einladungen der Bauwerft des Boots tunlichst zu befolgen. Sie sollten »den Werftarbeitern den Rücken stärken« und »die Verbundenheit mit der kämpfenden Front herstellen«. Wir sagten: »Den Arbeitern etwas vorreesen«.
Der Führung erschien das vor allem in jener Zeit wichtig, als die Werften unter intensiven Bombenangriffen lagen.
Auf der Rückseite dieses

Ein Geschütz, Kaliber 8,8 cm, stand vor dem Turm auf der Back (bei den größeren Booten vom Typ IX eins vom Kaliber 10,5). Das Geschütz, das beim Tauchen überspült wurde, war nur eine Hilfswaffe. Gegen Kriegsschiffe war mit ihm nichts auszurichten. Während ein ›normales‹ Schiff viele Treffer ›vertrug‹, konnte schon ein einziger Treffer das U-Boot vernichten. Trotzdem ist es immer wieder vorgekommen, daß Kommandanten, die ihre Torpedos verschossen hatten, gegnerische Schiffe mit ihrem Geschütz versenkten.

Auf der ›Wintergarten‹ genannten Plattform hinter der Brücke stand im ersten Abschnitt des Kriegs eine 2-cm-Einzellafette zur Flugzeugbekämpfung. Mit ihr wurden auch einzeln fahrende, bereits torpedierte, aber noch nicht sinkende Schiffe beschossen.

Die eigentliche Waffe des U-Boots aber war der Torpedo. Seine guten Tauch- und Tiefensteuereigenschaften – alles diente dem Torpedoangriff.

Das Boot hatte, voll ausgerüstet, vierzehn Torpedos an Bord, vier in den vorderen Rohren, einen im Heckrohr, dem ›Rohr 5‹, die anderen lagerten unter den Bodenbrettern im Bugraum oder in den druckfesten Oberdeckstuben. Auf die in den Oberdeckstuben verzichtete man später, weil es zu gefährlich wurde, sie ins Boot zu holen: Während dieser Arbeit war das Boot tauchunklar und konnte aus der Luft überrascht und bekämpft werden.

Die Torpedos waren sieben Meter lang und selber kleine Schiffe, keine Geschosse. Sie hatten Motor, Schraube, Ruder. Man kann eigentlich nicht von ›Torpedo schießen‹ reden, sondern nur von ›lancieren‹. Der Torpedo wurde ja nicht verschossen, sondern mit Preßluft aus dem Rohr gestoßen. Er bewegte sich dann mit eigener Kraft dicht unter der Oberfläche auf sein Ziel zu. Zu Beginn des Kriegs mit einem Preßluftmotor, später mit Elektromotor.

Anstelle von Torpedos konnte das Boot auch Minen tragen, und zwar 22 TMC- oder 44 TMA- oder 60 TMB-Minen. Sie wurden in den Torpedorohren und im Bootsinnern gelagert. Später bekamen die Boote auf einer zweiten Plattform hinter der Brücke eine 37-Millimeter-Schnellfeuerkanone. Zum Gewichtsausgleich wurden die Geschütze abgenommen und außerdem zwei Torpedos weniger ›gefahren‹: Die beiden Oberdeckstuben vor dem Turm unter den Grätings, die zur Aufnahme von je einem Torpedo gedient hatten, wurden ausgebaut.

Die stärkere Flakarmierung hat sich nicht bewährt. Das U-Boot war nun einmal weder ein geeigneter Artillerie- noch Flakträger. Seine stärkste ›Waffe‹ war seine Unsichtbarkeit.

Postkartenfotos steht: »Schwerterträger Korv.-Kpt. Reinhard Suhren, *geboren am 16. 4. 1916 in Langenschwalbach, hat als Torpedo- und Wachoffizier der Kommandanten Schultze, Rösing und Bleichrodt – Gesamtversenkungsziffer 401 623 BRT – großen Anteil an den Erfolgen dieser U-Boots-Fahrer und erhielt am 3. 11. 1940 das Ritterkreuz. Als weiterhin erfolgreichem U-Boot-Kommandanten verlieh ihm der Führer am 3. 1. 1942 das Eichenlaub und am 2. 9. 1942 die Schwerter zum Eichenlaub.«*

Klein und schmal erscheinen die Boote am Ausrüstungspier von Saint Nazaire. Sie zeigen nur Turm und Oberdeck. Alles andere liegt unter Wasser. Nur die Rundungen der Satteltanks sind sichtbar. So sieht man ihnen ihre Gefährlichkeit nicht an.
Beim Boot zunächst dem Pier sind alle Luken offen, die Deckgrätings zum Teil abgenommen.
Die lange Öffnung im achteren Teil dient zur Aufnahme eines Reservetorpedos in seiner druckfesten Tube.
Die Typ VII-Boote hatten zwei Reservetorpedos außerhalb des Druckkörpers. Im Boot waren zwölf Torpedos.
Etwa ab Herbst 1941 wurde bei der Ausrüstung der Atlantikboote auf Oberdeckstorpedos verzichtet, da es kaum noch eine Möglichkeit gab, diese Torpedos ohne erhebliches Risiko der Überraschung aus der Luft ins Boot zu übernehmen.
Das Umsteuern dieser Reservetorpedos war stets eine zeitaufwendige und heikle Arbeit. Während dieser Arbeit war das Boot tauchunklar.

Torpedoübernahme: Die Torpedos müssen auf Lademulden mit großer Vorsicht durch das Torpedoübernahmeluk im Vorschiff in den Bugtorpedoraum ›versenkt‹ werden. Daß dabei alles gut funktionierte, war Sorge des I WO. Das VII C-Boot wurde mit vierzehn Torpedos ausgerüstet. Hier kommen zweierlei Torpedos an Bord – und zwar G7a-Torpedos mit einem Antrieb aus Preßluft und einem Brennstoffgemisch und G7e-Torpedos mit Elektromotor und Batterie. Die Torpedos hatten 53 Zentimeter Durchmesser und eine Pulverladung von 300 Kilogramm Trinitrotoluol. Die Zündpistolen wurden getrennt gestaut und erst aufgesetzt, wenn der Torpedo ins Rohr gehievt wurde. Es waren Aufschlag- und Magnetpistolen.
Die Torpedos hatten zwei gegenläufige Propeller, die das Rotieren verhinderten und den Geradelauf gewährleisteten.
Das zur Seite geschwenkte Geschütz hat Kaliber 10,5 cm. 120 Granaten mußten im Boot Platz finden.

Im Bugraum, dem ›Mannschaftslogis‹ des Boots. Der Bugraum ist zugleich Torpedoraum. So unordentlich wie hier sieht es nur beim Ausrüsten aus. In der Tiefe des ›Raums‹ die Bodenverschlüsse der zwei oberen Torpedorohre.

Der Kommandant von U 96, Kapitänleutnant Lehmann-Willenbrock, inmitten seiner Besatzung unmittelbar vor dem Auslaufen mit einem Maskottchen, das eine der ungezählten U-Boot-Enthusiastinnen nach Frankreich geschickt hat.

Die Eingepferchten

Während der langen Wochen der Unternehmung war die Stahlröhre für die fünfzig Mann Besatzung das Universum. Was außerhalb der Stahlröhre – der etwa zwanzig Millimeter dicken, oder besser dünnen – Stahlwandung bestand, existierte für sie nicht – es war genauso fern wie der Mond. Die Wahrscheinlichkeit, daß sie je wieder ihr Maschinenreich verlassen können würden, wurde zunehmend geringer, zuletzt war sie kaum noch der Rede wert. Aber auch im ›Durchschnitt‹ kamen nur wenig mehr als ein Drittel der U-Boot-Fahrer von ihren Feindfahrten zurück.

Als ›U-Boot-Fahrer‹ bezeichneten sie sich selber, die blutjungen Seeleute oder Maschinenpiepels, die Funker und Torpedomixer. ›Soldaten‹ wollten sie nicht genannt werden. Wie hätten sie sich auch als Soldaten empfinden können. Eingepfercht in eine enge Stahlröhre, waren sie zu keiner eigenen Entscheidung mehr fähig, sondern ganz und gar zu passiver Hinnahme verdammt, auf das Funktionieren der Maschinen, Apparate und Aggregate im Boot angewiesen – ja, in einer Art blindem Vertrauen an die Maschinerie ausgeliefert.
»Einer für alle, alle für einen«, das stimmte nicht, denn das Boot wurde allein vom Kommandanten geführt, die anderen füllten praktisch nur die Lücken aus, die die Konstrukteure gelassen hatten. Unter den Kommandanten gab es zudem auch entsetzliche Menschenverächter, die in ihrer Besatzung nur eine Horde sahen, die geschliffen werden mußte, bis sie auch im Schlaf Befehle ausführen konnte und genau die richtigen Ventile und Aggregate erwischte. ›Mein‹ Boot war da nicht typisch.

Daß für manchen Verbandsveteranen die Kriegsjahre immer noch als die besten Jahre seines Lebens gelten, anstatt als Zeit der Schrecknisse, zeigt, wie verschieden jeder einzelne aus der Schar der U-Boot-Fahrer den U-Boot-Krieg erlebte: Viele der U-Boot-Fahrer – und dazu zählen sicher die heute noch Unberührten – waren willentlich in einem Zustand der Ahnungslosigkeit gehalten worden. Sie hatten ebensowenig von ihren Opfern zu sehen bekommen wie die Bombenflieger der Alliierten von den tödlichen Verheerungen, die sie angerichtet hatten. Schon deshalb mag bei ihnen die Phantasie nie in Gang gekommen sein. Weil sie kein Erschrecken erfahren hatten, kannten sie auch keine Skrupel – und manche kennen auch heute noch keine. Ihnen schwebt immer noch die ›gerechte Sache‹ vor, für die sie sich aufopferten – was immer diese ›gerechte Sache‹ auch gewesen sein mag. Sie sind, obwohl sie sich so gern auf ihre Augenzeugenschaft berufen, schlechte Zeugen der Zeit.

Die Ahnungslosen

Der erste Wachoffizier – der I WO. Der I WO war für den gesamten ›Innenbetrieb‹ des Boots verantwortlich und damit die rechte Hand des Kommandanten. Er war Führer der ersten Wache. Ihm unterstand aber auch die Torpedowaffe. Er war derjenige, der bei einem Überwasserangriff ›schoß‹. Wachoffiziere waren aktive Offiziere mit mehrjähriger Ausbildung und Spezialkursen für Navigation, Waffentechnik, Fernmeldewesen. Dem I WO stand der meist jüngere II WO zur Seite. Für die Überwasserwaffen – Geschütz und MGs – war der II WO verantwortlich. Auch einen großen Teil des ›Schriftkrams‹ erledigte er.

Der ›Leitende‹. Der Leitende Ingenieur war nach dem Kommandanten der wichtigste Mann an Bord. Das unterschied ihn von den Ingenieuren ›normaler‹ Schiffe. ›Normalerweise‹ standen die Ingenieuroffiziere bei der Marine in geringerem Ansehen als die Seeoffiziere, weil es nun einmal die seemännischen Offiziere waren, die die taktischen Entschlüsse faßten. Bei den U-Booten verschaffte die hohe Technisierung der Waffe den Leitenden dagegen ein höheres Ansehen.
Außer der mehrjährigen Allgemeinausbildung zum Offizier hatte unser Leitender eine Ausbildung auf technischen Marineschulen durchlaufen. Er war vor seiner Kommandierung auf das Boot als LI auf Booten der Ausbildungsflottille und als Schüler auf einem anderen U-Boot gefahren.

Die U-Boot-Fahrer, die gegen England und seinen Verbündeten, die USA, zum Kampf ausliefen, waren noch schwächer, als es der Winzling David gegenüber dem Riesen Goliath war: jeweils vierzig bis fünfzig Jugendliche in einem schmalen Tauchboot gegen das »unerschöpfliche Potential des halben Erdballs«. Die meisten unter den Besatzungen hatten keine Ahnung, worum es ging. Ihnen fehlten die einfachsten geographischen Vorstellungen. Man hatte sie in die Boote gesteckt, und nun gab es für sie nichts anderes als sich zu fügen. Kriegsgericht und Tod vor den Pelotons bedrohten jeden, der sich anders verhielt.
Das ›Großdeutsche Reich‹, für das die U-Boot-Fahrer kämpfen sollten, verblaßte nach vier Monaten im Atlantiksturm zu einem äußerst vagen Begriff. Die Gedanken waren dann nicht mehr auf einen imaginären Feind gerichtet, sondern aufs Überleben.

Der Nachwuchs für die U-Boote, das ›Menschenmaterial‹, – sowohl seemännisches als auch Maschinenpersonal – rekrutierte sich aus Besatzungen von Überwassereinheiten wie Minensuch- oder Vorpostenbooten. Wenn solche Leute in den Personalbereich der U-Boot-Waffe kommandiert wurden (ihr Chef war der Zweite Admiral der U-Boote, von Friedeburg), mußten sie verschiedene Lehrgänge durchlaufen. Zuerst einen Schulungslehrgang bei der U-Schul-Flottille mit praktischer Ausbildung auf den Schulbooten. Bei solchen Lehrgängen wurde auch das Aussteigen aus einem in flachem Wasser gesunkenen Boot gelehrt, und zwar an einer Nachbildung der Ausstiegsluken des U-Boots in einem sogenannten ›Tauchtopf‹.
Dann folgte ein Fachlehrgang, sei es auf der Torpedoschule für die ›Torpedomixer‹, sei es auf der Nachrichtenschule für die Funker, sei es auf den Maschinenschulen, die in Kiel und an verschiedenen Plätzen für das Maschinenpersonal eingerichtet worden waren. Das Deckspersonal brauchte keinen speziellen seemännischen Lehrgang mehr – die Decksarbeit war ja auf allen Schiffen die gleiche –, wohl aber eine Waffenausbildung für die Flawaffen und die Kanone.
Bis ein solcher Mann – die jüngsten waren sechzehn Jahre alt – ›U-Boot-frontreif‹ war, verging im allgemeinen ein halbes Jahr bis neun Monate. Dann gehörten die frisch ausgebildeten Leute zur ›Personalreserve‹ und wurden je nach Bedarf auf Neubauten oder zur Ablösung auf Frontboote kommandiert.
Neu in Dienst gestellte Unterseeboote mit neu zusammengestellten Besatzungen, von denen meist ein Viertel bis ein Drittel ›feindbefahren‹ war, durchliefen eine ›Frontreif-Schulung‹. Dazu gehörte eine Torpedoschießübung für die Boote und ebenso eine taktische Schulung in der Ostsee.

Die Nummer 1 des Boots auf der Brücke direkt hinter der UZO-Säule. (UZO bedeutet ›U-Boot-Zieloptik‹. Bei Überwasserangriffen wurde das gegnerische Schiff mit diesem Gerät anvisiert.)
Die Nummer 1 ist der älteste seemännische Unteroffiziersdienstgrad. Die Dienststellung der Nummer 1 entspricht in etwa der eines Oberfeldwebels. Die Nummer 1 sorgt für das seemännische Gerät – für Takelzeug und Fender zum Beispiel, aber auch für Bekleidung und Ausrüstung der Leute. Auch für das ›Reinschiff‹ hat die Nummer 1 zu sorgen. Die Nummer 1 gehört neben dem Obersteuermann zu den meist beschäftigten Leuten an Bord.

Rechts:
Zwei ›Schwarzfußindianer‹, also Leute aus der Maschine, ausnahmsweise auf der Brükke. Links der E-Maschinist, rechts der Dieselmaschinist. Beide sind ganz und gar verantwortlich für ihre Bereiche. U-Boot-Maschinisten waren hochgradige Spezialisten, die technischen Handwerksberufen entstammten. Bis zur Kommandierung auf ein U-Boot hatten sie mehrere Speziallehrgänge in ihren Fachgebieten durchlaufen. Sie besaßen zwar keinen Meisterbrief, hatten aber die Qualifikation eines Meisters.
Für das Maschinenpersonal gab es außer ›Schwarzfußindianer‹ auch noch die Spottnamen ›Kellerasseln‹ oder ›Bilgenkrebse‹. Für das seemännische Personal war jeder, der zum Maschinenpersonal gehörte, ein ›Heizer‹.

Fast alle U-Boot-Fahrer trugen ihr U-Boot-Symbol an der Mütze. Hier ist es der aus Blech ausgesägte Sägefisch, der später, als der Kommandant von U 96 zum Flottillenchef avancierte, zum Zeichen der 9. U-Boot-Flottille (Brest) wurde.

Waffenstolz

In den Messen der Flottillen ging manche Geschichte vom Waffenstolz der U-Boot-Fahrer und ihrem Elitebewußtsein um:
Der Kommandant eines Einbaums – eines 500 Tonnen kleinen U-Boots also –, seines Zeichens Oberleutnant, trifft auf Gegenkurs das alte Linienschiff ›Schleswig Holstein‹ – eine Begegnung wie zwischen Faltboot und Ozeanriese – und läßt, wohl wissend, daß ›drüben‹ ein Kapitän zur See an Bord ist, seinen Signalgast diesen Winkspruch machen: »Kommandant an Kommandant: Was haben Sie für ein schönes Schiff!«
Ein anderer brüllte nach langer Feindfahrt noch vor dem Festmachen durchs Megaphon, dem zum Empfang angetretenen Flottillenstab entgegen: »Ist der Führer noch am Ruder?«
Solche Geschichten waren ganz nach dem Geschmack der jungen Kommandanten. Sie fühlten sich als rechte ›Bolzenschieber‹ und eins mit ihrem ›großen

Der Matrosengefreite. Den Matrosen oblag der allgemeine seemännische Dienst wie Wachegehen, Rudergehen, Kombüsendienst, Reinschiffmachen und Waffendienst (an dem 8,8-cm-Geschütz und am 2-cm-MG). Die Wacheinteilung für die Seewachen war: drei Seewachen von jeweils vier Stunden. Zu einer Seewache gehörten: der Wachführer und drei Ausguckposten sowie ein Rudergänger.

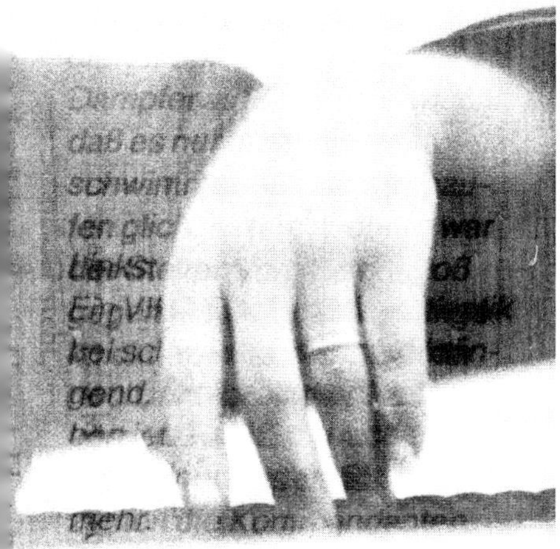

Die Dieselmaate. Alle Maschinenmaate waren gelernte Maschinenschlosser. Zu einer Dieselmaschinenwache von jeweils sechs Stunden gehörten ein Obermaschinist, ein Dieselmaat und zwei Dieselgasten – und zur Wache für die E-Maschine, die ja auch dauernd besetzt sein mußte, ein E-Maat und zwei E-Maschinenheizer.
Die Brille hat sich der eine Dieselmaat zum Jux aus Draht gebogen.

Löwen‹, der ihnen ihre Kühnheiten und sogar noch manche Frechheiten nachsah.
Aber auch die Dienstgrade und Mannschaften zeigten ihre breite Brust vor. Ich erinnere mich an eine Szene im D-Zug von Paris nach Berlin:
Ein Zentralemaat sitzt mit offenem ›Kulani‹ und breit hingeflegelt in seiner Ecke, als der Zugoffizier, Stahlhelm auf dem Kopf, die Tür aufreißt und den Maat auch gleich anherrscht. Der denkt nicht daran, aufzuspringen und Haltung anzunehmen, auch nicht auf einen neuerlichen ›Anschiß‹ hin, sondern gebärdet sich pomadig und kramt sein Soldbuch im Zeitlupentempo hervor, ja, er erdreistet sich sogar, dem Hauptmann zuzureden, eine Meldung zu machen. Seine nölig vorgebrachten Worte habe ich noch im Ohr:
»Schreiben Sie nur alles ruhig auf, Herr Hauptmann! Was unser Kommandant ist, der schmeißt das in den Papierkorb. Und einsperren lassen können Sie mich auch – da holt mich unser Alter eben gleich wieder raus – der kann nämlich ohne mich gar nicht auslaufen.«

Der ›Benjamin‹ an Bord: ein erst sechzehnjähriger Matrose. Seine Rolle entsprach der des ›Moses‹ bei der ›christlichen‹ Seefahrt.
Er trägt das ›Bordpäckchen‹, darunter einen Isländer.

Der Fähnrich. Einem Unteroffizier gleichgestellt, ging er seine Wache genauso wie ein Maat.
Er trägt über dem ›Lederpäckchen‹ Gummizeug, den ›Anzug großer Seehund‹.

Links: Der älteste Matrose – ein Matrosenobergefreiter. Er hatte die Sonderstellung eines Gefechtsrudergängers und bestimmte den Ton im Bugraum, dem Mannschaftslogis.
Mitte: Der Zentralemaat mußte, genau wie die Maschinenleute, ein besonders ausgebildeter Spezialist in einem technischen Handwerksberuf sein. Der Zentralemaat war die rechte Hand des Leitenden. Er führte für ihn das Tauchtagebuch und bereitete das Prüfungstauchen vor. Ein guter Zentralemaat mußte ein gutes Einfühlungsvermögen haben und mitdenken können. Sehr gute Zentralemaaten mußten in den meisten Fällen nicht erst warten bis ein Befehl ausgesprochen wurde, sie wußten schon, was kommen würde, und hatten sich entsprechend eingerichtet.
Die Funktionen des Zentralemaaten waren außerordentlich vielseitig. So war er für die Wartung der sehr komplizierten Sehrohranlage verantwortlich, und auch die Frischwassererzeugeranlage unterstand seiner Obhut, ebenso wie Tiefen- und Seitenruderanlage. Der gesamte Bereich der Zentrale unterstand praktisch

dem Zentralemaaten. Zu seiner Hilfe hatte er drei Zentralegasten. Sein unmittelbarer Vorgesetzter war der Leitende Ingenieur. Auf ein gutes Zusammenspiel des Zentralemaaten mit seinem Leitenden konnte es entscheidend ankommen.
Rechts: Der Obersteuermann. Seine Aufgabe war die Navigation – oder korrekter: Er gab dem Kommandanten bei der Navigation wichtige Hilfestellung. Dazu gehörte: Besteck nehmen, das heißt den Schiffsort mit dem Sextanten nach den Gestirnen bestimmen, das Eintragen der gefahrenen Kurse und der zurückgelegten Wegestrecken in die Seekarte – das Koppeln.
Der Obersteuermann war auch Proviantmeister. Er berechnete vor dem Auslaufen die nötige Proviantmenge – Frisch- und Dosenproviant – und sorgte vor allem nach einem raffinierten Stauplan dafür, daß in jedem Stadium der Reise die nötigen Vorräte ›greifbar‹ waren, und vollbrachte damit ein wahres Kunststück: Die Vorräte mußten über das ganze Boot – wo immer sich Hohlräume finden ließen – verteilt werden. Gemeinsam mit dem Schmutt stellte er den ›Essensfahrplan‹ auf. Zudem war der Obersteuermann noch Leiter der dritten Brückenwache.

Der Kommandant am Peildiopter. Der Peildiopter wird auf die Kreiselkompaß-tochter auf der Brücke aufgesetzt. Er dient zur Schiffsortbestimmung nach Landmarken. Der Peildiopter wird aber auch verwendet, um die ›Auswanderung von Schiffen‹ beim Fühlungshalten an einem Geleitzug zu beobachten.

Im Glanz der Elite . . .

Die U-Boot-Fahrer fühlten sich auf ihren engen, von Menschen- und Maschinengestank erfüllten Röhren als eine Elitetruppe, ein nicht ganz ›regulärer‹ Spezialverband innerhalb der Marine, für den die von der Kaiserlichen Marine her überkommenen Normen nicht alle gelten sollten. Sich selber nannten sie gern ›Freikorps Dönitz‹.
Die U-Boot-Fahrer waren besonderen Gefahren ausgesetzt, dafür wollten sie auch besondere Rechte haben. Die allgemeine Bewunderung leistete ihnen bei solchem Anspruch Vorschub: Wo immer sie bei ihren Landgängen oder im Urlaub auftauchten, wurden sie wie moderne Gladiatoren gefeiert. Bei welchem jungen, unbedarften Menschen hätte das nicht zu breitspurigem Auftreten führen sollen?
Was aber zeichnete die U-Boot-Fahrer tatsächlich so sehr aus, daß sie als eine Elitetruppe gelten durften? War es ihr Durchstehvermögen? Ihre Unerschrokkenheit? Ihre Kaltblütigkeit? Ihre Zähigkeit? Ihre Leidensfähigkeit?
Tapferkeit klang in ihren Ohren schon zu pathetisch.
Vielleicht sollte man von der *Überlebenswut* der U-Boot-Fahrer sprechen, wenn man ihr Verhalten in Situationen äußerster Not charakterisieren will.
Bei dem Wort ›Überlebenswut‹ fliegen mir Bilder vom Schöpfkommando auf U 96 am Grund der Straße von Gibraltar zu:
Das Boot lag, von einer Fliegerbombe schwer demoliert, stark achterlastig auf Grund. Die E-Maschinen drohten wegen der Wassereinbrüche im Achterschiff abzusaufen. Von Hand zu Hand mußte da trotz heftig gasender Batterien das Wasser von achtern bis in die Zentrale gemannt und dort in die Bilge gekippt werden. Der Leitende hatte ein System ausgeknobelt, das eingedrungene Wasser aus der Zentralebilge trotz des Außendrucks nach außen zu pumpen.
»Schöpfkommando wühlte wie beim Rugbyspielen«, schrieb der Alte später auf.
Kein Wunder: Es ging ums Leben.

. . . und doch nur Lückenbüßer

Im eigentlichen Verstand war das U-Boot – auch das des Zweiten Weltkriegs – eine unvollkommene Kampfmaschine. Das ideale U-Boot würde dem Jagdflugzeug entsprechen. Das heißt: Ein einziger Mann müßte es bedienen und seine Entscheidungen nur für sich alleine fällen. Nur wegen der komplizierten Technik des U-Boots war es nicht möglich, ein dem Jagdflugzeug analoges Kampfinstrument zu schaffen – es blieben überall technische Lücken, die von Menschen gefüllt werden mußten. Der eigentliche Kämpfer aber war der Kommandant, die anderen – und das drängte die U-Boot-Fahrer in ihre merkwürdig passive Rolle – waren für die Kommandanten gewöhnlich nur blinde Zuarbeiter.
Zwischen den Jagdfliegern und den U-Boot-Kommandanten gab es tatsächlich eine Art Verwandtschaft: Beide verließen die Erde, das klassische Schlacht›feld‹. Auch die Jagdflieger empfanden sich als Elite – im wahrsten Wortsinn ›erhoben‹. Schon im Ersten Weltkrieg wurden sie ähnlich emphatisch als Heroen gefeiert wie die U-Boot-Kommandanten. Aber den Jagdfliegern haftete nicht der Makel an, gegen Zivilisten – die Besatzungen der Dampfer der Alliierten waren ja zivile Seeleute – zu kämpfen. Ihr Kampf war meistens ein Kampf zwischen gleichen: Jagdflieger gegen Jagdflieger.

Zwei auslaufende Boote in der Schleuse ›klar zur Auslaufmusterung‹: Die Maschinenleute sind auf ihrem Platz auf dem Achterdeck angetreten.

Nächste Seite:
Das Boot läuft im Kielwasser eines Sperrbrechers durch das von E-Minen verseuchte Seegebiet vor der Küste. Noch stecken Blumensträuße vom Abschiedszeremoniell in den Winddüsen der Brückenumwandung. Besonders scharfer Ausguck war geboten, weil sich feindliche U-Boote bisweilen vor der Ausfahrt auf die Lauer legten.

Der Himmel und die See

Die Sichtweite der U-Boote war gering. Zwar konnte man vom U-Boot-Turm aus bei gutem Wetter und idealer Sicht zehn bis zwanzig Seemeilen weit sehen, aber wann herrschte im Nordatlantik schon ›ideale‹ Sicht? Allenfalls im Sommer – und dann oft auch nicht in so typischen Nebelzonen wie vor Labrador und in der Dänemarkstraße.
Es passierte sogar, daß U-Boote in so dichten Neufundland- oder Labradornebel gerieten, daß sie ihr Typhon bedienen mußten, um nicht mit Fischkuttern zusammenzustoßen. Man riskierte damit nicht allzuviel, weil die Fischkutterbesatzungen ja im Nebel das U-Boot auch nicht erkennen konnten, sondern nach Gehör auswichen – oder ihrerseits Signal gaben, wenn sie das Typhon hörten. Besonders im Juni/Juli konnten derartige Nebel wochenlang auf der See liegen. Operationen der Boote waren in solchen Gebieten nicht möglich, sie waren nur Durchfahrtsgebiete auf dem Weg zur amerikanischen Ostküste.
Oft fühlte man sich auf der Brücke total aufgeschmissen. Gefährdet wie eine Feldmaus, die den Bussard noch nicht sieht, wenn sie längst schon von ihm entdeckt worden ist. Sein Versteck, die Tiefe, konnte das Boot kaum noch erreichen, wenn das Flugzeug aus einer Wolke direkt über dem Boot zustieß.
Auf der Gibraltarbreite betrug die Sicht vorwiegend über zwölf Seemeilen. Aber auch das ist recht wenig. Der Beobachter im Flugzeug überblickt dagegen viel größere Seegebiete, und mit seinem Radar ›sieht‹ er auch noch bei Nebel und in der Nacht.
Wie weit der Radarhorizont der Flugzeuge damals tatsächlich reichte, ist schwer zu sagen. Die Intensität der Impulse war im Krieg wohl kaum ausreichend, bis zu neunzig Seemeilen die kleinen U-Boot-Silhouetten zu reflektieren, wie angenommen wurde. Wahrscheinlich bekamen die Beobachter Anzeige bis zu einer Entfernung von fünfundzwanzig bis dreißig Seemeilen nach jeder Seite. Aber mit ihrer Geschwindigkeit konnten sie natürlich schnell große Flächen kontrollieren.
Ich durfte von Glück reden, daß ich nicht immer wie die Brückenposten angestrengt einen Sektor von neunzig Grad nach Anzeichen vom Feind absuchen mußte, sondern mich auf der Brücke der Betrachtung von See und Himmel hingeben durfte. Auf keinem anderen Schiff konnte ich Himmel und See so intensiv erleben wie auf der Brücke eines U-Boots. Hier fühlte ich mich Joseph Conrad am nächsten. In meinem Roman ›Das Boot‹ habe ich das Himmelspanorama mit seinem ständigen Licht- und Farbwechsel so geschildert:
»Es ist ein Glück, daß außer den Brückenposten noch zwei Mann oben sein dürfen. Ich nutze die Gelegenheit aufzuentern, sooft sie sich bietet. Kaum habe

ich den Kopf zum Turmluk hinausgesteckt, überkommt es mich schon wie eine Befreiung: Ich steige aus dem Maschinenpferch, aus der Enge der Wände, aus Dunst, Gestank und Feuchtigkeit ans Licht und zur reinen Luft empor.
Zuerst suche ich den Himmel nach Wetterzeichen ab, dann lasse ich den Blick schnell ringsum über die Kimm gehen. Erst dann drehe ich den Kopf hierhin und dahin und lege ihn schließlich in den Nacken. Durch ein paar Wolkenlöcher kann ich in die Tiefe des Kosmos blicken. Unverstellt bietet sich der Himmel meinem Blick – ein großes Kaleidoskop, das im Ablauf der Stunden immer neue Bilder hervorbringt.
Ich notiere, was das Himmelspanorama rund um die Uhr bietet: Jetzt zum Beispiel ist der Himmel hoch oben tiefblau. Alle Löcher in der Wolkendecke, die sich eilig verschiebt, sind mit tiefer Bläue ausgefüllt. Nur gegen den Horizont zu ist die Decke verschlissen. Hier ist auch das Blau dünner, als wäre es von den wehenden Wasserdämpfen ausgelaugt. Voraus hängt noch ein klein wenig Röte über der Kimm, eine einzelne dunkle, blauviolette Wolke schwimmt darin.
Hinter dem Boot ereignet sich bald Wunderbares: In halber Höhe breitet sich ein stahlblauer feuchter Ton aus, der sich mit einer Flut fahlen Ockers vermischt, die hinter der Kimm hochsteigt. Die Grenzbezirke nehmen zuerst einen verschmutzten grünlichen Ton an, aber dann beginnt von hinten ein mattes, leuchtendes Blau durchzuschlagen, das nur noch einen Schimmer von Grün hat: Veroneser Blau.
Genau um die Mittagszeit füllt kühles silbriges Grau den Himmelsraum. Die Haufenwolken sind verschwunden, nur noch ein paar seidige Zirren hängen ihre Schleier vor die Sonne und zerstreuen ihr Licht zu silbrigem Flimmern und Leuchten. Ein leises Pastorale mit lichten und zarten Tönen wie auf der Innenseite von Austernmuscheln hebt an.
Am Nachmittag an Steuerbord: Hinter dunkelblauen Wolken schimmern gelbe und orange Streifen. Ihre Farbe ist satt, schwer, fast ölig. Die dunkelblauen Wolken steigen hoch wie von einem Steppenbrand. Ein afrikanischer Himmel. Ich stelle mir dazu Tafelberge vor, Giraffenakazien, Gnus und Antilopen.
An Backbord steigt in weiter Ferne neben einem Wolkenhaufen aus verschmutzter Wolle ein Regenbogen in den Himmel. Ein zweiter, blasserer wölbt sich darüber. Mitten im Halbrund schwimmt ein dunkler Ballen wie von einer Schrapnellwolke.
Am späten Nachmittag ändert sich der Prospekt der Himmelsbühne gründlich. Die Verwandlungen werden nicht nur mit ein paar aufgespannten Vorhängen und Farbschwankungen erzielt, es findet vielmehr ein großartiger Wolkenaufzug statt, der schnell den ganzen Himmel erfüllt.
Als ob das Spiel der Formen noch nicht heftig genug wäre, kommt die Sonne durch einen Riß und schießt schräge Strahlenlanzen durch das Wolkengetümmel.
Nach dem Abendbrot klettere ich wieder auf die Brücke: Der Tag ist müde. Er löst sich auf. Von seinem Licht bleibt bald nur hier und da ein Tupfen auf den Wolken zurück, die nebeneinander aufgereiht wie die Kugeln einer Rechenmaschine im westlichen Himmel schwimmen. Bald zieht nur noch ein kleiner Wolkenflaum, der das letzte Leuchten bewahrt, den Blick auf sich. Über dem Horizont hält sich für eine Weile die Glut der untergehenden Sonne. Dann erkaltet auch dort das Licht. Nun ist der Tag ganz hinab. Im Osten hat schon die Nacht die Höhe des Himmels erobert. Das Wasser verwandelt sich unter den violetten Schatten. Sein Geräusch wird lauter. Wie Atemzüge eines Schlafenden ziehen die Wellen unter dem Boot durch.«

Blick vom Vorschiff aus gegen den Turm bei gutem Wetter. Dieses Boot ist noch mit einem 8,8-cm-Geschütz vor dem Turm bestückt. Später wurde es im Austausch gegen die stärkere Flakarmierung abgebaut – zum Gewichtsausgleich. Im Bereich des Geschützes ist das Oberdeck nach beiden Seiten ausladend gebaut, damit die Geschützbedienung beim Querabschwenken Platz hat. An dem um das Geschützrohr gedrehten Tampen ist vorne der Mündungspfropfen befestigt. Dieser gedrehte Tampen ist keine seemännische Spielerei: Ein loser Tampen würde bei Unterwasserfahrt gegen das Rohr schlagen, rhythmische Geräusche hervorrufen, die vom Horchgerät des Gegners gut wahrgenommen werden könnten. Ein typisches Beispiel dafür, wie sehr beim U-Boot-Fahren unter Kriegsbedingungen äußerste Sorgfalt auch in ›Kleinigkeiten‹ wichtig, ja lebensentscheidend sein kann.
Das Boot – hier U 96 – trägt als Flottillenzeichen den schnaubenden Stier. Das eigentliche Bootszeichen, der Sägefisch, durfte nicht mehr gefahren werden, damit der Gegner nicht danach das Boot identifizieren konnte.
Die runde Öffnung über der Kanone ist der Schalltrichter vom Typhon, einem mit Preßluft betriebenen akustischen Signalgerät.

Das U-Boot hat dank der scharfen, spitzen Formgebung des Vorschiffs gegenüber anrollenden Seen wenig Auftrieb. Das hat aber auch zur Folge, daß der U-Boot-Bug bei bewegter See besonders heftig einsetzt, anstatt gelüftet zu werden, wie das zum Beispiel bei einem Fischkutter infolge seines ausladenden Bugs geschieht. Das Boot vom Typ VII C ist eben eine Hybride – ein Überwasser- und Unterwasserfahrzeug –, und bei seiner Formgebung mußte zugleich an Eigenschaften für Überwasserfahrt und für Unterwasserfahrt gedacht werden.
Ein ausladender Bug hätte zum Beispiel zwar das Einstampfen des Boots gemindert, ihm dafür aber schlechtere Taucheigenschaften gegeben. Bei Tiefenveränderungen wäre eine scherbrettartige Wirkung entstanden, und der Tauchvorgang wäre verzögert worden.

Nächste Doppelseite:
Das Boot ›pflügt‹ mit langsamer Marschfahrt bei Schönwetter einen Suchstreifen ab. Auf dem Vorschiffsdeck das in Mittschiffsrichtung stehende Kristalldrehbasisgerät (KDB genannt) – ein Horchgerät. Es erfaßte Horchgeräusche, die ihren Ursprung über dem Boot hatten, besser als die zu beiden Seiten des Bugs tief angeordneten Membranen des GHG – des Gruppenhorchgeräts.

»Guter Ausguck ist das halbe Leben!« hieß es bei den U-Booten. Das war sogar noch untertrieben. Als die Alliierten mehr und mehr Flugzeuge zur Bekämpfung der U-Boote einsetzten, konnte vom guten Ausguck das ganze Leben aller Leute an Bord abhängen. Flugzeuge waren nun mal viel schneller heran als Zerstörer oder Korvetten. Sie stürzten aus tiefhängenden Wolken herab oder flogen direkt aus der Sonne an. Die Piloten kannten alle Tricks, um Brückenwachen zu überraschen. Wenn ein Flugzeug aus einer tiefhängenden Wolke herabstieß, kam es auf Sekunden an. Dann konnte das Boot gar nicht schnell genug von der Oberfläche weg sein. Das war eben das Handikap für die Boote: Auf einen Zweikampf durften sie sich nicht einlassen. Im Zweikampf mit einem Flugzeug waren sie unterlegen – auch später noch, als die Boote eine verstärkte Flakarmierung bekamen.
Bei trübem Wetter zog es den Alten wie magnetisch auf die Brücke, besonders während der ersten Wache: Der Alte traute seinem I WO nicht. Der war ihm zu pomadig.

Die Brückenposten dürfen für die Schönheit der See und das Himmelspanorama kein Auge haben. Abenddämmerung mit tiefer Wolkendecke, das bedeutet besondere Gefahr: beste Tarnung für angreifende Flugzeuge. Jetzt wird jede ferne Möwe im ersten Augenblick zum anfliegenden Flugzeug, jedes dunkle Wölkchen über der Kimm zur Rauchfahne. Bei schlechtem Wetter wird das alles noch schlimmer. Die um das halb ausgefahrene Sehrohr spiralförmig angebrachten kurzen Drahtseile dienen zur Minderung verräterischer Schaumbildung, wenn das Sehrohr durchs Wasser ›fährt‹.

Ein Mann aus der Maschine bei einer Reparatur am Standsehrohr.

Das geduckte Leben

Vieles ist auf dem U-Boot anders als auf gewöhnlichen Schiffen. Es gibt keine ›bulleyes‹, kein ›skylight‹, keinen Eingang durch ein seitlich angebrachtes Schott oder einen schrägen Niedergang. Der Druckkörper hat ringsum außer den drei Luks keine Öffnungen. Das U-Boot wird oft mit einem Tiefseefisch verglichen. Es gleicht aber eher einem Muscheltier, dem kein Grätengerüst Halt für seinen Körper gibt und das seine kostbaren, verletzlichen Organe mit einem Panzer umschlossen hält.

Gegenüber den gleichzeitigen U-Boot-Konstruktionen anderer Länder zeigte der Typ VII C kaum progressive Technik. In punkto Schiffsbautechnik war das Boot durchaus konventionell. Ein auffallendes Merkmal war, daß die Konstrukteure für die Besatzung kaum Lebensraum vorgesehen hatten. Unter den U-Booten der ganzen Welt war das VII C-Boot dasjenige mit den spartanischsten Einrichtungen für das Leben der Besatzung.
»Enger als im Tigerkäfig!«, »Weniger Auslauf als im Knast!«, hörte ich U-Boot-Fahrer über die ›Wohnverhältnisse‹ schauspielern oder gar sich richtig empören. Auf dem U-Boot war der Lebensraum für die Besatzung tatsächlich zugunsten der Maschinen auf ein Minimum reduziert. Es gab keine Trennung von Last-, Maschinen- und Wohnräumen. Das ganze Boot war ja im Grunde nur eine schwimmende Kampfmaschine. Für menschliche Notdurft hatten die Konstrukteure kaum Platz gelassen. Alles, was nicht aus Stahl und Eisen bestand, wirkte im U-Boot fehl am Platz.
Aber nicht nur im Innern gab es nichts, was auch nur entfernt nach Bequemlichkeit aussah – auch die Brücke war für zähe Burschen gebaut. Im Gegensatz zu den U-Booten aller anderen Länder hatten die deutschen Boote eine gänzlich ungeschützte Brücke. Bei Sturmwetter fuhren die Brückenwachen mehr durch das Wasser als auf dem Wasser hin.

Während der Feindfahrt war das Leben für die Besatzung äußerst hart. Das Licht des Tages schien nur für die Seeleute, aber für die auch nur dann, wenn sie Brückenwache gingen. Alle anderen lebten wie im Bergwerk. Es gab keine Etappe, keine Momente der Sicherheit. Die Bedrohung riß nie ab. Ein U-Boot, das den Hafen verlassen hatte, war in jeder Sekunde auf Feindfahrt. Für die U-Boot-Fahrer gab es dann nicht wie beim Heer entweder Ruhestellung oder Angriff, sondern während der oft sehr langen Unternehmungen waren die Boote

immer im Kampf. Daher rührte die ungeheure Nervenanspannung für die Besatzung.
Die Maschinenpiepels stiegen zum Auslaufen des Bootes durch das enge Turmluk ein und kamen erst wieder nach dem Festmachen zum Vorschein, wenn das Boot Glück hatte. Während der Reise lebten sie in der Enge der Röhre im Mief und bekamen nur künstliches Licht zu sehen.
Auf die Tüchtigkeit des technischen Personals kam es beim U-Boot-Fahren ungleich mehr an als bei der ›normalen‹ Seefahrt. Das Überleben der ganzen Besatzung hing, wenn das Boot unter Wasser verfolgt wurde, entscheidend von der Kaltblütigkeit und dem Durchstehvermögen der Nicht-Seeleute ab. Trotzdem wurden die ›Schwarzfußindianer‹ oder ›Bilgenkrebse‹ aus der Maschine nach alter Marinetradition bisweilen über die Schulter angesehen.
Tageslicht gab es für die Männer aus der Maschine allenfalls für eine ›Zigarettenlänge‹ auf der Brücke. Als die Alliierten den ›gap‹ geschlossen hatten und die Boote nirgends mehr vor Luftangriffen sicher sein konnten, durfte keiner mehr zum Rauchen auf die Brücke kommen. Und noch später, als die Boote mit Schnorchel fuhren, gab es für überhaupt *keinen* mehr Tageslicht: Es gab keine

Im Bugraum: Hier herrschte die übliche drangvolle Enge, wenn die erste Torpedochargierung noch nicht verschossen war und die Torpedos für die zweite noch zwischen den unteren Kojen lagen. Ein Teil der Männer mußte direkt auf den nur mit Brettern abgedeckten Torpedos hausen. Erst wenn die Torpedos in den Rohren ›verpulvert‹ waren, konnte im Bugraum zum Essen eine Back angeschlagen werden. Während die einen aßen, lagen die anderen in ihren Kojen oder Hängematten.

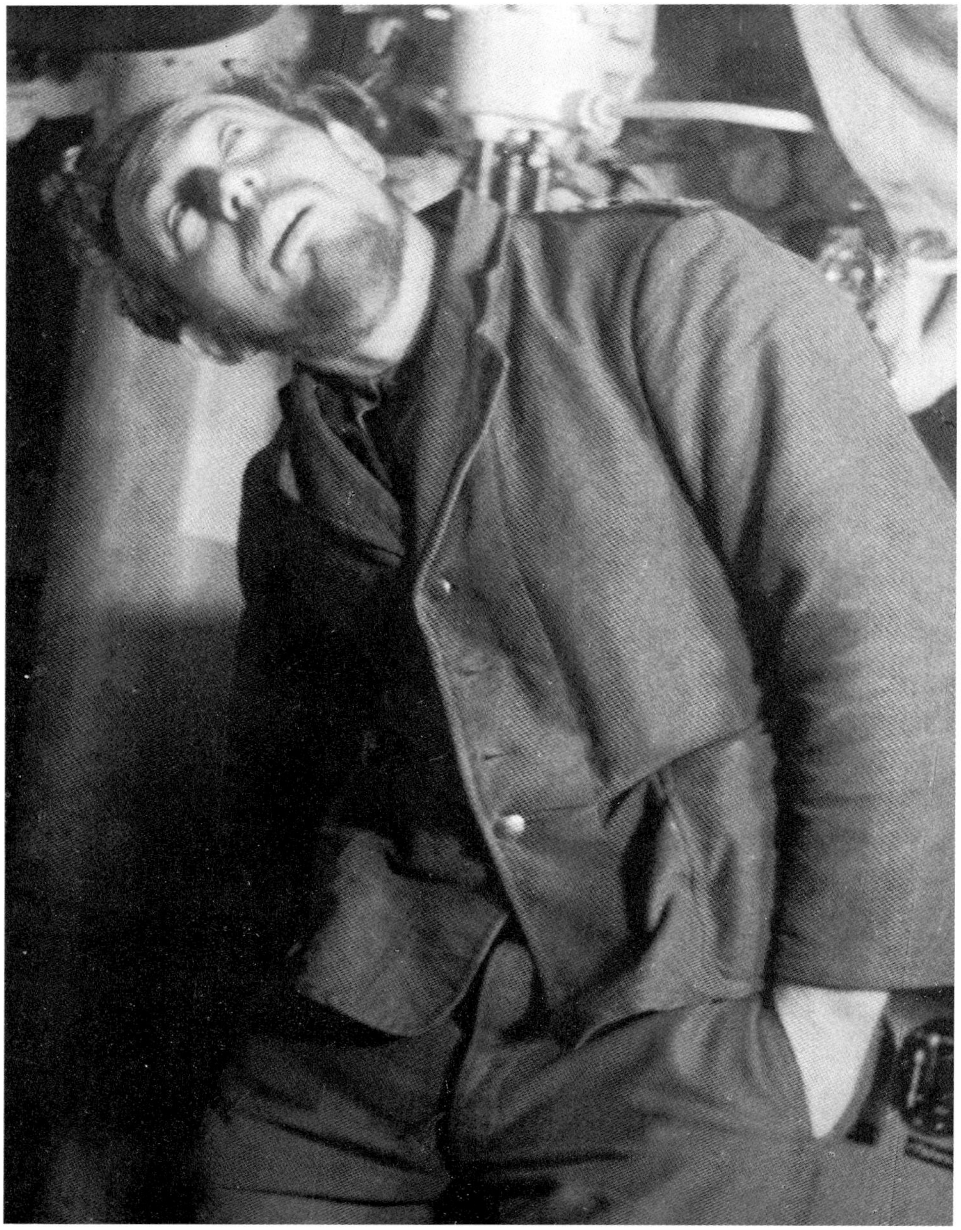

In der Zentrale: Ein Mann direkt unter dem Turmluk in der typischen Fragehaltung: »Ein Mann auf Brücke?« Wenn von oben das »Jawoll!« des Führers der Wache kam, durfte er auf ›eine Zigarettenlänge‹ auf die Brücke. Das galt aber nur in den ersten Kriegsjahren. Später, als die Boote an keiner Stelle des Atlantiks vor Fliegerangriffen mehr sicher waren, durfte niemand mehr ›zusätzlich‹ auf die Brücke.

Der wichtigste ›Raum‹, die Zentrale, liegt in der Bootsmitte. Die Zentrale konnte gegen den vorderen wie auch gegen den hinteren Bootsraum druckfest abgeschottet werden.

Wenn die Verschlußklappe eines der Schotts, genannt Kugelschottür, herangeklappt wurde, fügten sich die Ringknaggen in die jeweiligen Öffnungen zwischen den Knaggen am Schott ein. Mit Hilfe eines Händels konnten dann die an einem drehbaren Ring sitzenden, übergreifenden Knaggen fest auf die an der Kugelschottür angebrachten Zahnsegmente gedreht werden. Die auf diese Weise heftig angepreßte Gummidichtung ließ selbst in großer Tiefe und bei vollem Druckunterschied auf beiden Seiten keinen Tropfen Wasser durch. Selbstverständlich waren die Kugelschotts, die nach vorn beziehungsweise achtern gerundet waren, von beiden Seiten bedienbar. Die Besatzung konnte sich bei einem Wassereinbruch – gleich ob in der Zentrale oder in einem Bootsende – mit diesen Kugelschotts abschotten.

Brückenwachen mehr. Die Besatzung war *nun* wirklich eingesperrt in eine Stahlröhre, die als einzige Öffnung nur den engen Durchschlupf des Turmluks besaß – und der war alles andere als ein ›emergency exit‹, vielmehr so eng, daß nur ein einzelner Mann hindurchgelangen konnte.

Im Ersten Weltkrieg wurde noch das Verlassen des Boots durch ein Torpedorohr praktiziert. Boote, die in Torpedonetze geraten waren, konnten wieder befreit werden, indem ein Mann mit seinem Tauchretter das Boot über ein Torpedorohr verließ und mit einer Stahlschere das Netz zerschnitt. Auf dem gleichen Weg kroch er dann ins Boot zurück. Das konnten freilich nur sehr schmale Leute mit sehr starken Nerven leisten.

Rechts: Der Rudergänger im Turm. Er hat vor sich die zwei Maschinentelegraphen und eine Kompaßtochter. Die Maschinentelegraphen bedient er nach den Kommandos, die ›von oben‹ – das heißt von der Brücke – kommen. Von diesem Stand aus werden lediglich die Seitenruder bedient. Der Rudergänger bleibt auch während kürzerer Tauchfahrten im Turm. Auch bei einem Sehrohrangriff ›aus dem Turm heraus‹, also mit dem Standsehrohr, bleibt er im Turm, in unmittelbarer Nähe des Kommandanten.

Ich bin der Überzeugung, daß die Darstellung des Lebens auf einem U-Boot für *sämtliche* Klaustrophobie im Krieg gelten kann. Das Eingeschlossensein im Panzer, im Flugzeug, im Bunker ist ja überall ähnlich – auch das im Bergwerk, um nicht nur vom Krieg zu reden.
Für mich war es eine umwerfende Erfahrung, als ich merkte, daß mein Roman ›Das Boot‹, von dem ich geglaubt hatte, er würde allenfalls ein paar Veteranen interessieren, auf einmal auch die Leute packte, die ihre Kriegserfahrungen mit ganz anderen Waffen gemacht hatten, sich aber im U-Boot ganz und gar wiederfanden. ›Das Boot‹ wird von *allen* Soldaten akzeptiert, die in beklemmender Situation waren – wo auch immer.

Die Enge im Boot war unbeschreiblich. Kein Wunder, daß U-Boot-Fahrer, wenn sie nach wochenlangem Ausharren in der engen Stahlröhre an Land kamen, einen merkwürdig staksigen, unsicheren Gang am Leib hatten und manche aussahen, als würden sie gerade erst das Laufen üben.
Als ich einmal während der langen Feindfahrt auf der Brücke ein paar Dutzend Liegestütze und Kniebeugen gemacht hatte, um mir etwas Bewegung zu verschaffen, bekam ich davon einen fiebrigen Muskelkater – so bewegungsentwöhnt war ich.
Den Schauspielern, die im Film ›Das Boot‹ agierten, riet ich, sich in den Szenen an Land mit einer gewissen Steifheit in den Knochen zu bewegen. An Bord müßten sie sich sehr verschieden bewegen, je nachdem, ob die Szene in der sechsten Woche der Reise spielte oder zu deren Beginn.

Während der Tauchfahrt muß der jüngste Matrose die Seegläser mit Lederlappen sorgfältig von Salzwasserschlieren reinigen.

Der Frischproviant, und dazu gehörten Brote, vertrug den Mief schlechter als die Besatzung. Jeden Tag mußten die Brote mit ›Backslappen‹ vom grünen Schimmel befreit werden. Zuletzt wurden aus den Broten nur mehr kinderfaustgroße ›eßbare‹ Kerne herausgebastelt. Dann war das verpönte Dosenbrot an der Reihe.

Das Gefühl, eingekäfigt zu sein und bei Gefahr auch dann nicht mehr aus dem Boot zu kommen, wenn es aufgetaucht war, quälte wohl jeden U-Boot-Fahrer. Für die Besatzung eines ‹hochgebombten‹ Bootes gab es tatsächlich wenig Aussicht auf Rettung. Nur sehr wenigen U-Boot-Besatzungen gelang es, noch ehe das Boot absoff, die Brücke zu erreichen, vollzählig über Bord zu springen und aufgefischt zu werden. Waidwund gebombt auftauchende Boote wurden gewöhnlich sofort von ihren Verfolgern unter Feuer genommen. Der Gegner sah sich vor: Es gab ja unter den Besatzungen immer wieder verrückte Todesmutige, die noch im letzten Augenblick an die Waffen stürzten und sich zu wehren versuchten, anstatt sich zu ergeben.

Noch jedes Mal, wenn ich in der Flottille davon hörte, daß für ein Boot die ›Dreisterne‹-Erklärung gegeben wurde, das Boot also als abgesoffen gelten mußte, stellte ich mir zwanghaft vor, wie die Besatzung zu Tode gekommen war und wie sie ›jetzt‹ aussehen würde – das heißt: Wochen nach dem Absaufen.

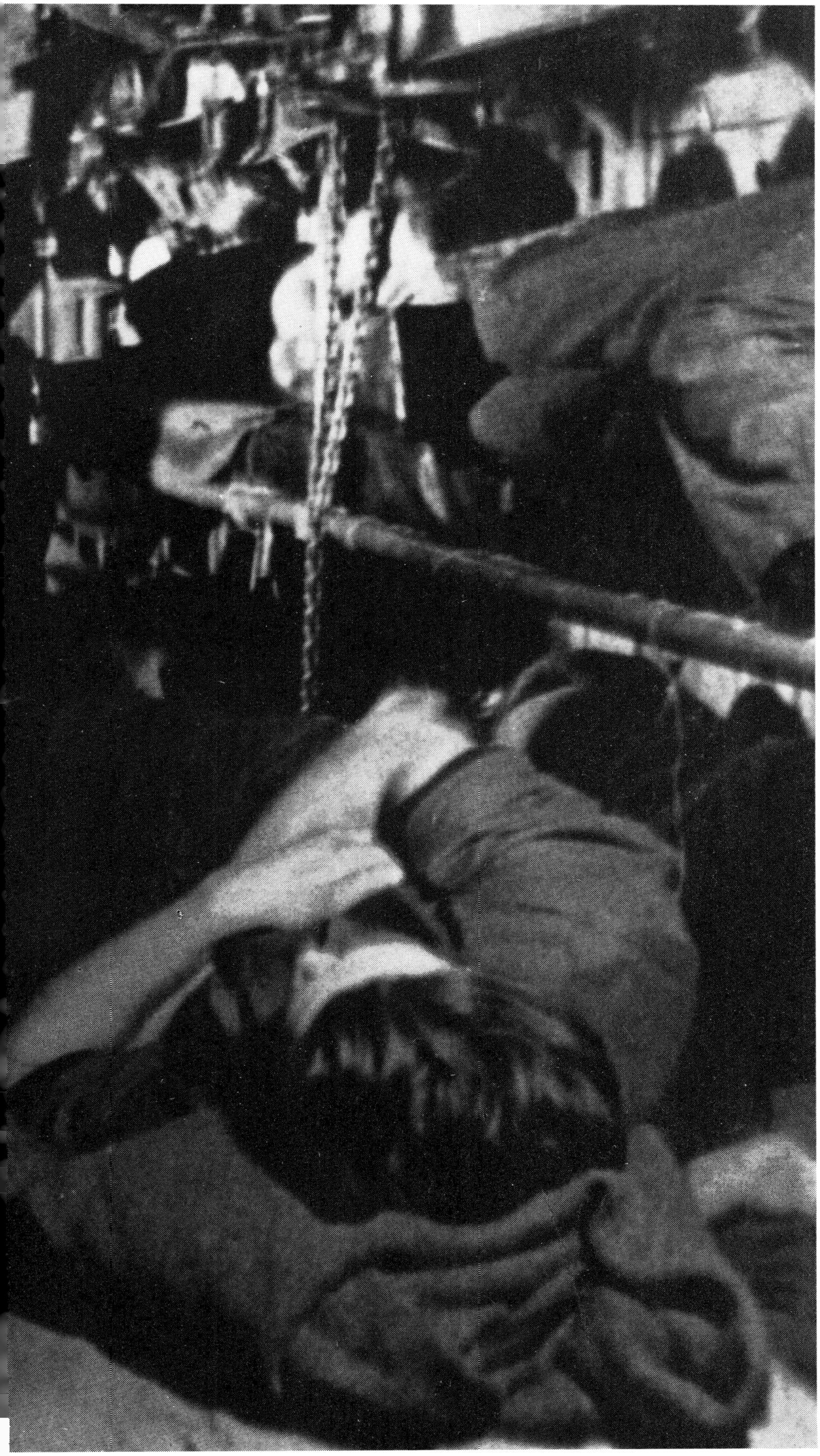

Im ›Sklavenlogis‹, dem Bugraum.
Im Hintergrund ein Mann mit Kalipatronen in den Händen. Kalipatronen wurden an die Besatzung verteilt, wenn – zum Beispiel während einer Verfolgung unter Wasser – im Boot absolute Horchstille zu herrschen hatte und deshalb die nicht lärmfreie Lüftungsanlage abgeschaltet werden mußte. Jeder konnte dann über einen rüsselartigen Schlauch durch seine eigene Kalipatrone atmen. Das Kohlendioxyd wurde so vor dem Einatmen ausgefiltert.

Alle Mannschaften und der Torpedomechanikersmaat hausten im Bugraum, dem am dichtesten ›bevölkerten‹ Raum an Bord – er war zugleich Torpedoraum. Wenn die Torpedos zum ›Regeln‹, der Kontrolle all ihrer Funktionen, an Heißschienen mit Flaschenzügen aus den Rohren gezogen werden mußten, war kein Platz mehr für Kojen und Hängematten: Dann sah es hier vorn im Boot wie in einer ›Werkhalle‹ aus.
Das Torpedoziehen war Schwerarbeit. Hier machen die ›Torpedomixer‹ gerade Pause.

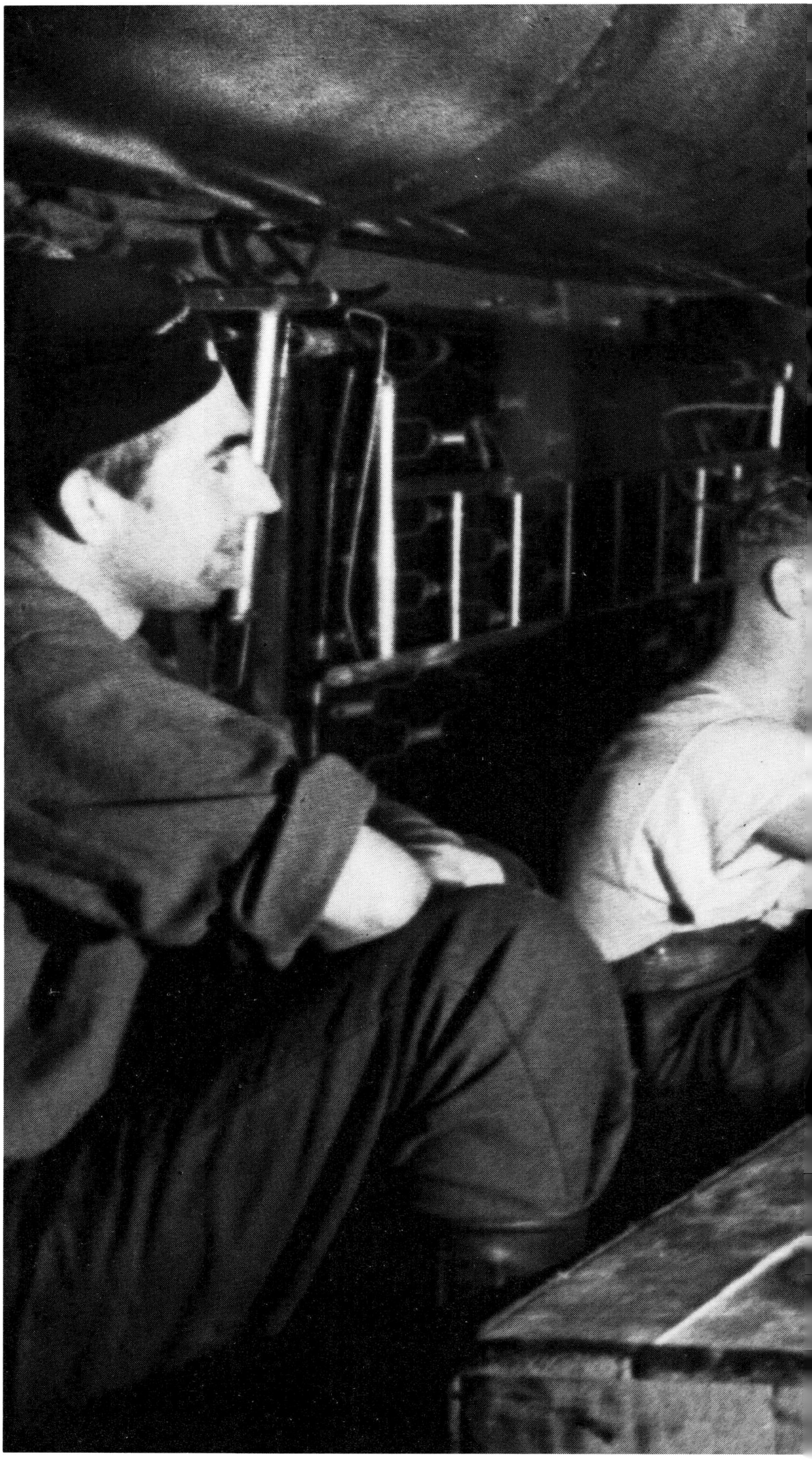

Nächste Seite: Klarmachen der Reservetorpedos, Auffüllen und Durchregeln. Links ein G7a-Torpedo: Mit dem Panzerschlauch wird gerade die Preßluft in den Kesselteil gefüllt. Sie hat 200 atü. Oben ein Schaltkasten für Torpedoschaltungen. Unter den wegnehmbaren Bodenklappen sind weitere Torpedos gelagert.

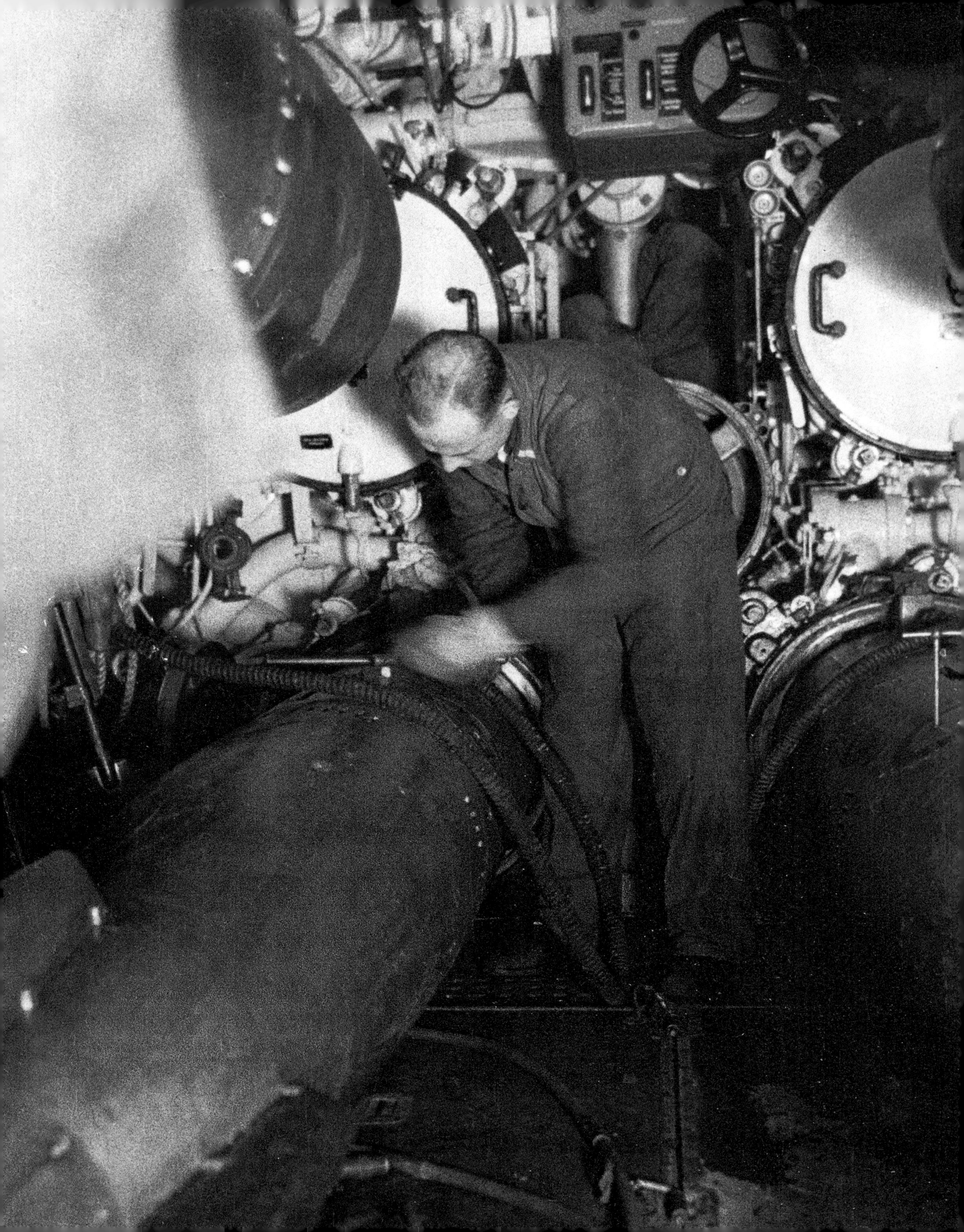

Stagnierende Rüstungstechnik

Die Forderungen, die Dönitz an die U-Boot-Konstrukteure für ein 750-Tonnen-Boot gestellt hatte, waren erstaunlicherweise nicht neu. Sie waren im Grunde schon mit den Konstruktionen im Ersten Weltkrieg erfüllt worden. Was Dönitz 1936 über den Typ VII zu Papier brachte, hätte ebensogut auch zwanzig Jahre früher geschrieben sein können:
»Das U-Boot muß als Torpedoträger gute Angriffseigenschaften, als Unterseeboot in erster Linie gute Unterwassereigenschaften haben. Dazu gehören: schnelle Tauchzeit, Einfachheit der Anlage, die die Gefahren von Tauchpannen bei dem häufigen Alarmtauchen auf ein Minimum beschränkt, gute Tiefensteuereigenschaften, möglichst wenig Geräusch, geringer Drehkreis; für den Nachtangriff: Wendigkeit, geringe Silhouette, schnelle Tauchzeit.«

Die Versuche mit dem 500-Tonnen-Boot (Typ VII A und B) jener Zeit ergaben, daß dieser Typ mit AK-Fahrt, Ruder vorn fünfundzwanzig Grad unten und hinten null Grad sowie maximaler Vorlastigkeit bereits nach zwanzig Sekunden auf zehn Meter gebracht werden konnte.
Eine Verbesserung dieser Tauchzeit wurde auch später kaum erzielt. Zeiten von etwa dreißig Sekunden galten für die Kampfboote vom Typ VII C als gut. Sie waren allerdings nur zu erreichen, wenn die Besatzung gut eingespielt war.
Im Grunde stagnierte die schiffbautechnische Entwicklung der U-Boote schon *vor* dem Beginn des Zweiten Weltkriegs – und *während* des Kriegs machte sie auch keine nennenswerten Fortschritte: Die U-Boote des Zweiten Weltkriegs unterschieden sich in keinem wesentlichen Merkmal von denen des Ersten Weltkriegs. Sie blieben die alten Tauchboote mit den alten Mängeln.

Das ›echte‹ U-Boot gab es im Zweiten Weltkrieg so wenig wie im Ersten. Erst mit den Nuklearbooten, den mit Kernantrieb ausgerüsteten Untersee-Schiffen, wurden echte U-Boote geschaffen.
Das U-Boot des Zweiten Weltkriegs fuhr genauso wie das des Ersten ›normalerweise‹ *über* Wasser und tauchte nur zum Angriff oder um sich der Verfolgung zu entziehen.
Spätestens zur Halbzeit des Zweiten Weltkriegs wurde erschreckend offenbar, daß diese Konzeption überholt war. Gebraucht wurde ein Boot, das während der gesamten Unternehmung unter Wasser bleiben und sich damit der gegnerischen Radarortung entziehen konnte. Dazu war ein von der Außenluft unabhängiger Antrieb vonnöten. Der wurde erst mit dem Walter-Motor gefunden – aber schließlich als ein allzu gefährlicher und teurer Antrieb wieder verworfen.

Bei den ›Schwarzfußindianern‹ im Dieselraum.

Links: Der Leitende mit dem Obermaschinisten im schmalen Gang zwischen den beiden Dieseln bei der Überprüfung des Backborddiesels. Die Frage ist, ob ein Schwingungsdämpfer, ein Aggregat, das die Übertragung der Schwingungen des Diesels auf die Welle verhindert, kaputt ist.

Rechts oben: Blick aus dem Dieselraum nach achtern auf das nicht druckfeste Schott zur E-Maschine hin. Die beiden Dieselgasten sind beim Öffnen der Abgasklappen der Diesel. Der Obermaschinist hat ihnen dazu das Handzeichen gegeben.

Rechts unten: Am Dieselfahrstand. Der Dieselgast hat den Anlaßhebel nach unten geworfen. Das bedeutet, daß der Füllungshebel bereits gelegt ist und jetzt Preßluft zum Anlassen der Diesel in die Zylinder strömt: Das Boot fährt über Wasser mit Diesel. Der Dieselgast beobachtet scharf den Maschinentelegraphen. Gleich wird er wissen, welche Fahrtstufe vom Kommandanten verlangt wird.
Das Boot ist jetzt zwar aufgetaucht, aber hier achtern merkt man davon nicht viel. Es herrscht wieder Diesellärm, das ist der ganze Unterschied. Diese und die folgenden Bilder zeigen es deutlich: Hebel bedienen – das vor allem war der ›Soldaten‹-Dienst der U-Boot-Fahrer.

Das Regiment der Beamten

Die deutsche Marineführung war zum Unglück für viele Besatzungen so organisiert, daß Beobachtungen und skeptische Einstellungen der fronterfahrenen Kommandanten oft keinerlei Wirkung hatten. Aus den Meldungen und den Verdachtsmomenten, welche die Kommandanten vortrugen, wurden nur selten Konsequenzen gezogen. Die relativ kleinen Frontstäbe – die Flottillenstäbe und der BdU-Stab – waren mit ihrer Tagesroutine vollauf beschäftigt und deshalb die meiste Zeit über gar nicht in der Lage, die Meldungen der Kommandanten zu analysieren. In diesen Stäben gab es keine Wissenschaftler und auch nicht die nötigen hochspezialisierten Fachleute. Ehe nun Meldungen, die oft nur vage Verdachtsmomente – zum Beispiel über auffällige taktische Verhaltensweisen des Gegners – enthielten, auf dem kurvenreichen Dienstweg an die höheren

Ein Dieselgast beim Entwässern der Abgasklappen: Zwischen den inneren und äußeren Abgasklappen der Diesel sammelte sich Wasser, das regelmäßig in die Bilge abgeleitet werden mußte. Das Handrad an der Decke dient zum Öffnen oder Schließen der inneren Abgasklappe des Steuerborddiesels.

Ein Dieselgast am hinteren Ende des Steuerborddiesels am Handrad für die Hauptkupplung. Der Mann wartet gespannt auf das Handzeichen des Dieselmaschinisten zum Auskuppeln. Beim Tauchen mußten die Diesel von den Wellen abgekuppelt und die E-Maschinen eingeschaltet werden.

Stäbe gelangten, verging allzuviel Zeit – wenn derartige Informationen nicht überhaupt auf diesem langen Weg verlorengingen oder unterdrückt wurden.

Selbst wenn erfahrene Kommandanten ihre Beobachtungen über eventuelle Vorsprünge des Gegners auf elektronischem Gebiet zum Ausdruck brachten – meist natürlich nur in Form von Vermutungen aufgrund ihrer Beobachtungen –, gab es keine Gewähr dafür, daß die Konsequenzen, die schließlich für manche Besatzungen lebensrettend sein konnten, sofort gezogen wurden. Die Front wurde beschwichtigt und mit Propagandasprüchen abgespeist. Faktisch geschah aber gewöhnlich nicht viel. Was tatsächlich möglich gewesen wäre, um die Überlebenschancen der Besatzungen zu verbessern, ist schwer zu beurteilen. Die Gesamtkriegsführung ließ jedwede wissenschaftliche Systematik fast völlig vermissen. Fähige Wissenschaftler waren entweder wegen ihres Judentums außer Landes gejagt worden oder mußten als Muschkoten Dienst tun.

Wenn ich während des Kriegs Flottillenstäbe zu Ritterkreuzverleihungen oder ähnlichen Zeremonien angetreten sah, entstand vor meinem geistigen Auge manchmal das Kontrastbild zu den im Karree strammstehenden und entschlossen dreinblickenden jungen Leuten: Gleichaltrige, in weiße Kittel gewandete, mit dicken Hornbrillen auf der Nase im physikalischen Labor. Und ich wußte, daß ein einziger von ihnen sehr viel mehr für sein Land leisten konnte als der ganze, ›im vollen Wichs‹ angetretene Haufen.

Die Leute in den technischen Stäben waren – und auch das wirkte sich für die U-Boote verhängnisvoll aus – Beamte, schlimmer noch: uniformierte Beamte. Wenn so einer schon nicht mit Fachwissen brillieren konnte, half ihm immer noch seine Uniform zu Ansehen: Die Ärmelstreifen und Schulterstücke der Marinebeamten hatten respektiert zu werden.

Ein für das Versagen der Marineentwicklungsstäbe kennzeichnendes und gravierendes Beispiel geben die Versuche, die verheerenden Wirkungen des ›Rotterdam‹-Geräts auszuschalten oder die Boote wenigstens gegen die tödlichen Überraschungen, die das Gerät dem Gegner ermöglichte, zu wappnen.

Ein Mann aus der Maschine neben dem backbord achteren Ausguck auf der Brücke. Wenn die ›Maschinenpiepels‹ einmal nach oben kamen, blieben sie nicht lange. Die frische Luft strengte sie allzu sehr an, so behaupteten sie mit deutlich zur Schau getragener Verachtung für die Seeleute. Nach drei, vier Wochen Feindfahrt sahen die Maschinenpiepels käsig bleich aus. Sie wirkten erschöpft, ja richtiggehend ausgemergelt.

Es handelte sich dabei um ein Radargerät, das so klein gehalten war, daß es ins Cockpit eines Flugzeugs paßte. ›Rotterdam-Gerät‹ hieß es deshalb, weil es aus einer über Rotterdam im Februar 1942 abgeschossenen Maschine geborgen wurde. Die Überraschung für die deutschen Stellen, die sich mit diesem Gerät befaßten, war vor allem deshalb groß, weil festgestellt wurde, daß dieses Gerät mit 9-cm-Wellen arbeitete. In Deutschland gab es keine Möglichkeit, Röhren entsprechender Art herzustellen. Der Vorteil der kurzen Wellen lag in der präziseren Anzeige der Position des gegnerischen Objekts und in seiner größeren Reichweite.

Es wäre nötig gewesen, die deutschen U-Boote ihrerseits mit einem druckfesten, ausfahrbaren Radargerät auszurüsten, aber so ein Gerät gab es eben nicht. Man verfiel darauf, in dieser Notlage wenigstens Passivortungsgeräte zu entwikkeln, die der U-Boot-Besatzung warnende Signale geben sollten, sobald eine Ortung durch den Gegner erfolgte. Es gab schließlich eine ganze Menge davon – allesamt primitive Geräte, die zwar so großartige Namen hatten wie ›Biskayakreuz‹, aber nur mit größter Skepsis von den erfahrenen Kommandanten eingesetzt wurden. Das Biskayakreuz war zum Beispiel nicht mehr als ein schlichtes Holzkreuz mit Wicklungen, das beim Tauchen schnell aus seiner Halterung auf der Brücke genommen und samt seinen Kabeln durchs Turmluk ins Boot gebracht werden mußte.

Andere Geräte hießen ›Fliege‹, ›Mücke‹, ›Wanze‹, ›Metox‹. Von einem Teil dieser Geräte ist sogar anzunehmen, daß sie wie Kuhglocken wirkten, das heißt sie hatten Eigenstrahlung und zogen damit den Gegner an, anstatt nur vor ihm zu warnen. Sogar Dönitz hat das später behauptet, um gewisse Bootsverluste zu erklären.

Falsche Hoffnungen

Jetzt läßt sich leicht sagen, und auch beweisen, daß das VII C-Boot technisch veraltet war. Damals, das heißt in den ersten Kriegsjahren, waren die U-Boot-Fahrer von ihrem Boot fasziniert, es erschien uns als der Inbegriff technischer Perfektion überhaupt und als eine Waffe von schier unbezwingbarer Stärke.
Wir merkten erst nach Jahren, daß dieses Kampfboot in Wirklichkeit die *Endstufe* einer Entwicklung darstellte: Es konnte mit moderner Technologie nicht mehr Schritt halten und unterschied sich – wie bereits gesagt – nur in unwesentlichen Details von den Booten des Ersten Weltkriegs. Wir mußten zusehen, wie an ihm herumlaboriert wurde, ohne daß es zu entscheidenden Verbesserungen kam. Das Boot wurde, als die Alliierten mit einer neuen Erfindung zur U-Boot-Abwehr nach der anderen aufwarteten, quasi mit jedem Tag schlechter.

Der eigentliche Druckkörper des U-Boots war ein sich nach hinten und vorn verjüngender Zylinder, die äußere Form eine für Überwasserfahrt nötige zweite Hülle, deren Formstabilität nicht nur wegen ihrer Schlankheit, sondern auch, weil sie durchflutet wurde, äußerst gering war. Trotzdem war das aufrichtende Moment bei diesem Bootstyp stark. Sein sehr schwerer Ballastkiel gab ihm große Gewichtsstabilität. Obwohl der Auftrieb des über Wasser fahrenden Boots minimal war – nur 100 Tonnen –, hielten diese Boote erstaunlich viel aus: Selbst noch bei voller Sturmstärke konnten sie ›voranknüppeln‹, weil sie der See keine Widerstandsflächen boten. Nur der kleine runde Turm blieb den Schlägen der Seen ausgesetzt, der Schiffskörper selbst lag tief im Wasser. Auch wenn Brecher quer kamen, konnte dem Boot so leicht nichts passieren.

»Wind Nordwest fünf, Seegang vier, Suchkurse«, schreibt der Kommandant ins Kriegstagebuch.
Der Wind hat eine noch hohe Altdünung wieder aufgerissen und ihr weißgeifernde Kämme aufgesetzt. Das Boot fährt tief hinab in düster grüne Täler und hoch empor auf Höhenzüge, deren Schrägen aussehen wie geriffelte Schieferplatten.
Wir haben genau vorderliche See. Es ist, als stünden wir still und die Täler und Höhen wanderten uns entgegen: Sie sind in unablässiger Bewegung.
Immer neue Spritzwasserwürfe zielen uns scharf ins Gesicht. Die Nässe hat längst ihren Weg zum Halsbund hinein gefunden: Sie rinnt mir in kleinen Bächen über Brust und Rücken hinab.
Ich stemme mich gegen den Sehrohrbock so hoch, daß ich über das Schanzkleid der Brücke hinweg das ganze Boot von vorn bis achtern übersehen kann. Das Großartige des Anblicks überwältigt mich: Wie verbissen läuft unser scharfer Bug gegen die düsteren Schrägen an, schneidet sie entzwei, das Vorschiff keilt sie auseinander, bohrt sich in sie ein und zerbricht sie mit einer heftigen Aufwärtsbewegung von unten her. – Immer wieder stürzen die brechenden Seen ihre Last auf das Vorschiff herab, umstrudeln das Geschütz und branden am Turm hoch, als sei der ein Riff. Für Augenblicke ist dann das ganze Boot unter Wasser, aber es wühlt sich jedes Mal schneller wieder aus der brodelnden Gischt heraus, es bäumt sich hoch, schüttelt das Wasser von seinen runden Flanken und rennt schon wieder gegen die nächste Woge an.
Am nächsten Tag wird der Wind unstet. Die Gewalt seiner Stöße und die Richtung wechseln. Der Himmel aber bleibt ein lückenloses Grau. Unter dem Grau stauen sich hellere Wolken wie Eisschollen. Nirgends ein dem Auge wohlgefälliger Farbton – überall nur Grau, Grau, nichts als deprimierendes Grau. Obgleich der Wind im Lauf des Tages nachläßt, bleibt der Seegang stark. Dicht auf dicht kommen die Seen heran, stahlfarbig, von weißem Geäder durchfurcht und von weißem Geifer überflockt. Sie lassen jetzt an anstürmende Armeen denken: immer neue Fronten – ein Millionenheer wälzt sich heran.

Die Brücke eines U-Boots unterscheidet sich sehr von den Brücken gewöhnlicher Schiffe. Sie ist nicht mehr als eine nach hinten offene Wanne. Außer durch eine Art Brustwehr aus Blech gibt sie keine Deckung gegen die Schläge der Seen. Jeder der vier Brükkenposten beobachtet in seinem Sektor von neunzig Grad See und Himmel mit äußerster Aufmerksamkeit.

Links:
Das Vorschiff beim Einstampfen in vorliche See. Wenn die See so gegenankam, hatten die vorderen Ausgucks – der Wachhabende und ein Bootsmaat – nichts zu lachen.

Das Sehrohr ist bis zum Ende der Verjüngung ausgefahren, damit kein Dreck oder irgendwelche verklemmenden Teile in den Zylinder des Sehrohrführungsbocks fallen können. Vor der Brückenverschanzung mit den deutlich sichtbaren Winddüsen sind die im Netzabweiserkabel eingeflochtenen Porzellanisolatoren sichtbar. Der Netzabweiser war zugleich Antenne. Rechts im Bild der Kasten für den Funkpeilrahmen. Zwischen den Brückenposten der UZO-Sockel mit aufgesetztem UZO. Davor eine Kreiselkompaßtochter (der Mutterkompaß befand sich in der Zentrale unmittelbar hinter dem Sehrohrschacht).

Rechts:
Wenn es ›happig‹ wurde, mußte die Brücke nach achtern mit Tampen gesichert werden, damit keiner der Brückenposten von einer schweren See aus der Brücke geschlagen werden konnte. Deutlich zu sehen der jetzt ausgefahrene Funkpeilrahmen.

Vorhergehende Doppelseite: Die achteren Ausgucks klemmen sich zwischen dem Schacht des Standsehrohrs und der Brückenverschanzung fest. Man sieht deutlich das Auge des eingefahrenen Periskops.

Links:
Ein VII C-Boot im Mittelatlantik bei schwerer See heftig krängend. Die Leute im Boot haben jetzt nichts zu lachen: Es gibt keinen festen Stand mehr.
Die Brückenwache hat den ›Anzug großer Seehund‹ angelegt, so hieß die Vermummung mit Ölzeug und dicken Wollsachen darunter. Bei so schwerer See war Anhaken am Sehrohrbock geboten, damit man nicht hinausgewaschen wurde.
Die Wachzeit von vier Stunden wurde zur Ewigkeit.

Mit jeder See, die in die Brücke ›einstieg‹, kam ein heftiger Guß durch das nicht dicht geschlossene Turmluk in die Zentrale. Das Luk fest zu schließen, galt als zu riskant: Wenn das Luk dicht war, gab es keine direkte Verbindung von der Brücke zur Zentrale mehr. Allein auf die Verständigung durch das Sprachrohr, das von der Brücke nach unten führte, wollte sich keiner bei wirklich schwerem Wetter verlassen. Wenn das Wasser in dichten Güssen von oben kam, wurde die Zentralebilge alle Viertelstunden gelenzt.

Gegen Mittag ersteht voraus eine Wand, die bis hoch in den stumpf grauen Himmel reicht und aussieht wie aus schwarzgrauem Gips gefügt. Nach einer Weile wachsen aus dieser Wand Arme heraus, die sich nach und nach über den ganzen Himmel strecken. Der kleine milchige Sonnenfleck wird gänzlich ausgelöscht, die Luft wird schwer von dumpfem Druck.
Es dauert nicht lange, und der Wind bleibt fast ganz aus. Das Tosen und Zischen der Seen klingt jetzt noch einmal so laut wie zuvor, weil das Gejohle des Windes nicht mehr mittönt.
Und dann ist auf einmal der volle Sturm da! Er kommt in einem plötzlichen Angriff aus der Wand vor uns herangerast. Gröber und gröber laufen die Seen an, zischend und keuchend hetzen sie am Boot vorbei, ihre weißgrüne Haut wird hier und da vom Sturm weggefetzt.
Vorn im Bugraum hört man das Feilen und Zischen der Wellen im Boot am deutlichsten: Der stampfende Lärm der Maschinen ist hier am weitesten entfernt, die Schotts drosseln ihn fast ganz. Dafür hört man hier vorn umso besser all die Töne, aus denen der Lärm der Seen besteht: Sausen, Schlurren, Feilen, Patschen, Meißeln, Schaben. Dazwischen krachende Schläge, unter denen das Boot nachdröhnt wie eine Trommel. Bisweilen tost es draußen so gewaltig, als würden ganze Wasserfälle über den Abstich von Hochöfen gestürzt.
Es wird Nacht, aber der Sturm setzt nicht aus. Jetzt bekommen die oben auf der Brücke gehörige Ladungen Seewasser ins Gesicht. Ich habe mich einigermaßen fest in meiner Koje im U-Raum zurechtgeklemmt. An Schlaf ist aber nicht zu denken!
»Tschtschsstjum!« – Jetzt macht der Bug seine Verbeugung, der Raum stellt sich schräg und immer schräger. Die nassen Klamotten an ihren Haken entfernen sich weit von der Wand. Meine Beine kommen hoch, mein Kopf sinkt weg. Und jetzt gerät der Raum gar in eine kreisende Bewegung: Das Boot versucht unter der Last einer See nach der Seite hin auszubrechen. Ich spüre, wie die Schrauben wühlen! Die Maschinen arbeiten schwer, das ganze Boot erzittert. – Aber schon rasen die Schrauben, wie von einer hemmenden Gewalt befreit, wieder los. Ich kann es förmlich spüren, wie das Boot gegen die nächste Woge anrennt und wie sich der Bug schon wieder einbohrt.
»Holpriges Wetter, was?« höre ich durch den Lärm.
Der Dieselmaat aus der Koje gegenüber bedenkt mich mit einem gelangweilten Blick und verdreht dann auch noch die Augen.
»Ja!« gebe ich knapp zurück.
»Da werden wohl einige der Herren Würfelhusten bekommen.«
»Jaja.«
Als wäre es bei ihm schon soweit, läßt der Dieselmaat seinen Adamsapfel auf- und absteigen und gibt dann einen gewaltigen Rülpser von sich. Auf meinen bösen Blick hin entschuldigt er sich:
»Das Sauerkraut!« und hat dabei Sanftmut in der Stimme und ein Grinsen auf dem Gesicht.
Auf einem normalen Schiff wäre bei solchem Wetter keinem mehr nach Grinsen zumute. Dem U-Boot aber können die Seen nichts anhaben. Wie ein Stehauf richtet es sich auch nach den stärksten Wellenschlägen wieder hoch. Wir können auf unseren Kojen liegenbleiben, anstatt zum Festmachen an Oberdeck gejagt zu werden. Wir brauchen auch nicht in Angst zu leben, daß es oben über uns zu krachen beginnt und plötzlich die Bramstenge schmetternd herunterkommen könnten. Im Boot mußten, ehe der Sturm kam, nur unsere paar Proviantkisten festgezurrt werden, damit sie nicht koppheister gehen können.

Drei Tage und Nächte tobt nun schon dieser Sturm. Meine Glieder sind aus Blei. Stumpfe Müdigkeit erfüllt den Kopf. Was Wunder: Immerwährend muß man die Muskeln anspannen, damit man im torkelnden Boot nicht den Halt verliert. Zu schlafen gelingt nur den wenigsten.
Der Kommandant bedeutet uns, dieser Sturm wäre noch lange keiner von der schlimmsten Art. Er ist auf Segelschiffen gefahren und hat wohl mancherlei hinter sich. Außerdem, sagt der Alte, hätte dieser Sturm seinen Höhepunkt noch nicht erreicht.
Die Schlagkraft der Seen nimmt tatsächlich ständig noch zu. Das Boot fährt gewaltige schräge Hänge hoch, stößt für Sekunden ins Leere, rast wieder hinab, rennt in dunkle Klüfte, wird gänzlich zugedeckt, macht sich wieder frei und läuft zur nächsten Himmelfahrt an.
Jetzt wird der Dienst auf der Brücke hart. Vier Stunden lang brüllt, reißt, strudelt die See um die Brückenposten, stößt und schlägt auf sie ein.
Mein Gesicht muß genauso rotgepeitscht sein wie die Gesichter der anderen. Das Seewasser brennt mir in den Augen. Ich habe keinen trockenen Faden mehr am Leibe. Die durchnäßten Handschuhe und die Gläser haben wir längst nach unten gegeben und das Turmluk schnell wieder geschlossen, damit nicht zuviel Wasser ins Boot stürzt.
Wir werden jetzt durch tosende Kaskaden geschleudert wie Ausgesetzte auf einem Floß. Vom Boot ist nur sekundenlang etwas zu sehen. Immer wieder wird das Vorschiff von einer riesigen wühlenden Brandung weggestaucht. Wieder und wieder bricht das Wasser zu uns herein, strudelt um die Beine, steigt am Körper hoch und will uns aus dem Stand werfen, ehe es Ablaß findet. Mit aller Gewalt müssen wir uns festhalten, denn auf die Gurte allein, mit denen wir uns gesichert haben, können wir uns nicht verlassen. So geht das immer wieder: Ein Rücken wie von einem riesenhaften Walfisch taucht vor uns auf und wird immer größer. Aus dem Walfischrücken wächst ein sich immer höher aufsteilender Grat. Jetzt ist kein Walfischrücken mehr vor uns, sondern eine riesige Wasserwand. Die Wand wird zusehends hohl und beginnt gläsern grün zu leuchten. Und jetzt sticht unser Bug in diese Wand hinein. Mir bleibt die Luft weg, denn jetzt bricht die Wand über unserem Vorschiff zusammen.
»Festhalten!« kann der WO gerade noch brüllen und ich mich hinter die Brückenverschanzung ducken und festklemmen, da kracht der Schlag der brechenden See schon gegen den Turm. Prasselnd stürzt sich die Wasserlast über meinen gekrümmten Rücken und will mich in die Knie drücken. Ich kann nichts mehr sehen und will losbrüllen, aber ich kann nicht brüllen, wie ich will: Der Sturm stopft mir die Laute in den Mund zurück.
Meine Hände sind klamm vom harten Griff. Weiß treten die Knöchel hervor. Nässe trieft mir vom Gesicht. »Du meine Fresse!« kann ich endlich ausrufen.

So sehen die Wachen einer Sturmfahrt im Kriegstagebuch aus:
»13.00 Boot macht mit beiden Maschinen Umdrehungen für halbe Fahrt. Trotzdem stehen wir fast auf der Stelle.
13.55 Getaucht wegen schlechten Wetters.
20.00 Auftauchen. Noch immer starker Seegang. Waffenverwendung beschränkt.
22.00 Unterwassermarsch wegen Wetterlage.
01.30 Aufgetaucht. Starker Seegang. Geringe Sicht.
02.15 Boot beigedreht wegen sehr grober See.«

Die Brückenwache hat, wenn ein mittelschwerer Atlantiksturm wochenlang wütet, viel zu leiden. Wenn das Boot direkt gegen See und Wind ansteuert, sind die Spritzwasserwürfe scharf wie Peitschenhiebe.
Bei diesem Wetter war auch die Luft voller Wasser. Mit den Seegläsern war dann nicht mehr viel anzufangen: Ihre Linsen konnten nicht mehr trockengehalten werden. Die Seegläser waren zwar wasserdicht und druckfest, ihre Linsen hatten sogar eine Blaubeschichtung, mit der die Nachtsichtigkeit erhöht wurde, bei Sturm aber – und den gab es im Nordatlantik im Frühjahr und im Herbst nur zu oft – nützte das alles nichts.

Wenn das Wetter so schlecht wurde, daß die Sicht auf ein Minimum eingeengt war, mußte das Boot tauchen, weil dann das Horchgerät weiter reichte als die Augen der Brückenposten. Zwei Mann der Brückenwache mußten dann – noch in ihren triefnassen Klamotten – die Tiefensteuerung übernehmen.

Konvoi- und Rudeltaktik

Im Gegensatz zu den Amerikanern, deren Schiffahrt vor allem Küstenschiffahrt war, hatten die Briten schon im Ersten Weltkrieg Geleitzugserfahrungen gesammelt. Eigentlich sogar schon seit alters her, denn schließlich war die Insel immer schon von überseeischen Verbindungen abhängig, und die Seeräuberei gehörte schon früh zur Seefahrt.
Auch die Kauffahrteiflotten des Mittelalters fuhren schon tunlichst im schützenden Verband.
Was für die Alliierten die Entwicklung der ›Konvoitaktik‹ war, war für die Deutschen die der ›Rudeltaktik‹. Eins bedingte das andere. Der Hauptgedanke für die Entwicklung der Rudeltaktik – also des gleichzeitigen Angriffs vieler U-Boote auf einen Konvoi – war, daß gegen die starke Außensicherung eines Geleitzugs ein einzelnes Boot gewöhnlich nichts ausrichten konnte. Wenn aber mehrere Boote gleichzeitig attackierten und die Sicherungen ›aufrissen‹, konnten andere durch die Lücken an die Dampfer auf Torpedoschußweite herankommen.
Zu den Außensicherungen gehörten außer Überwasserstreitkräften auch Flugzeuge. Die Flugzeuge waren es vor allem, die den U-Booten das Leben schwer machten. Ein einzelnes Flugzeug war imstande, ein in der Nähe des Konvois entdecktes U-Boot erheblich in Bedrängnis zu bringen, lange Zeit unter Wasser zu drücken und so vom Konvoi abzudrängen.
Mit der Rudeltaktik hatte Dönitz zu Anfang des Kriegs unbestreitbare Erfolge. Die U-Boote stürzten sich vor allem nachts auf die Dampferherden. Über Wasser konnten sie erheblich schneller fahren als der träge Konvoi. Statt nur eines Ziels boten sich, wenn sie auf einen Konvoi trafen, viele. Die meist noch wenigen Eskortschiffe hetzten an den Flanken der Geleitzüge eher nervös als zielstrebig hin und her, um U-Boote abzuwehren oder zum Tauchen zu zwingen. Andere U-Boote brachen dann an einer ungeschützten Stelle um so vehementer in die Herde ein.

Die Taktik der deutschen Boote war, solange der Gegner noch nicht sein 9-cm-Radar entwickelt hatte, der nächtliche Überwasserangriff. Für ihn sprachen die bessere Übersicht von der freien Brücke aus und die Unmöglichkeit für den Gegner, das über Wasser fahrende Boot mit Sonar zu orten, und auch die ungleich verteilte Erkennbarkeit der Ziele. Die Konvoidampfer bildeten für die U-Boote klar gegen den Nachthimmel erkennbare Silhouetten, hingegen waren angreifende U-Boote infolge ihrer geringen, über die Wasseroberfläche ragenden Massen kaum auszumachen. Es kam oft vor, daß sich U-Boote mitten in den Geleitzug hineinsacken ließen und ungesehen den Kurs des Geleits so lange mithielten, bis sich der Kommandant in aller Ruhe seine Ziele ausgesucht hatte.
Für diese Taktik gab es wahre Spezialisten, die immer wieder tollkühn die Sicherung durchbrachen und mitten im Geleitzug ihre Torpedos verschossen und damit ein heilloses Durcheinander erzeugten. Es kam sogar vor, daß die ›Schafherde‹ der Konvoidampfer dann wie in Panik reagierte, so daß sich Dampfer gegenseitig rammten und als Kollisionsopfer sanken.

Der Kommandant bei einer ›taktischen Konferenz‹ mit seinem I WO. Das Wetter hat sich verschlechtert: Der Kommandant trägt Gummizeug und Südwester.

Vorhergehende Doppelseite: Die Brücke von U 96 während des Fühlungshaltens an einem Konvoi: Alles, was gute Augen hat, ist jetzt auf der Brücke. Der Kommandant geht überhaupt nicht mehr nach unten, er läßt sich sein Essen auf die Brücke bringen. Für ein ›normales‹ Auge wäre jetzt auf dem weiten Rund der Kimm noch nichts zu sehen, ein Ausguckposten hat aber ein paar fein zerfaserte Rauchfahnen in seinem scharfen Seeglas entdeckt. Durch Funkkurzsignale des Boots weiß die Führung von dieser Entdeckung schon Bescheid. Sie braucht jetzt vor allem ›nähere‹ Angaben über Größe und Marschrichtung des Konvois. Das Boot darf

Die Briten holen auf

Anfänglich waren die Konvois – noch ausschließlich britische Konvois – nur schwach gesichert. Es war noch nicht so, daß Zerstörer der Kavalkade dicht aufgeschlossener Dampferkolonnen vorausmarschierten, daß Zerstörer oder Korvetten weite Sicherung fuhren und wieder Zerstörer oder andere Eskortschiffe den Konvoi am Schluß deckten oder gar – wie später bisweilen – mitten im Konvoi fuhren, um U-Boote, die in die Dampferherde eingedrungen waren, zu bekämpfen. Oft waren es in den ersten Kriegsjahren nur ein bis zwei Zerstörer, die wie Schäferhunde aufgeregt das Dampferrudel umkreisten. Die attackierenden U-Boote hatten leichtes Spiel, wenn die Eskorten gerade auf der ›falschen‹ Seite waren.
Es war keine Seltenheit, daß U-Boote in einer Art Schnellbootangriff, also über Wasser fahrend, ihre sämtlichen fünf Torpedos als gezielte Einzelschüsse lancieren konnten, ehe sie entdeckt und unter Wasser gedrückt wurden. Aber auch dann war das Bombardement mit Wasserbomben meist nur von kurzer

nicht angreifen, sondern muß ›Fühlung halten‹. Es läuft parallel zu dem Geleitzug, der seinerseits das Boot wegen seiner niedrigen Silhouette noch nicht entdeckt hat. Der Geleitzug wird ›ausgedampft‹, das bedeutet: Durch das Fahren auf Parallelkurs wird seine Geschwindigkeit und seine Richtung und möglichst auch seine Formation bestimmt, und es wird beobachtet, über welche Sicherungen er verfügt.
Beim Fühlungshalten galt für die Brücke: allerhöchste Wachsamkeit! In jedem Augenblick konnten die nadelfeinen Masten eines fast rauchlos fahrenden Zerstörers der Außensicherung über der Kimm auftauchen. Die Gefahr, aus der Luft überrascht zu werden, war für ein fühlungshaltendes Boot zu Beginn des Kriegs noch nicht groß, dann aber, als der ›gap‹ geschlossen wurde, die allerschlimmste.
Auf diesem Bild sitzt der Leitende inmitten der Brückenwache auf dem UZO. Hinter ihm, halb verdeckt, der Kommandant.
Man sieht über der Vorderkante der Brückenverschanzung links das Gehäuse für den mit Preßluft ausfahrbaren Funkpeilrahmen, davor den Trichter des Sprachrohrs, in der Mitte den Schacht des Luftzielsehrohrs, dahinter den massiven Sockel mit Gradkranz, auf der die UZO genannte U-Boot-Zieloptik für Überwasserangriffe aufgesetzt wird. Rechts neben dem Sehrohrschacht steht eine – druckfeste – Kreiselkompaßtochter.

Dauer, weil der das Boot attackierende Zerstörer zur Herde zurückdampfen mußte, um ihr Schutz vor anderen angreifenden U-Booten zu geben.
Seit dem 17. August 1940 war es auch nicht mehr verboten, neutrale Schiffe anzugreifen: Das OKW hatte die totale Blockade Englands verkündet.
Einzelne Konvois – so der SC-7, der von der kanadischen Küste kam, und der HX-79, ebenfalls von der kanadischen Küste – wurden förmlich gefleddert. Der SC-7 verlor fast sechzig Prozent seiner Schiffe, der HX-79 ein Viertel.
Bald aber änderte sich die Situation für die Eskortverbände entschieden.
Die englische Zerstörerflotte wurde durch den Tauschvertrag mit den USA vom 2. September 1940 verstärkt. Die Briten bekamen mit einem Schlag fünfzig US-Zerstörer, die schon im Ersten Weltkrieg gefahren waren, und überließen den Amerikanern dafür Marinestützpunkte.

1942 war das Jahr der großen Geleitzugsschlachten, die ›heroische‹ Zeit der U-Boote. Es waren schreckliche Schlachten, einige davon zogen sich über mehrere Tage und Nächte hin. Die Trümmer der torpedierten Dampfer trieben in meilenlangen Bahnen auf dem Wasser und lockten wie bei einer Schnitzeljagd neue Boote auf die Fährte der Dampfer. Der Gestank verbrannten Öls hing wie Ludergeruch über der See.
Die U-Boot-Fahrer fühlten sich damals, wenn sie in ihren steifen ›Lederpäckchen‹ an Oberdeck der Boote zum Jubelempfang im französischen Stützpunkt angetreten standen, wirklich wie siegreich zurückkehrende ›Ritter der Tiefe‹.

Aber die großen Siege gab es nur so lange, bis die Briten lernten, sich auf die U-Boot-Rudel einzustellen und sich ihrer Haut zu wehren. Eine für die U-Boot-Fahrer verhängnisvolle Erfindung folgte auf die andere. Der Gegner hatte schließlich alle verfügbaren wissenschaftlichen, technischen und nachrichtentechnischen Kräfte mobilisiert und auch seine Abwehr organisiert. Im Vergleich dazu muß das Treiben in den deutschen Stäben geradezu dilettantisch anmuten.
Drei Erfolge der Engländer waren es vor allen anderen, denen der Waffenentwicklung zum Beispiel, die den U-Boot-Fahrern die Hölle heiß machten:
– Radar: das Gerät zur aktiven Funkortung
– Huff Duff (High-Frequency-Direction-Finder): das Gerät zur Einpeilung der von U-Booten ausgesandten Kurzsignale
– Ultra: der Einbruch in die als unverletzbar geltenden deutschen Funkschlüssel durch die Puzzle-Spezialisten in Bletchley Park

Dazu kam die Verdichtung und Ausdehnung der Luftüberwachung bis über den ganzen Atlantik und damit das Schließen des ›gaps‹, jener Zone, in der während der ersten Kriegsphase die Geleitzüge noch keine Deckung aus der Luft hatten und zur leichten Beute der U-Boot-Rudel werden konnten.
Noch vor der endgültigen Wende in der Atlantikschlacht hatten die Alliierten vor allem zweierlei erreicht: Sie hatten ihre Schutzdecke für die Dampfer über den *ganzen* Atlantik gespannt und den U-Booten ihre Unsichtbarkeit genommen.

Schon aus der Tatsache, daß jedes Mal dann, wenn ein U-Boot seinen Fühlungshalter-Funkspruch abgesetzt hatte, sehr bald entweder eine Korvette oder ein Flugzeug erschien, um dieses Boot unter Wasser zu drücken, hätte geschlossen werden müssen, daß der Gegner über Ortungsmittel verfügte, die uns unbekannt waren. Kommandanten mit Instinkt machten sich ihren Vers auf das Verhalten des Gegners und hielten den Funkverkehr so gering wie nur irgend möglich. Die Führung aber reagierte schwerfällig oder kaum.

Der Obersteuermann hat sich inmitten der Brückenwachen auf den UZO hochgesetzt. Er versucht, ein paar Meter weiter sehen zu können. Das Bild macht das Handikap der Brükkenwache deutlich: Ihr Standpunkt lag viel zu niedrig, der ›U-Boot-Turm‹ war in Wirklichkeit gar kein Turm, sondern nur eine wenig über das Wasser erhöhte Plattform. Der Gesichtskreis von dieser niedrigen Plattform aus hatte bei Schönwetter einen Radius von etwa zehn Meilen. Das war wenig genug angesichts der riesigen Dimensionen des Atlantiks. Meistens war die Sicht sogar noch viel geringer – durch die Wetterbedingungen eingeschränkt. Allenfalls von Juli bis September war mit Schönwetter zu rechnen. Es kam sogar vor, daß sich die Sicht bis auf wenige Meter verringerte, zum Beispiel wenn das Boot in Neufundland- oder Labradornebel geriet. Diese Nebel konnten so stark und hartnäckig sein, daß der Kommandant tauchen ließ, weil das Horchgerät dann weiter reichte als die Sicht. Hinter dem Obersteuermann, halb verdeckt, der Kommandant.

Es kam, wie es kommen mußte: Das Boot mußte mit »Alarm!« tauchen, weil plötzlich Zerstörermasten zu hoch über die Kimm gekommen waren. Die Zerstörer hatten hoch im Mastkorb Leute mit besonders guten Augen sitzen. Das U-Boot durfte von ihnen nicht entdeckt werden.

Der Dieselobermaschinist gibt vom Fahrstand des Steuerborddiesels aus sein Handzeichen zum Schließen der Dieselzuluftventile, während er mit der linken Hand den Diesel stoppt.
Hier achtern kann sich keiner einen Vers darauf machen, warum Alarm gegeben wurde. In der Zentrale aber stellt sich jetzt jeder die nervpeinigende Frage: Ist das Boot entdeckt worden oder nicht?

Mit Wabos beharkt

Für die U-Boot-Fahrer lautete das schlimmste Schreckenswort ›Wasserbomben‹. In den Wasserbombenschlachten sind sie bis zur Grenze des Ertragbaren gebeutelt worden. Alle Bezeichnungen für das, was manchen Besatzungen dabei geschah, bleiben Beschönigungen. Was in den Stunden äußerster Not wirklich passierte, kann kaum in seinem vollen Gewicht überliefert werden. Der einzelne ist nur durch Verdrängung damit fertiggeworden. Überstanden haben den unterseeischen Orlog ohnehin nur wenige. Die Zahlen sind bekannt: Nur etwa 13000 von 41000 sind zurückgekommen.
Und wer aus diesem grauenhaftesten Krieg der Geschichte übrig geblieben ist, fühlt sich als fossiles Überbleibsel aus einem Schattenreich.

Das U-Boot ist so konstruiert, daß es dem Druck des Wassers bis zu einer bestimmten Tiefe widersteht. Wenn es tiefer taucht, wird der Druck so groß, daß die Stahlhaut lebendig wird. So kommt es den Männern im Boot wenigstens vor, wenn sie sich zwischen den Spanten nach innen wölbt. Und dann kommen die Bomben! Eine Wasserbombe muß nicht treffen wie eine Granate oder eine Fliegerbombe. Ihre Wirkungsweise ähnelt eher der von Luftminen: Die Druckwellen sind es, die sich verheerend auswirken. Wenn solche Druckwellen durchs Boot hindurchlaufen, können sogar die Fundamentbolzen der Diesel glatt abgeschoren werden, obwohl der Druckkörper unverletzt bleibt.
Die totale Wehrlosigkeit ist das Schlimmste dabei.
»Auf Gnade und Ungnade.« »Auf Gedeih und Verderb.« Diese Metaphern werden zu billigen Floskeln, gemessen an der Not des wehrlos Ausgeliefertseins.
Wir wußten es nur allzu gut, wenn es uns an den Kragen gehen sollte – wenn es, wie der Alte es ausdrückte, »psychologisch« wurde: Die ASDIC-Impulse eines verfolgenden Zerstörers waren im Boot als deutliche »Pings« zu hören. Wenn sich die ASDIC-Frequenz verdoppelte, bedeutete das, daß der Gegner das Boot erfaßt hatte und gleich anlaufen würde. Dann kam es auf die schnellen Entschlüsse des Kommandanten an. Gleich würde das ASDIC-Geräusch vom Geräusch der Maschinen und Schrauben des Zerstörers übertönt werden und das ASDIC keine Ortung mehr geben. Das bißchen Spanne hieß es zu nutzen. Fahrtstufe ändern, Kurs ändern, Tiefe ändern.
Das ASDIC der Eskortfahrzeuge strahlte *voraus.* Man wußte, woher der Gegner kam und wußte auch, daß er sich schwer ein Bild von Richtungsänderungen des

Der Dieselheizer steht hier am achteren Ende der Diesel – zwischen den Gebläsen für die beiden Diesel, die schon bei ›zwomal halbe Fahrt‹ eingeschaltet werden und ihnen zusätzliche Luft verschaffen. Der Dieselheizer ist gerade dabei, mit den beiden an der Decke angebrachten Handrädern die äußeren Abgasklappen zu schließen. Erst wenn das getan ist, kann kein Wasser mehr über die Auspuffleitungen ins Boot dringen.
Unten im Bild ist der Leitende Ingenieur in Lauerstellung zu sehen. Er muß gerade aus dem weiter achterlich liegenden E-Maschinenraum gekommen sein, als der Alarm ihn überraschte.

U-Boots im letzten Augenblick machen konnte, aber auch, daß der Commander da oben ein Ausweichen einkalkulieren würde. Jetzt kam es nur darauf an, daß er die für das U-Boot ›richtige‹, für den Zerstörer aber ›falsche‹ Seite wählte. »Ausweichen ist Glaubenssache«, meinten manche Kommandanten.
Für sie gab es kein noch so primitives Hilfsmittel zum Ausknobeln eines ›richtigen‹ Ausweichkurses. In der Notsituation hieß es vor allem: tiefer gehen, immer noch tiefer, und wenn es im Boot noch so knackte und knallte. Wir wußten: Der tödliche Radius der Bomben wird um so geringer, je tiefer sie detonieren. Aber wir wußten natürlich auch, daß die Zerstörungskraft des Wasserdrucks in der Tiefe größer wird. Tiefer gehen – das hieß, das Boot weit über seine Konstruktionstauchtiefe hinaus absinken lassen – kostete große Selbstüberwindung. Die Angst vor dem Wasserdruck fraß an den Nerven. Fatal für die Boote wurde es, wenn der Gegner seine Wasserbomben auf verschiedene Tiefen einstellte. Dann konnte der Kommandant an den Knöpfen abzählen, in welcher Tiefe er sich davonschleichen sollte.
›Teppichwürfe‹ waren schon schlimm – aber das, was wir mit zynischer Schnoddrigkeit als ›Kubikteppich‹ bezeichneten, war eine Ausgeburt der Hölle.

Blick aus der Zentrale nach vorn. Der Zentralegast steht bereit, um die Tauchzelle eins mit dem Handrad zu entlüften. Rechts von ihm ein Bordlautsprecher und der Maschinentelegraph der Backbordmaschine. Links im Bild Gummizeug für die Seewache, rechts Hartwürste.

Bild rechts: Ein Seemann der Freiwache hat sich in den Rahmen des vorderen Kugelschotts gesetzt. Das ist ein guter Platz beim Warten auf die Wasserbomben: Sitzend kann man nicht von den Beinen gerissen werden.

Das U-Boot vom Typ VII C hatte Drei-Abteilungen-Status. Bei Wassereinbrüchen konnte jeweils eine Abteilung durch die druckfesten Kugelschotts von den anderen Abteilungen getrennt werden. Aber nur in flachen Meeren, wie zum Beispiel in der Ostsee, war die Selbstrettung der Besatzung mit Hilfe der Tauchretter möglich – und auch dann nur, wenn der Aufstieg in Etappen mit Festhalten an einer mit einer aufgetriebenen Boje verbundenen Leine – also sehr langsam – erfolgte. Rettungen im Übungsgebiet der Ostsee bei Wassertiefen bis zu fünfundzwanzig Metern waren mehrfach erfolgreich.

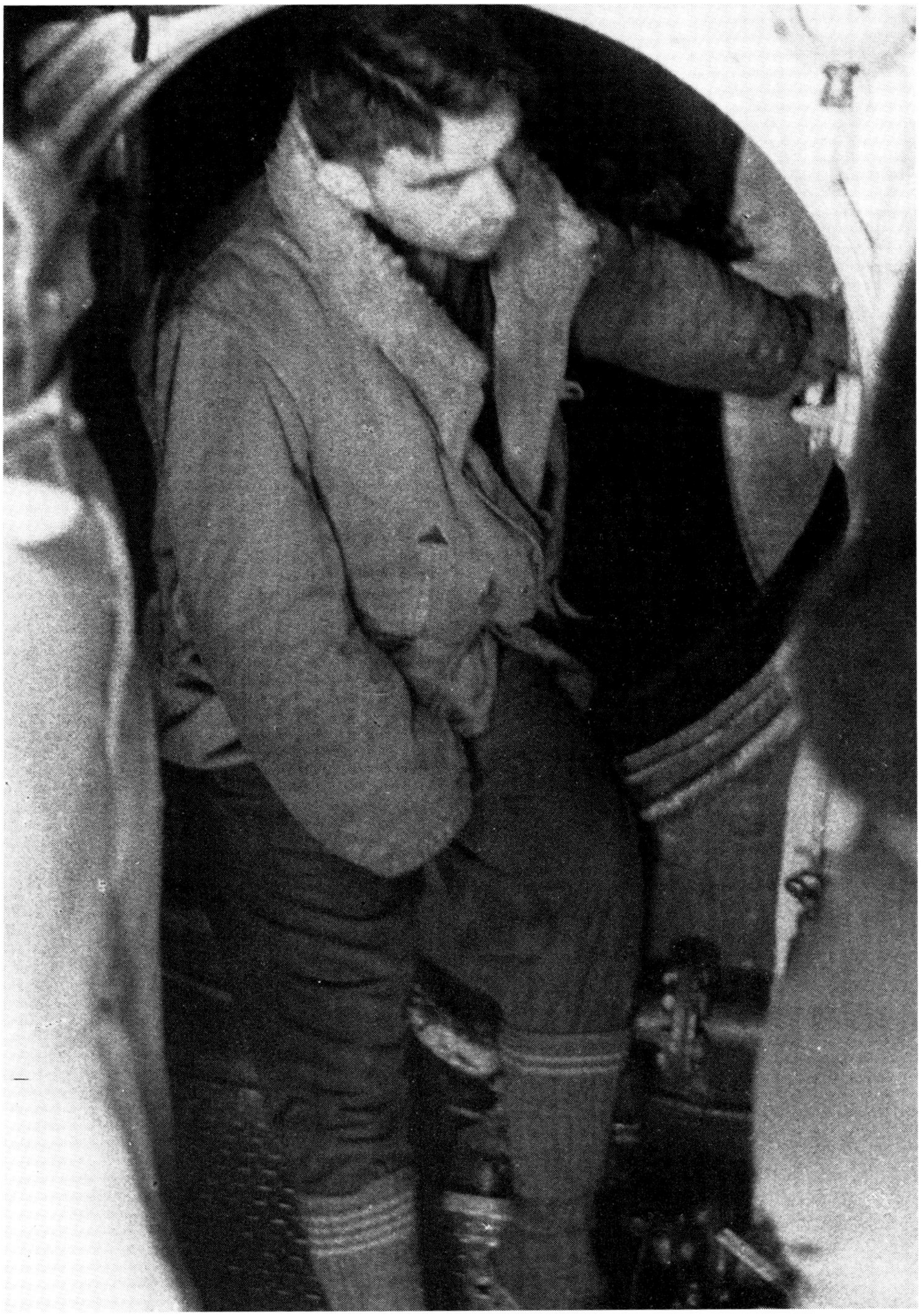

Nächste Doppelseite: Der LI jetzt bei der Tiefensteuerung hinter den beiden Tiefenrudergängern. Sie gehören zu der Brückenwache, die gerade oben war. Die Gefechtsstation des Leitenden ist die Zentrale. Er ist der Tiefensteuerleiter und muß jetzt angestrengt das Manometer und die Lastigkeitswaage beobachten, genau die vom Kommandanten befohlenen Tiefen halten und dabei der Tendenz des Boots, entweder zu fallen oder zu steigen, schon entgegensteuern, ehe sie sich auswirken kann.

15

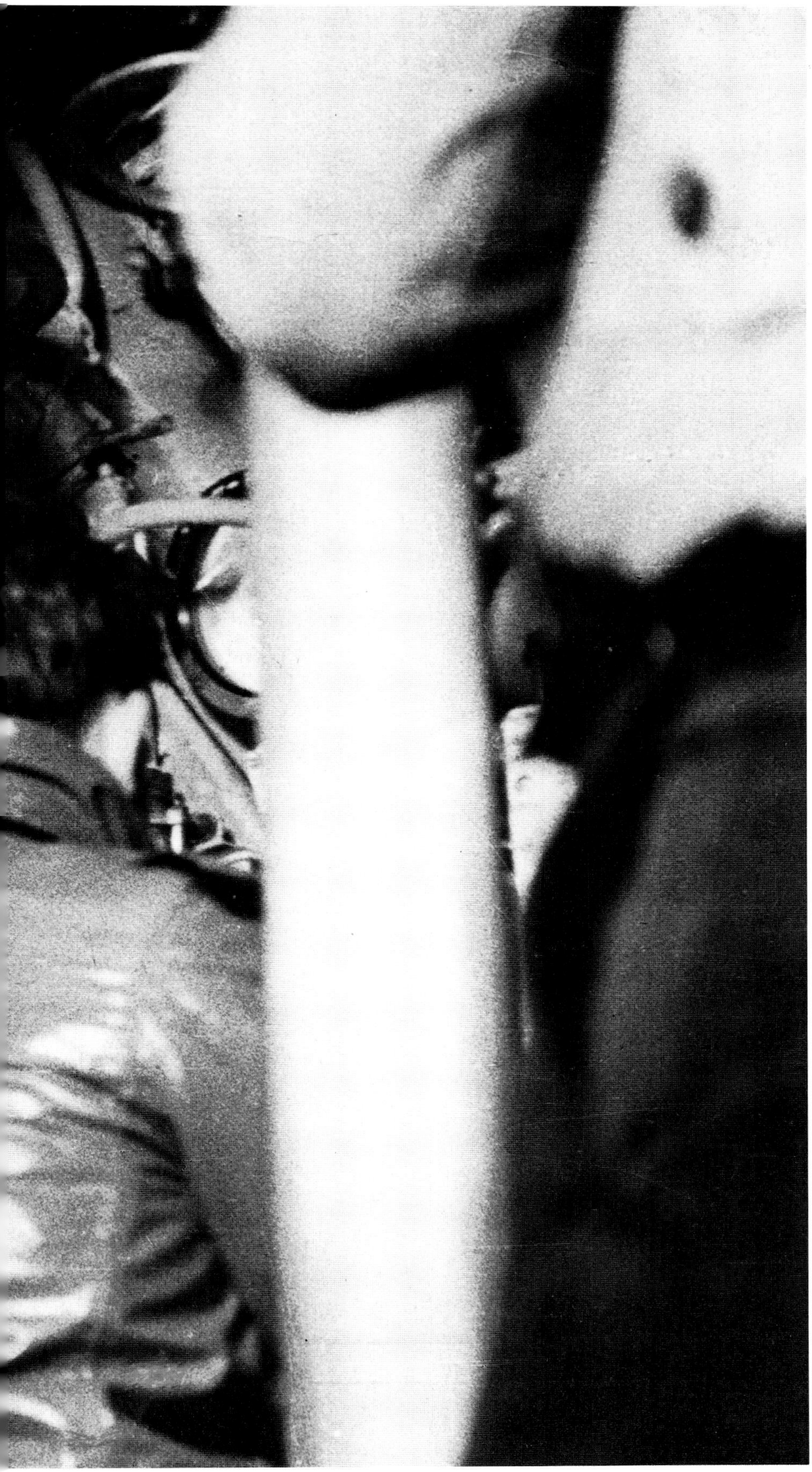

In der Maschine ging auch bei Alarm alles seinen gewohnten Gang: Diesel stoppen, auf E-Maschinen umschalten, Zuluft und Abgasklappen schließen . . .
Es konnte aber auch passieren, daß im Maschinenraum ›Zustand‹ herrschte – nämlich dann, wenn die Maschinenbefehle ungewöhnlich schnell aufeinander folgten. Dann wurde es hinten im Schiff vollends unmöglich, sich ein Bild von den Vorgängen oben auf der Brücke oder in der Zentrale zu machen.
Wenn zum Beispiel der Obermaschinist gerade nach oben zum Manometer langte, das den Abgasdruck in der Abgasleitung anzeigte, und dieses Manometer leicht anklopfte, um zu probieren, ob es funktionierte – wenn ich den Mann so im Sucher hatte, aber plötzlich die Alarmklingel durch den Diesellärm schrillen hörte und sah, daß die Alarmlampe an der Decke schon wieder rot blinkte, war ich ratlos: Wir waren nach einem Alarm eben erst aufgetaucht und jetzt schon wieder Alarm? Also: Wieder die Diesel stoppen, Abgasklappen schnell wieder schließen! Der Obermaschinist riß den Füllhebel des Steuerborddiesels

auf Null, der Dieselgast den des Backborddiesels. Jetzt konnte ich auch verstehen, was er sagte: »Scheiße in Verzug!«

Da ging mir ein Licht auf: Flugzeuge! Beim Sehrohrrundblick nach dem Auftauchen war die Luft rein – aber jetzt hatten sie uns schon wieder am Wickel. Gleich kracht es!

Ich brauchte nicht mehr nach festem Halt zu suchen – mein Körper hatte ihn von ganz alleine schon gefunden: Direkt neben dem Steuerstand des Backborddiesels stand ich halb eingeklemmt und halb angepreßt fest. Ich pumpte mich auch noch voll Luft, damit ich noch fester stand.

Den Blick des Obermaschinisten kann ich heute noch sehen; er guckte mir großäugig aus kurzer Entfernung ins Gesicht. Dann drehte er seinen Kopf abrupt in Richtung Maschinentelegraph.

Ich preßte die Luft und war froh, daß ich so fest stand. Das Boot war verdammt vorlastig geworden – so sehr, daß der Obermaschinist sich nach beiden Seiten festhalten mußte.

Irgend etwas schepperte nach vorn und krachte auf.

Wie tief wir jetzt waren, erfuhr man hier hinten nicht. Mindestens sechzig Meter – Bomben?

Da würden wohl keine mehr kommen. Also: Schwein gehabt . . .

Aber wie sollte das weitergehen? Rauf, runter – rauf, runter . . . So kamen wir nicht voran – keine Chance für den Kommandanten, den gemeldeten Geleitzug zu erwischen . . .

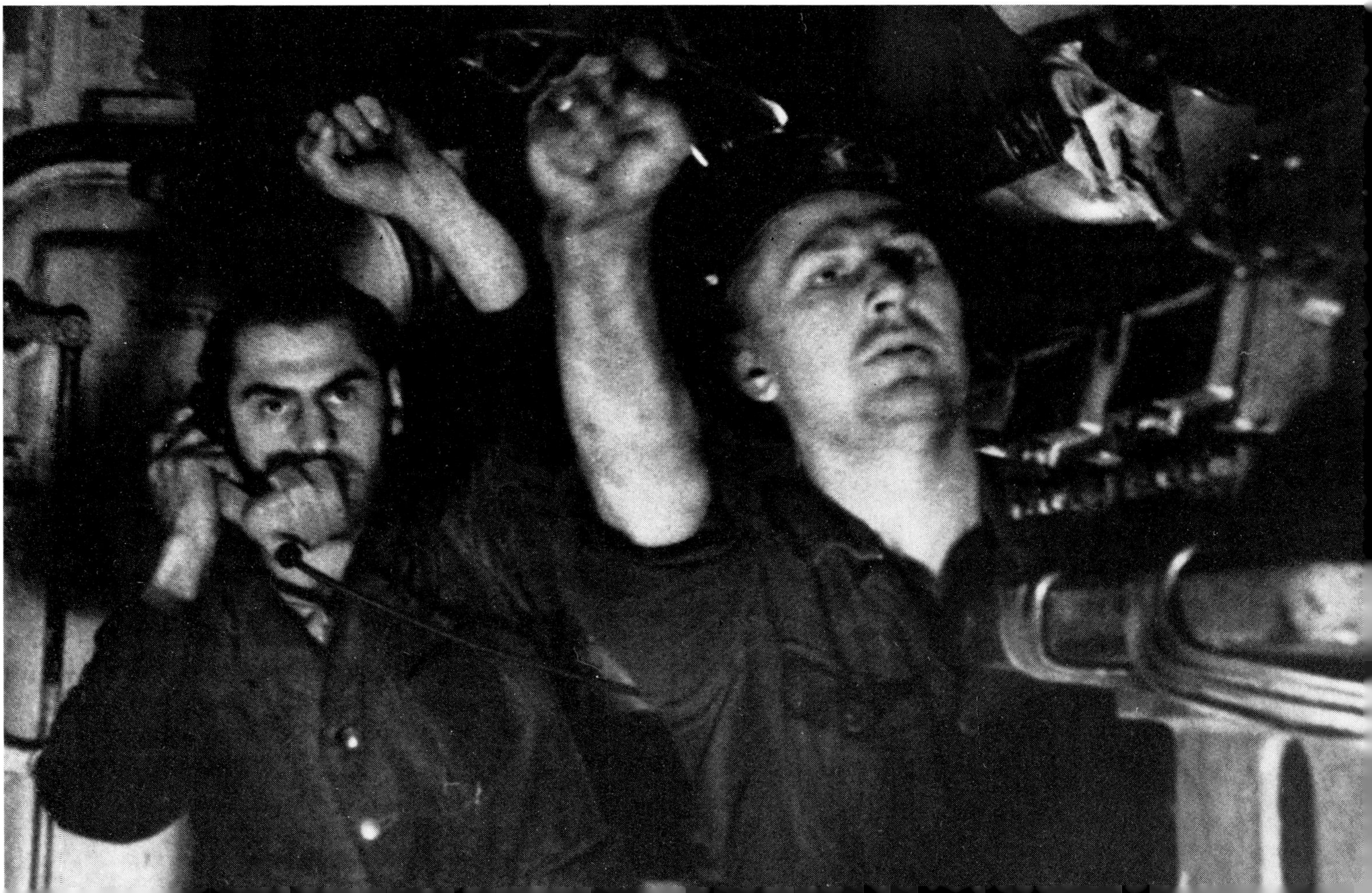

Was hier so prächtig aussieht, kann für das U-Boot tödlich sein: Wasserbomben. Wenn das U-Boot mit Wasserbombenattacken verfolgt wurde, hing das Leben der ganzen Besatzung oft von einem Nichts ab: Ob die Detonation der Wasserbomben zwei, drei Meter dicht beim Boot oder weiter weg erfolgte, entschied über Weiterleben oder Untergang. Am gefährlichsten waren Detonationen schräg unter dem Boot.

Die Jagd auf U-Boote ist eine quasi abstrakte Jagd. Es gibt meistens außer diesen Blumenkohlen keine Bilder. Allenfalls noch den Anblick einer leeren Meeresfläche mit einem breitlaufenden Ölfleck darauf. Wenn man davon nun gar nur Fotos sieht, wird es schwer, sich vorzustellen, daß da unten im Wasser die ganze Besatzung eines U-Boots um ihr Leben bangt.

Katz und Maus

Unter Wabos – das ist eine besonders perverse Form der Hölle: keine Deckung, keine Gegenwehr, kaum Hoffnung auf Entkommen, wenn mehrere Verfolger dem tief getauchten Boot auf der Fährte sind und sich ihre Ortungen gegenseitig wie Bälle zuspielen.
Die Verfolgung eines getauchten U-Boots und der Versuch, es mit Wasserbomben zu knacken, ist das schrecklichste aller erdenklichen Katz- und Mausspiele.

»Das Leben sieht etwas anders aus, wenn man selbst schon bis zum Hals im Wasser in solch einem Sarg gesteckt hat und vielleicht 5000 Meter unter dem Kiel hatte. Die Vorstellung, wohin man da fällt, ist nicht gerade rosiger Natur.«
Aus dem Brief eines U-Boot-Fahrers an den Autor

Die Gezeichneten

»Ich habe noch Jahre nach dem Krieg meine Frau erschreckt, wenn ich im tiefsten Schlaf ›Alarm‹ gebrüllt habe und im Traum den endgültigen Sturz in der Tiefe mit meinem Boot machte.
Du müßtest doch auch diese Vorstellung erlebt haben, wenn es auf Tiefe geht, das Boot nicht mehr zu halten ist und Du mit weitaufgerissenen Augen auf die Spanten, Torpedorohre oder in der Zentrale auf die Verteiler, auf den ganzen technologischen Klimbim starrst und darauf gewartet hast, was nun in einer Tiefe von 280 bis 300 Metern zusammenbricht und Dir Rippen, Unterleib oder den Kopf zermalmt.

»Hält der Laden dicht?« ist jetzt die brennende Frage im Dieselraum. Weil es an allen Ecken und Enden knistert und knackt, beobachten die Männer mit Augen und Ohren, ob sich Schäden bemerkbar machen – ob irgendwo Wasser ins Boot dringt.

Auf dem Bild rechts an der Decke ein Lautsprecheremp-fänger, aus dem ›normalerweise‹ die Durchsagen der Schiffsleitung kommen. Jetzt schweigt der Lautsprecher, keiner erfährt wie tief das Boot getaucht ist, ob der Verfolger auswandert.

Dieses jahrelange Vorstellen war das Belastende, das ein U-Boot-Fahrer als unsichtbare Bürde mit sich herumschleppte.
Ich habe Kadetten erlebt, die als BÜ bei einer Wasserbombenschlacht von 34 Stunden bei mir am Horchschapp standen und von einem Bein auf das andere traten, käsegrün im Gesicht und dann behaupteten: ›Ich habe keine Angst, aber sieh dir mal den Maat Lorenz an, ich glaube, der hat die Hosen voll.‹ Für solche Mitfahrer wäre es gut gewesen, wenn sie mal in einen Spiegel geschaut hätten.«
Aus dem Brief eines U-Boot-Fahrers an den Autor

Nach einer neuen Bombenserie ist zum Knistern und Knacken ein scharfes Pfeifen gekommen: Wassereinbruch achtern im Dieselraum. In aller Eile ist direkt unter dem Handrad für die steuerbordseitige Abgasklappe ein Leckstützbalken eingesetzt worden. Statt mit einem scharfem Strahl kommt das Wasser nur mehr rinnend ins Boot.
Daß man im U-Boot Wassereinbrüche mit Holzpfosten stoppen könnte, hätte ich früher nicht für möglich gehalten. Aber ich hatte ja auch nicht geglaubt, daß ein Boot so weit über seine Konstruktionstauchtiefe hinaus tauchen könnte, ohne zu implodieren oder durch ein Leck vollzulaufen. Das Fatale war, daß keiner genau wußte, wo die ›endgültige‹ Grenze war.

Über das Absaufen

Das Krepieren im U-Boot ist kompliziert. Da wird keiner totgeschossen, werden nicht einfach Lebensfunken ausgeblasen. Da läßt Freund Hein seine Beute zappeln. So eine Fahrt in die Tiefe braucht ihre Zeit. Selbst noch die Wassergarotte würgt langsam . . .
Der Druck der Tiefe! Bei dreitausend Metern beträgt er dreihundert atü. So geht die Rechnung: Eine Wassersäule von zehn Metern übt genau den gleichen Druck aus wie die gesamte Erdatmosphäre, nämlich ein atü. Dreitausend Meter sind zehn Meter mal dreihundert, also dreihundert atü. Mit einer Kraft von dreihundert atü läßt sich aus einem U-Boot samt Inhalt ein kompakter Klumpen pressen. Wahrscheinlich passiert das aber schon viel früher. Keiner weiß, wann.
Die rechnerische ›Zerstörungstauchtiefe‹ für den Typ VII C betrug das zweieinhalbfache der ›Konstruktionstauchtiefe‹. Diese war nur hundert Meter.
Theoretisch mußte also in zweihundertfünfzig Meter Tiefe das Boot vom Wasserdruck zerstört werden. Die Ringspanten hielten aber eine Menge aus – ungleich mehr als offene Spanten, wie sie jedes Schiff hat. Zwischen den Ringspanten beulte sich die Stahlhaut des Druckkörpers zwar ein, aber die Spanten standen so dicht, daß es so bald nicht zu Rissen in der Stahlhaut kommen konnte.
Das Boot hatte aber eine ganze Reihe von ›Lindenblattstellen‹. So kann man alle Durchführungen durch den Druckkörper bezeichnen – die zum Beispiel, die für die Gestänge zur Bedienung der Tiefenruder nötig waren. Solche Durchführungen wurden mit Flanschen abgedichtet, die natürlich gegen den Wasserdruck nicht so widerstandsfähig waren wie die dem Wasserdruck entgegengewölbte Stahlwandung des Druckkörpers. Die Flansche galten deshalb als besonders gefährdete Stellen. Es gab aber auch Durchführungen durch den Druckkörper, die für die Zuluft des Diesels und für Abgasleitungen des Diesels dienten. Beim Tauchen mußten diese In- und Auslässe natürlich dicht geschlossen werden. Dafür gab es die entsprechenden Ventile und Klappen. Die Diesel hatten ein Kopfventil und zwei Fußventile. Das Kopfventil befand sich am Druckkörper etwa an der Hinterkante des Turmaufbaus, die Fußventile tief am Druckkörper in Höhe des Dieselraums.

Schon beim normalen Tieftauchen wurden die Flurplatten unter den Füßen mit jedem vom Tiefenmanometer angezeigten Strich heißer, die Knie weicher. Der Druck, der auf dem zwanzig Millimeter dicken – oder jetzt eierschalendünnen – Schiffbaustahl lastete, war schier körperlich spürbar. Das Knistern und Knacken war die peinigende Übersetzung ins Akustische. In der Totenstille – kaum einer wagte zu atmen – klang es brüllend laut.
Die Metapher ›zugrunde gehen‹ fürs Sterben hatte bei der U-Boot-Waffe ihren vollen Wortsinn. Die U-Boot-Fahrer gingen mit ihren stählernen Särgen ja tatsächlich *zu Grunde.*

Die normale, euphemistische Umschreibung für den Tod eines Soldaten, ›er ist gefallen‹, paßt am allerwenigsten auf die toten U-Boot-Fahrer. Sie bemäntelt auf eine unstatthafte Weise, wie in den ›stählernen Särgen‹ tatsächlich gestorben wurde.
In einem haltlos absinkenden U-Boot ›fiel‹ man nicht – da ›soff man ab‹. Später erst, als die mit Flak übermäßig armierten Boote an die Front kamen und bald schon anstatt als ›Flakfallen‹ als ›Hackfleischboote‹ bezeichnet wurden, kamen auch U-Boot-Fahrer auf die gleiche Weise wie Landsoldaten um. Aber auch für diesen Tod ist ›fallen‹ eine alberne Beschönigung.
Einmal, als ich von einem Kameraden hörte, ein uns befreundeter Kommandant sei »gefallen«, konnte ich mir in der ersten Empörung über diesen Tod die zynische Frage: »Wer hat ihm denn ein Bein gestellt?« nicht verkneifen. U-Boot-Fahrer ›fielen‹ weiß Gott nicht – sie krepierten auf eine entsetzlich langsame Weise bei vollem Bewußtsein. Das Ausmaß der Schrecknisse, die U-Boot-Fahrer in einem von Wasserbomben beschädigten Boot zu erleiden hatten, ehe sie ganz tot waren, war nicht vorstellbar. Allzu wenige gewannen auch nur eine Ahnung davon, weil nun einmal Schilderungen des Sterbens im Krieg heftig verpönt waren.
Ein typisches Beispiel für das Verdrängen des Faktischen, wenn von Tod und Sterben die Rede ist, gibt der Befehl von Dönitz zum bedingungslosen Kampf gegen die Invasionstruppen. Da heißt es, ein U-Boot habe (mit der von Dönitz gewünschten Wahnsinnsattacke) sein Dasein gerechtfertigt, »auch wenn es dabei bleibt«. Dönitz meinte damit nichts anderes als: »Auch wenn es dabei absäuft«, scheute sich aber, das auch hinzuschreiben.

Das Absaufen eines U-Boots gleicht dem Fall von einem Drahtseil hinab ins Bodenlose. Die Metapher stimmt: Das U-Boot befindet sich tatsächlich in der Lage eines Artisten auf dem Seil: es ist unter Wasser in einer äußerst labilen Balance. Wenn sein Auftrieb nicht mehr reicht, sackt es in die Tiefe.
Ohne daß einer es sich merken ließ, rumorte in jedem die Angst vor diesem Hinabfallen ins Bodenlose: Gewöhnlich waren es vier- bis fünftausend Meter bis ganz hinab. Darüber, wie die U-Boote dort unten bei den Nickelknollen tatsächlich ankamen, gibt es nur Mutmaßungen.

Der Erste Admiralstabsoffizier beim BdU hat die von mir publizierten Verlustzahlen berichtigt: Von etwa 41 000 bis 41 300 seien etwa 25 870 »vor dem Feind geblieben – nach genauen Angaben der zuständigen Dienststelle (Wehrmachtsauskunftsstelle in Berlin)«.
»Genaue Angaben« und »etwa«, wie reimt sich das zusammen? Die in den Stützpunkten von Bomben erschlagenen, in den Schützengräben der Festungen krepierten U-Boot-Männer werden in dieser Statistik wohl nicht einmal mitgezählt worden sein. Die ›standrechtlich‹ Erschossenen sicher auch nicht.
»Vor dem Feind geblieben« – diese Umschreibung für das Absaufen im U-Boot kann ich nur mit Erbitterung lesen. Da versagt sich mir sogar mein Zynismus.
Warum will so einer nicht wahrhaben, daß die tatsächlich knapp 28 000 armen Teufel jämmerlich ersäuft oder auf sonstwie schreckliche Weise zu Tode gebracht worden sind?
Allein schon, wenn ich von dieser »zuständigen Dienststelle« lese, schießt mir die Wut hoch: Das Krepieren hat also *auch* seine peniblen Verwalter.

Das Boot hat einen einzeln fahrenden Dampfer entdeckt, und der Kommandant sich entschlossen, ›vorzuknüppeln‹, um ihm aufzulauern und unter Wasser anzugreifen.

Der Kommandant am Luftzielsehrohr, dem Sehrohr mit dem größeren Blickwinkel. An der rechten Seite das Rädchen für den Kippspiegel, der bei diesem Sehrohr bis zum Zenith reicht. Auf der anderen Seite befinden sich Hebel für Vergrößerungen, und zwar für eineinhalb- oder sechsfache. Das Fadenkreuz hat eine Einteilung für die Einschätzung von Entfernung und Abkommpunkt beim Torpedoschuß. Wenn das Sehrohr gerade über die Wasserfläche hinausragte, war der Kiel des Boots zirka vierzehn Meter tief. Die Oberkante des Turms befand sich dann zirka sechs Meter unter der Wasseroberfläche. Weil das normale Angriffssehrohr einen toten Winkel direkt über dem Boot hatte, gab es dieses zweite Sehrohr, dessen Linsensystem auch die Beobachtung des Himmels möglich machte. Der Kopf dieses Sehrohrs aber war dicker als der des Angriffssehrohrs und zog deshalb eine Schaumspur hinter sich her, die verräterisch werden konnte.
Das Luftzielsehrohr wurde von der Zentrale aus bedient, das Angriffssehrohr aus dem Turm.

Im Fadenkreuz ein kleiner Frachter mit hohem Schornstein in etwa sechshundert Meter Entfernung. Eingeschaltet ist die große – die sechsfache – Vergrößerung.

Die Opfer des Molochs

Dönitz haßte die Engländer. Dönitz predigte Haß. Aber wie sollten die U-Boot-Fahrer die alliierten Seeleute hassen? An Bord von U 96 hatte keiner von der Mannschaft je einen Engländer oder Amerikaner zu Gesicht bekommen.
Wer war denn überhaupt der ›Feind‹? Die Rauchfahnen und Mastspitzen über dem Horizont? Die dunklen Schemen der Konvoidampfer in der Nacht? Waren die armen Schweine an den Kesseln Feinde? Waren es die armseligen Seeleute?
Schiffe zu torpedieren war den U-Boot-Fahrern befohlen worden. Bedingungslosen Gehorsam hatten sie geschworen. Daß beim Schiffeversenken auch die Besatzungen untergingen, darüber redete man nicht. Aber auch die Alliierten bekamen den Feind, der sie verbrannte und ertränkte, nur selten zu sehen.

Zu den fast 28000 toten U-Boot-Fahrern kommt das Totenheer der alliierten Seeleute. Für dieses Totenheer gibt es keine genauen Zahlen. Außer den 30000 bis 35000 registrierten britischen und amerikanischen Seeleuten dürften 20000 Seeleute anderer Nationalitäten im Seekrieg vom Leben zum Tode befördert worden sein. ›Casualities‹ heißen sie auf englisch.
Jüngst erst erlebte ich, wie ein altgewordener britischer Geleitzugskapitän gefragt wurde, was das denn für ein Gefühl gewesen wäre, weiterfahren und die Besatzungen mit weniger Glück auf ihren getroffenen und lichterloh brennenden Schiffen zurücklassen zu müssen. Da antwortete der Alte barsch: »It had to be accepted!«
Der lakonische Satz schnitt mir ins Herz, und im Nu waren alle die Szenen, mit denen Nicolas Montserrat in ›The Cruel Sea‹ geschildert hat, auf wie grauenhafte Weise beim Geleitzugsdienst krepiert wurde, wieder lebendig: Da kam es vor,

Dieser in der Mitte durchgebrochene Stückgutfrachter, ein langsamer Einzelfahrer, ist einem Torpedo mit Magnetpistole, einem sogenannten ›Rückgratbrecher‹, zum Opfer gefallen. Diese Torpedos wurden mit ihrem Tiefenlauf so eingestellt, daß sie das Objekt nicht unmittelbar trafen, sondern es unterliefen. Die Zünd-

pistole trat erst im Moment des Unterlaufens in Funktion und zündete den Torpedo. Dadurch wurde das Schiff an seiner konstruktiv empfindlichsten Stelle zwar nicht direkt, aber durch die von der Torpedodetonation erzeugte Druckwelle vernichtend getroffen – es wurde ihm quasi das Rückgrat gebrochen.

daß rettende Zerstörer abrupt mit der Fahrt angehen mußten, weil ein U-Boot geortet worden war, und die vielen, von der Eiseskälte der See halb erstarrt an den Rettungsnetzen hängenden Schiffbrüchigen wieder ins Wasser zurückgeworfen wurden und versinken mußten.

Da kam es sogar vor, daß Zerstörer Wasserbomben mitten hinein in ganze Felder von im Wasser treibenden Schiffbrüchigen werfen mußten, weil U-Boot-Alarm gegeben und das U-Boot direkt unter den Schiffbrüchigen geortet wurde. Und es passierte sogar, daß die Geleitzerstörer mit ihren eigenen Torpedos von U-Booten angeschossene Schiffe versenken mußten, nur weil die allzu lichterloh brannten und mit ihrem Flammenschein noch mehr U-Boote an den gefledderten Geleitzug heranlocken konnten.
Für all das galt dieses schreckliche »Das muß akzeptiert werden!«

Diesen britischen 11 000 Bruttoregistertonnen großen Tanker, die ›Arthur F. Corwin‹, versenkte U 96 am 13. Februar 1941 bei einem Überwassertagesangriff zwischen Rockallbank und Nordkanal. Als das Boot bis auf zweihundert Meter herankam, war mit bloßem Auge zu erkennen, daß noch vier Männer an Bord waren. Für sie gab es keine Rettung.

Rechts: Ein von Heizöl verätzter britischer Seemann.

Zur gleichen Zeit, als sich Goebbels über die Bombardements auf deutsche Städte empörte und sie »Terrorangriffe gegen Mütter und unschuldige Kinder« nannte, brachten die U-Boote mit jedem neuen und dann laut hinausposaunten Sieg Zivilisten – zivile Seeleute und Dampferpassagiere – auf genauso schreckliche Weise, wie es Bomberflieger tun, zu Tode.
Eine seltsame Schizophrenie im Denken und Anklagen zeigte sich da und wirkte offenbar weiter: Noch lange nach dem Krieg, erst jüngst, versuchte sich einer der am höchsten dekorierten ›Asse‹, vor der laufenden Kamera des Fernsehens so von moralischer Schuld zu befreien: Er hätte nie gegen Menschen, sondern immer nur gegen Schiffe gekämpft. In seinem Verstande war es nichts als unglückliche Fügung, wenn dabei auch Menschen zu Tode kamen. Die hatten eben Pech.
Schiffe demolieren, Schiffe ›wegputzen‹, sie ›in Grund und Boden bohren‹, das hatte sich bei ihm offenbar wie eine fixe Idee gehalten. Dabei ging es der Führung – zumal in den letzten Kriegsjahren – durchaus darum, mit den Schiffen auch die Besatzungen zu vernichten, ja es gab sogar eine Anweisung, vor allem Zerstörer anzugreifen, die schiffbrüchige Dampferbesatzungen retteten.
Man braucht nur die Bilder mit den Rettungsbooten in diesem Buch anzusehen, um zu erkennen, wer die Opfer der U-Boot-Attacken wirklich waren: ausgemergelte zivile Seeleute, armselige Nervenbündel, underdogs – Laskaren und Abkömmlinge aller möglichen unterprivilegierten Völker, denen, wenn sie leben wollten, gar nichts anderes übrig blieb, als auf Handelsschiffen Dienst zu tun, genauso wie sie es gewöhnt waren. Nur mußten sie diesmal nicht nur ihre Arbeitskraft, sondern auch ihre Haut zu Markte tragen.

Vorhergehende Doppelseite: Die Besatzung eines gesunkenen britischen Frachters auf zwei Rettungsflößen aus alten leeren Tonnen mit einer Holzumbauung.

Nächste Seite: Schwere Qualmwolken über der ›Arthur F. Corwin‹. Dieses auf der Hamburger Werft Blohm & Voß gebaute Schiff war ›unwahrscheinlich schwimmfähig‹. Erst nach dem zweiten Torpedotreffer von U 96 – der erste traf mittschiffs, der zweite achtern – brach hinter der Brücke heftiges Feuer aus.

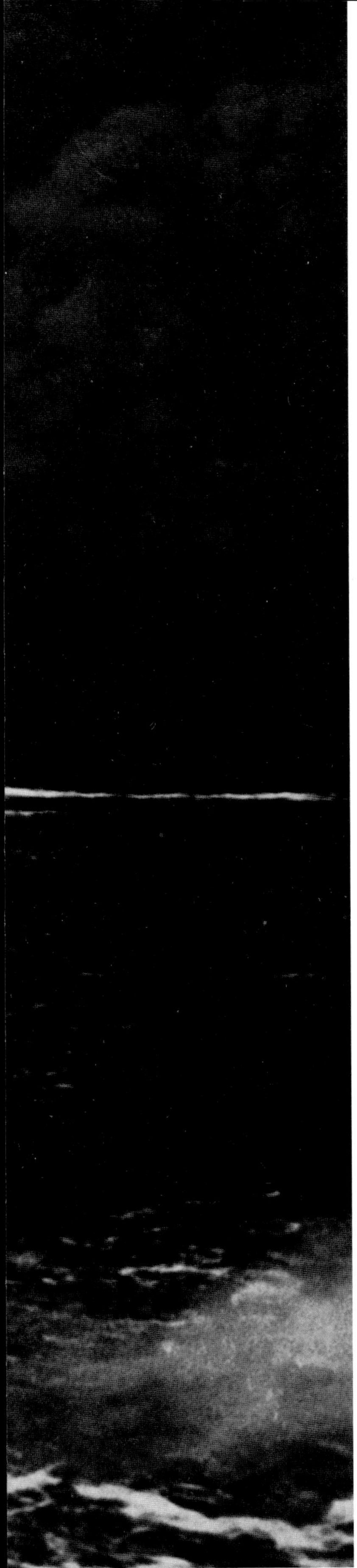

Das große Abwracken

Vor den Bildern auf diesen Seiten ist zu warnen. Sie sind – wie pittoresk attraktiv sie auch erscheinen mögen – Bilder aus der Hölle. Für die Männer auf den von U-Booten torpedierten Tankern gab es auch nicht ein Quentchen Hoffnung. Wer auf einem Benzintanker einstieg, war schon halb tot. Im brennenden Öl umzukommen, ist wohl eine der schrecklichsten Todesarten. Vor brennendem Öl gibt es kein Entfliehen. Es breitet sich schnell auf dem Wasser aus und holt noch jeden Schwimmer ein. Wer nicht beim Torpedotreffer schon getötet wurde, sondern noch ins Wasser springen konnte, kam im brennenden Öl um.
Für die Nazipropaganda waren die Bilder von der Vernichtung der Tanker noch nicht ausreichend. Fälschungen kamen hinzu. Und so erschien in der Wochenschau ein Periskopblick auf das nächtliche Manhattan, der aus dem Trickfilmstudio der ›Ufa‹ stammte. Eine Fälschung von äußerster Dreistigkeit, wußte doch jeder Seemann, daß kein U-Boot den Hudson hinauffahren und bis in diese Nähe zu den Wolkenkratzern gelangen konnte.

Auch für die Besatzungen einzeln fahrender Frachter gab es, wenn ihr Schiff versenkt war, wenig Hilfe. Die Maxime der Ritterlichkeit gegenüber Schiffbrüchigen galt nur zu Anfang des Kriegs.
Später, als die Alliierten genug Schiffe nachbauten, die Besatzungen aber knapp wurden, hörte ich in Abwandlungen die zynisch gemeinte Frage: »Führen wir eigentlich Krieg nur gegen Schiffe? Geht es nur ums Verschrotten, oder wollen wir den Krieg *gewinnen*?«
Das sollte nichts anderes heißen als: »Warum lassen wir die Besatzungen in ihren Booten oder auf ihren Flößen davonkommen?«
Der Krieg im Nordatlantik nahm mit jedem Tag an Brutalität zu. Er wurde, wie es Dönitz forderte, zu einem »gnadenlosen« Krieg.

2800 Handelsschiffe mit über 14 Millionen Bruttoregistertonnen wurden insgesamt Opfer der U-Boote. Diese Menge seetüchtiger Schiffe ist so gewaltig, daß sie nicht mehr vorstellbar ist. Dazu kamen mehr als 150 Kriegsschiffe. Der U-Boot-Krieg war zu einem Abwrackunternehmen von geradezu monströser Effizienz geworden.

Das Boot läuft, als diese Aufnahme entstand, über den Achtersteven vom brennenden Wrack weg. So nahe wie beim Torpedoschießen kann es wegen Hitze und Qualm nicht bei seinem Opfer stehenbleiben. Außerdem muß der Seeraum auf Abwehr beobachtet werden.
Bei dem Tanker ›Arthur F. Corwin‹ handelte es sich um ein bereits angeschossenes Schiff. Das U-Boot, das den ersten Treffer plaziert hatte, war von Eskortschiffen abgedrängt worden. Als U 96 den Tanker fand, fuhr er noch mit Ostkurs Richtung Irland.

Beklemmende Erinnerungen

Noch immer wollen unbelehrbare Veteranen suggerieren, im Krieg würde es wie beim Schach zugehen: Zug und Gegenzug – ein ehrenwertes Geschäft. Haben sie vergessen, wie brutal der Seekrieg war? Daß zum Beispiel Eskortzerstörer, die gerade beim Auffischen von Schiffbrüchigen von torpedierten Dampfern waren, für die U-Boote ein verlockendes Ziel bildeten, weil dann, wenn der Torpedo traf, besonders viele Seeleute ums Leben kamen – die Leute der Zerstörerbesatzung *und* die von den Dampfern geborgenen?
Wenn ich jetzt mit befreundeten, inzwischen sehr alt gewordenen Kommandanten rede, merke ich, daß mancher seine ›Leiche im Keller‹ hat – will heißen, daß er sich einer Kriegstat erinnert, die er gern ungeschehen machen möchte. Je mehr sich im Gespräch ihre Selbstgerechtigkeit abnutzt, desto offener zeigen die ›Alten‹, was sie bedrückt.
Krieg nur gegen Schiffe? Einer der überlebenden Kommandanten hat es jedenfalls anders erlebt, als er ›seinen Griechen‹ jagte, einen mittelgroßen griechischen Dampfer, den er, als sein Boot schon ›leergeschossen‹ auf der Rückreise vom Kampfgebiet vor der amerikanischen Ostküste war, bei sehr schlechtem Wetter gestellt hatte. Der Kapitän des Griechen ließ sich nicht

Seeleute eines torpedierten Schiffs auf einem der typischen primitiven Rettungsflöße. Solche Flöße lagen an Oberdeck und schwammen auf, wenn der Dampfer sank. Sie erschienen den Seeleuten zuverlässiger als Rettungsboote, die oft nicht mehr zu Wasser gebracht werden konnten, wenn sich das getroffene Schiff schnell schräg legte und sank.

Nach der Geleitzugsschlacht bleiben angeschossene Frachter und Tanker brennend zurück. Ihr Ludergeruch hängt noch tagelang über der See.

bluffen und hielt seine Besatzung auf dem Schiff, statt sie trotz des schweren Wetters in die Boote zu schicken. Er fuhr kurze Zickzacks und entschwand in eine Regenböe. Eine erbitterte Jagd begann: Der Grieche kämpfte mit aller Bravour um das Leben seines Schiffs und seiner Besatzung. Er wußte, daß das U-Boot bei der schweren See keinen Torpedo schießen konnte, aber er wußte nicht, daß es gar keinen mehr hatte, sonst hätte er vielleicht nicht mit seinem Schiff zum Rammstoß auf das U-Boot angesetzt, als sich die beiden Gegner plötzlich in einer neuen Regenböe gegenüberfanden.

Der Zweikampf dauerte viele Stunden und zog sich über viele Meilen hin. Einmal war für das U-Boot der Grieche verschwunden und einmal das U-Boot für den Griechen.

Und das Ende? Dem U-Boot gelang es, den Griechen trotz der schweren See mit dem Geschütz zu versenken. Kein Mann der Dampferbesatzung blieb am Leben.

»Verdammt anständige Seeleute! Die hätte ich laufen lassen sollen!« bekannte mir der inzwischen zum alten Mann gewordene ehemalige Kommandant.

Der Kommandant von U 96 kommentierte diese Bilder so: »Wahrscheinlich der Dampfer ›Torungen‹, so genannt nach einer norwegischen Insel. Wir hatten damals einen Treffer bei einem Unterwasserangriff – es war heller Mittag – erzielt. Wir sind dann aufgetaucht und konnten sehen, wie der Dampfer über Heck sank. Dann fuhren wir an die beiden Rettungsboote ran und erkundigten uns, ob die Leute in den Booten den Kurs nach Sable-Island wüßten – wir waren nämlich im Bereich von Sable, also vor der Küste von Neu-Schottland – und boten ihnen Ergänzung ihres Proviant- und Wasserbestands an. Das wurde mit Dank abgelehnt. Wir hatten den Torpedo so gesetzt, daß die Leute reichlich Zeit zum Aussteigen hatten.«

Vorhergehende Doppelseite: Ein Rettungskutter vollgefüllt mit der gesamten Besatzung eines torpedierten Dampfers. Die außen angebrachten Sorgleinen dienen dazu, daß sich im Wasser Treibende am Kutter festhalten können.

Der nicht erlebte Krieg

Ein U-Boot-Fahrer wurde von einem Fernsehinterviewer gefragt: »Haben Sie bei den Angriffen ihres Bootes auch mal an die Opfer gedacht?«
Der Mann reagierte mit Verwirrung. Dann bekundete er trotzig: »Dazu hatten wir überhaupt keine Zeit!«
Das stimmt so nicht. Die Siege wurden sogar *gefeiert.* Damals bekam auf U 96 nach einem Sieg jeder eine Flasche Bier oder eine halbe, wenn der Vorrat knapp wurde. Die Ziehharmonika wurde hervorgeholt, und zumindest im Bugraum herrschte bald ›Jubel, Trubel, Heiterkeit‹. Die Stimmung wirkte gewöhnlich aber eher forciert als gelöst. Es sah ganz so aus, als würden die Piepels nur deshalb laut, weil keiner an die englischen sailors denken wollte, die draußen ›im Bach‹ schwammen – wenn sie überhaupt noch lebten. Insgeheim sah sich mancher wohl selber im Wasser schwimmen, allein und verlassen und ohne Hoffnung auf Hilfe.
Die Schiffsführung tat, was sie konnte, um die Besatzung vor Eindrücken zu bewahren, die solchen Phantasien Vorschub leisten konnten. Wenn ein treibendes Floß oder ein Rettungsboot gesichtet wurde, schickte der Alte die Brückenposten von der Brücke: Es hätten Tote auf dem Floß oder in dem Boot sein können. Den Brückenposten sollte der *Anblick* der Opfer erspart bleiben. Die Folge davon war, daß Tausende von U-Boot-Soldaten nie einen Toten zu Gesicht bekamen. Es wurden allenfalls *leere* Rettungsboote zur Besichtigung freigegeben, aber keine mit toten Männern darin. Der Verdrängung der Schrecknisse des Krieges wurde eben schon damals fleißig Vorschub geleistet.
Gewiß: Wenn nachts ein waidwund torpediertes Schiff über seine ganze Länge brannte, durften auch mal die Maschinisten, einer nach dem anderen, nach oben. Aber, was sie dann zu sehen bekamen, war nur ein bengalisches Schauspiel. Das Boot ging selten so nahe an sein Opfer heran, daß man von der Brücke auch die im brennenden Wasser um ihr Leben Schwimmenden sehen konnte. Und ihre Notschreie hörten die auf der Brücke schon gar nicht. Die tosenden Flammen und die Explosionen an Bord übertönten alle menschlichen Laute.

Die Rettung von Schiffbrüchigen war den U-Boot-Fahrern nach dem ›Laconia‹-Fall von ihrem Befehlshaber strikt verboten worden: U 516 unter Werner Hartenstein hatte am 12. September 1942 im Südatlantik den englischen Truppentransporter ›Laconia‹, einen ehemaligen Passagierdampfer, versenkt. Zu seinem Schrecken sah Hartenstein, daß das riesige Schiff (20000 Bruttoregistertonnen) auch Zivilisten an Bord hatte (2732 Menschen insgesamt, wie später bekannt wurde). Hartenstein gab einen Notruf auf englisch ab, und daraufhin steuerten zahlreiche Schiffe die Versenkungsstelle an. Hartenstein nahm 260 Menschen an Bord. Die meisten mußten sich an Oberdeck zusammendrängen. Trotz der vielen Menschen an Oberdeck und trotz der deutlich ausgebrachten Rotkreuzflagge wurde das durch die vielen Schiffbrüchigen an Oberdeck tauchunklare Boot von mehreren viermotorigen amerikanischen ›Liberators‹ angegriffen und durch Bombenabwürfe beschädigt.

Schiffbrüchige in einem großen Rettungskutter, wie ihn nur Passagierdampfer führen. Ein Bild von großer Dramatik. Die äußerst verstörten Zivilisten im Boot kommen mit den Riemen nicht klar: Auf der Steuerbordseite ist ein Riemen sogar falsch herum, mit dem Riemenblatt nach innen, ausgebracht. Einige der Bootsinsassen tragen nicht einmal Schwimmwesten, zwei Männer haben Stahlhelme auf den Köpfen. Einer liegt teilnahmslos am Boden.

Nächste Doppelseite:
Oben: Torpedotreffer mittschiffs auf einen Frachter vor der amerikanischen Küste. Die weiß krepierende Detonation zeigt, daß die Kesselanlage getroffen wurde.
Unten: Der britische, etwa 8000 Bruttoregistertonnen große Tanker ›Clea‹. Der Dampfer war ein Nachzügler aus einem Geleitzug und wurde im Unterwassertagesangriff vor den ›Western-Approaches‹ von U 96 mit einem Doppelschuß versenkt. Der erste Torpedo traf den Dampfer vor der Brücke, der zweite im Maschinenraum achtern. Daraufhin knickte der Dampfer ein und brach auseinander. Weil die beiden Teile nicht sanken, mußten sie mit Artillerie ›entlüftet‹ werden.

Der ›Laconia‹-Fall kam dem BdU wahrscheinlich zupaß: Am 14. Mai 1942 hatte Dönitz nämlich schon Hitler vorgetragen:
»Es ist ... notwendig, die Verbesserung der Waffen des U-Boots mit allen Mitteln zu betreiben, damit das U-Boot der Abwehr gewachsen bleibt. Die wichtigste Entwicklung ist hierbei der Torpedo mit Abstandspistole, der den Torpedoschuß gegen Zerstörer sicherer machen und damit das U-Boot abwehrmäßig günstiger stellen würde, der vor allem aber auch das Sinken torpedierter Schiffe wesentlich beschleunigen, wir hierdurch Torpedos sparen und das U-Boot auch insofern vor der Abwehr schützen würde, als es schneller die Stelle der Kampfhandlung verlassen könnte. *Eine Abstandspistole wird auch den großen Vorteil mit sich bringen, daß sich infolge sehr schnellen Sinkens des torpedierten Schiffes die Besatzung nicht mehr wird retten können...*« Eigene Hervorhebung
Unter dem 16. Dezember 1942 findet sich dann diese Eintragung im KTB der Seekriegsleitung:
»... Trotz hoher Versenkungsziffern an fdl. Tonnage erlitt der Gegner *keinen fühlbaren Mangel an Schiffsbesatzungen...* Überlebende in Rettungsbooten zu vernichten, muß weniger aus Humanitätsgründen als wegen des moralischen Eindrucks auf die eigene Besatzung, die ein gleiches Schicksal für sich erwarten muß, unterbleiben. Das Treibenlassen von Schiffbrüchigen in See birgt die Gefahr ihrer Aufnahme von fdl. Schiffen in sich. Die Schiffbrüchigen werden in diesem Fall die eigene Kriegführung durch Aussage ihrer Kenntnisse schädigen können, abgesehen davon, daß sie zu neuem Einsatz zur Verfügung stehen.« Eigene Hervorhebung
Der Widerspruch in dieser Eintragung ist kennzeichnend für die allmähliche Pervertierung des Seekriegs. Direkte Befehle zum Umbringen von Schiffbrüchigen wurden sicher bis zum Ende des Kriegs von der Führung nicht gegeben. Es gab aber genug auslegbare und doppeldeutige Befehle und manchen Kommandanten, der seinen BdU ›richtig‹ zu verstehen glaubte, wenn er gewisse Befehle auf *seine* Weise auslegte. Die Redereien in den Messen wurden widerwärtig. Sie nahmen an Deutlichkeit zu. »Schiffe nachbauen«, hieß es da, »können die ja in Massen – aber dafür Besatzungen zu finden, ist schon schwieriger!«
Besonders jüngere und wegen ihrer Jugend noch ungehemmt großmäulige Kommandanten redeten so. Aber auch der BdU selber ließ es an zweideutigen Anstacheleien zur Brutalität gegenüber dem Feind nicht fehlen.

Ein Kommandant, Heinz Eck, hat für solche Reden, weil er sie ›falsch‹ verstand, nämlich nicht nur als üble Aufkäscherei, sondern als den kaum noch camouflierten Wunsch der Führung, die alliierten Seeleute nicht nur zu Schiffbrüchigen zu machen, sondern sie zu töten, mit dem Leben büßen müssen.
Eck, der mit seinem Fernboot U 852 vom Typ IX auf seiner ersten Feindfahrt war, hatte nach der Torpedierung des Dampfers ›Peleus‹ in der Nacht vom 13. auf den 14. März 1944 die Schiffbrüchigen dieses Dampfers gemeinsam mit dem Bordarzt und dem II WO mit Maschinenwaffen beschossen. Später sagte er aus, sie hätten das getan, um die Spuren der Anwesenheit des U-Boots in diesem Seegebiet zu beseitigen.
Alle drei wurden nach der Verurteilung durch ein britisches Kriegsgericht am 20. Oktober 1945 lange nach dem Krieg, nämlich am 30. November 1945, erschossen.

Überlebende des von U 332, Kapitänleutnant Liebe, im Juli 1942 vor der amerikanischen Küste versenkten Dampfers ›Raphael Semmes‹. Im Gegensatz zu den meist sehr aufgebrauchten Besatzungen der britischen Schiffe sind diese amerikanischen Schiffbrüchigen junge, kräftige Kerle. Obwohl einer von ihnen im wahrsten Wortsinn nur die nackte Haut retten konnte, nimmt er gegenüber der Brückenbesatzung des sich nähernden U-Boots eine geradezu provozierende Sportlerhaltung ein. Um das Floß treiben zertrümmerte Decksaufbauten.

Ein für Handelsschiffe typisches Life-Boot wird im Nordatlantik – etwa 50 Nord, 35 West – von U 96 gefunden und vom Kommandanten untersucht. Solche leer treibenden Rettungskutter waren ein beklemmender Anblick: Sie gaben Rätsel auf.

Vorhergehende Doppelseite: Das Schlachtschiff ›Barham‹, ein Stahlkoloß von 31 100 Bruttoregistertonnen, fliegt in die Luft.
Im Mittelmeer erzielten zwei Kommandanten gleich bei ihrem ersten Einsatz große Erfolge: Am 13. November 1941 versenkte Kapitänleutnant Friedrich Guggenberger den Flugzeugträger ›Ark Royal‹, am 25. November Kapitänleutnant Freiherr von Tiesenhausen nördlich Bardia das Schlachtschiff ›Barham‹ unter Captain Cooke.

Die ›Barham‹ war trotz ihres Alters mit 8 Geschützen Kaliber 38 cm, 12 Kaliber 15,2 cm, 8 Kaliber 10,2 cm und 16 Schnellfeuerkanonen Kaliber 4 cm eine imposante Ballung maritimer Macht. Sie erreichte eine Geschwindigkeit von 25 Knoten.
Das riesige Schiff sank nach der Torpedierung zuerst langsam, wobei es sich auf die Seite legte. Erst vier Minuten später flog die ›Barham‹ durch die Explosion der achteren Munitionskammern auseinander. Die Uhrzeit des schauerlichen Schauspiels wurde gestoppt: 16.29 Uhr.

Der schizoide Krieg

Gegen Ende des Jahres 1940 hatten sich gleich drei Kommandanten das ›Eichenlaub‹ ›zusammengeschossen‹, wie es in der martialischen Propagandasprache hieß: Prien bekam die zweite Stufe des Halsordens am 20. Oktober, Kretschmer am 4. November und Schepke am 20. Dezember.
Bis zum Ende 1940 waren insgesamt zweiundfünfzig Marineoffiziere und Portepee-Unteroffiziere mit dem Ritterkreuz ausgezeichnet worden.

Im krassen Gegensatz zu den Szenen der Vernichtung und des Schreckens stand die Siegeslaune der deutschen U-Boot-Truppe und ihres Admirals. Im Krieg liegen Entsetzen und Jubel nun einmal dicht beieinander: Die sogenannte zweite Phase des U-Boot-Kriegs vom Juli 1940 bis etwa März 1941 nannten die U-Boot-Fahrer, obwohl schon viele Boote verloren waren, sogar die ›sonnige Zeit‹. Damals fanden die U-Boot-Gruppen vor allem vor dem Nordkanal ihre Opfer in schwach gesicherten Konvois. Weil bei den Briten die Angst vor einer deutschen Invasion in England umging, mußten sich die Eskortschiffe, statt die Konvois zu schützen, in Bereitstellung gegen die vermuteten Invasoren halten. Folgerichtig hieß der U-Boot-Fahrer-Gruß in jener Zeit auch: »Heil und Sieg und fette Beute!« Damals sagten wir ja sogar im Spott: »Genießt den Krieg, der Frieden kann schrecklich werden.«

Im Herbst 1941 gab es eine neue Siegessträhne: Als die Reichsregierung den USA den Krieg erklärt hatte und die U-Boote auf die ungesicherten Dampfer vor der amerikanischen Ostküste Jagd machten. Diese Phase dauerte bis in den Juli 1942 hinein. Die Propaganda überschlug sich damals förmlich bei der Aufführung der verbalen Siegestänze. Dem Volk wurde suggeriert, daß die gesamte amerikanische Nation aus hilflosen Hinterwäldlern bestünde, denen jetzt von den Deutschen ordentlich eingeheizt würde.

Eine der typischen Aufkäscherreden des BdU schrieb ein Kriegsberichter auf:
»Ich habe noch keinen Menschen kennen gelernt, der sich für dumm hält, jeder hält sich für klug; aber die größte Dummheit ist, wenn einer überheblich ist. Diese Überheblichkeit haben wir bei dem Amerikaner! Diese Leute in Amerika haben geglaubt, sie seien unangreifbar. Sie bildeten sich ein, wir kämen mit unseren U-Booten nicht zu ihnen, sondern müßten damit zuerst die eigenen Küsten schützen. Das hieße also, wir könnten nur vor unseren eigenen Küsten

Krieg führen. Sie sind mit dieser Vorstellung in einer Art und Weise hereingefallen, wie es katastrophaler nicht denkbar ist! Der Führer hat mir gesagt, daß er mit den bisher erzielten großen Erfolgen nicht gerechnet hat... Seit dem 15. Januar 1942 sind rund 600 Schiffe mit 3,8 Millionen BRT auf allen Kriegsschauplätzen versenkt worden! Darunter sind große Frachter und vor allen Dingen wertvolle Tanker. Die amerikanische Ölverschiffung liegt damit fast völlig brach. Man muß sich die Zahl einmal vorstellen! 600 Schiffe! Das ist eine Handelsflotte, mit der die Engländer und Amerikaner eine Schlacht von allergrößtem Ausmaß verloren haben! Sie geben bereits offen zu, daß wenn es so weitergeht, dies das Ende für sie sei. Die Schlacht auf den Meeren steht schlecht für sie, sie steht deshalb schlecht, weil wir mit den U-Booten viel mehr versenken, als sie jemals neu bauen können. Daß die Feindmächte viele Schiffe brauchen, weiß jeder von uns und liegt klar auf der Hand. Wenn sie keine Schiffe haben, können sie keine Nahrungsmittel, keine Rohstoffe und kein Öl aus ihren Dominien bekommen, und das bedeutet, daß ihre Truppen nicht mehr versorgt werden können. Wenn

›Friedliche‹ Bilder aus den ersten Kriegsjahren, als es noch den ›gap‹ gab, jene von landgestützten Fernbombern und von Flugbooten noch nicht erreichbare Zone im Nordatlantik. Die U-Boot-Fahrer konnten diese Zeit bis zum Ende des Jahres 1942 ihre ›sonnigen Jahre‹ nennen.
Auf dem linken Bild hat es sich der Kommandant von U 96, Lehmann-Willenbrock, ›außerhalb des Boots‹, auf dem Wellenbrecher am Turm direkt unter dem schnaubenden ›Stier von Scapa Flow‹, dem Zeichen der 7. U-Boot-Flottille, bequem gemacht. Rechts macht sich der Obersteuermann einen Spaß: Von oben her läßt er eine Weintraube erscheinen.
Als es später halb spottend, halb bitter hieß: »Die schönen Tage in Aranjuez sind nun zu Ende«, mußte ich an diese Szene denken. Ich fotografierte sie im Herbst 1941. Damals waren die Geleitzüge nur von wenigen Eskortschiffen gesichert. Es war die Zeit der großen Siege.

Generalfeldmarschall Rommel z. B. 50000 Gefangene macht, können sie ohne Schiffe keine neuen Truppen auf diesen Kriegsschauplatz bringen. Diese Beispiele zeigen, welche Bedeutung die U-Boote mit der Vernichtung des feindlichen Handelsschiffsraumes haben. Die Angelsachsen können nur auf dem Meere besiegt werden. Der Führer hat vorgesorgt. Alle Rohstoffe werden für den Bau von U-Booten verwendet. Überall an der Atlantikküste haben wir unsere bombensicheren U-Boot-Bunker. Wir werden die große auf uns gesetzte Hoffnung restlos erfüllen. Es gibt kein Unmöglich für uns! Wir werden versenken und nochmals versenken! Jeder von uns kann nicht auf einem U-Boot fahren, dort wo man steht, hat man seine Pflicht zu tun. Wir alle haben die Verpflichtung, an dieser gewaltigen Aufgabe mitzuarbeiten. Wir werden zeigen, daß die Hoffnung, die das deutsche Volk auf die U-Boot-Waffe setzt, sich erfüllen wird. Wir werden dafür sorgen, daß der Versenkungsstrom nicht abreißt. Unsere Boote werden den Feind an allen Stellen packen, wo sie ihn treffen! Wir werden zeigen, daß es geht. Jeder der zur U-Boot-Waffe gehört, muß seinen Platz, wo er hingestellt wird, unbedingt voll ausfüllen. Dies ist notwendig, weil sonst das Ganze nicht leben kann. Jeder muß wissen, daß er durch keinen anderen ersetzt werden kann. Jeder muß fanatisch sein, halbe Kerle können bei unserer Waffe nichts leisten! Später werden alle einmal stolz sein, der U-Waffe angehört zu haben. Mit Stolz wird er seinen Kindern davon berichten, daß er bei dieser größten Entscheidungsschlacht, die jemals auf allen Ozeanen ausgetragen wurde, mit dabei war. Wir sind selbstbewußt, aber nicht überheblich, wir wollen freudig und frisch sein; doch wenn es darauf ankommt, hart und unerbittlich!«

Der Krieg der Propaganda

Typisch für die Augenwischerei mit Erfolgsmeldungen ist eine groß aufgemachte Notiz, die der ›Illustrierte Beobachter‹ am 18. Juni 1942 brachte:
»Vom 15. Januar bis 10. Juni wurden in den atlantischen und amerikanischen Küstengewässern 377 feindliche Schiffe von uns versenkt«, heißt es da. Um was für Schiffe es sich handelte, wurde dem Volk nicht verraten. Für Eingeweihte war klar: Wenn keine Bruttoregistertonnenzahlen gemeldet wurden, ließ sich daraus schließen, daß es sich bei den versenkten Schiffen um kleine Einheiten handelte. Wenn große Schiffe versenkt wurden, lautete die Erfolgsmeldung auf Bruttoregistertonnen. Die Zahlen, die in den Zeitungen standen oder aus den Volksempfängern verkündet wurden, mußten auf jeden Fall spektakulär erscheinen.
Die paukende und hämmernde Propaganda entfernte sich immer mehr von der Kriegswirklichkeit. Sie wurde Selbstzweck. Es wurde gelogen, was das Zeug hielt. Alle logen. Auch mancher der Kommandanten hatte begriffen, was die Propaganda brauchte, und sie überboten sich gegenseitig im Hochschätzen der von ihnen versenkten oder nur torpedierten Schiffe. Da hexte sich mancher ein

Die Bugraumbesatzung bei Flaschenbier und Ziehharmonikamusik: Für jede Dampferversenkung gab es damals eine Flasche Bier pro Kopf.

Ritterkreuz an den Hals, das er nach den gültigen Tarifen noch lange nicht verdient hatte. Einer hatte sich gar mit den Brillanten zum ›Eichenlaub mit Schwertern‹, der höchsten Stufe des Ritterkreuzes, dekorieren lassen, obwohl nicht wenige der Dampfer und Kriegsschiffe, die er versenkt haben wollte, noch für die Alliierten schwammen.

Lange nach dem Krieg, als die Archive sich öffneten, kam für die Renommisten, die noch lebten, die Stunde der Wahrheit. Sie hätten sich damit entschuldigen können, daß sie nur getan hatten, was allgemein im Schwange war, das Volk wollte ja betrogen werden, und das Dritte Reich verfügte dafür über hochgradige Spezialisten, wahre Asse im Volksbetrügen. Und mancher Truppenführer – Dönitz nicht ausgenommen – figurierte als willfähriger Zulieferer für die Schwindelmaschinerie des ›Reichsministers für Volksaufklärung und Propaganda‹.

In der Zentrale werden Siegeswimpel ›mit Bordmitteln‹ hergestellt. Sie sollen beim Einlaufen zeigen, wie viele Dampfer das U-Boot versenkt hat. Mit dem Setzen von Wimpeln für versenkte Dampfer hatte der erfolgreichste U-Boot-Kommandant des Ersten Weltkriegs, Kapitänleutnant Lothar von Arnauld de la Perière, begonnen.

Siegreich gegen Einzelfahrer

Für die Besatzungen galt es als Glück, ein einzeln fahrendes Schiff zu entdekken und es stellen zu können. Schnelle – und das hieß meist besonders wertvolle – Schiffe versuchten immer wieder einmal ihr Heil als Einzelfahrer: Sie vertrauten ihrer Geschwindigkeit mehr als der Bedeckung durch Kriegsschiffe und Flugzeuge.
Ein Einzelfahrer, der dem Boot ›gerade richtig‹ über den Weg kam, war für die Besatzung wie ein Geschenk, so aberwitzig das auch klingen mag. Einzelfahrer, das bedeutete ja doch keine Gefahr von Zerstörern oder Flugzeugen, also keine Wasserbomben und keine Fliegerbomben, keine stundenlange Verfolgung – überhaupt keine Gegenwehr.
Versenkte Einzelfahrer bildeten in der Vernichtungsstatistik einen bedeutenden Posten. Das rührte daher, daß der BdU später, als auf den Routen über den Atlantik ›nichts mehr zu holen‹ war, weil die Alliierten ihre Dampfer gegen die U-Boot-Attacken perfekt zu sichern wußten, seine Strategie wieder umstellte und statt auf den Zufuhrkrieg direkt gegen die England ansteuernden Schiffe auf den Tonnagekrieg setzte, das heißt auf die Vernichtung von Schiffen, wo immer man sie treffen konnte.

Zermürbende Schläge?

Eine Ahnung davon, daß der Krieg doch länger dauern könnte, als man nach den Siegen über einen überrumpelten Gegner glaubte, spricht aus der folgenden, am 20. Oktober 1942 notierten Lagebetrachtung der Seekriegsleitung:
»Die Offensive gegen den angelsächsischen Gegner ist z. Zt. nur durch den Seekrieg möglich. Das schärfste Schwert der Seekriegführung Deutschlands ist das U-Boot.
Alle Maßnahmen, die dieses Schwert scharf erhalten, sind vordringlich, ihre Vernachlässigung beeinträchtigt die Wirkung unseres besten Kriegsmittels . . .
Der Kriegsmarine war und ist es in diesem Kriege nicht vergönnt, den Feind mit der ganzen Kraft der Seemacht an seinen Seeverbindungen zu treffen, ihn durch ihre Unterbindung niederzuschlagen und den Krieg dadurch *schnell* zu beenden. Es besteht aber die Aussicht, daß die seeabhängigen Angelsachsen, wenn alle Mittel des Kampfes, der Technik, der Überraschung und der List angewandt werden, aus ihrer beengten Lage nicht wieder hochkommen und durch fortgesetzte zermürbende Schläge niedergekämpft werden.«
Die »fortgesetzten zermürbenden Schläge«, wie sie hier dem Gegner zugedacht wurden, mußte freilich bald die U-Boot-Waffe einstecken.
Noch wurde gesiegt, aber der Tag war nicht mehr fern, an dem sich die beiden Kurven – die für die Versenkungen und die für die Nachbauten auf den Werften der Alliierten – schneiden würden. Dann würde mit *mathematischer Eindeutigkeit* bewiesen sein, daß der U-Boot-Krieg trotz der immer wieder aus den Volksempfängern tönenden Siegesfanfaren tatsächlich verloren war.

Blick vom Achterschiff auf den Wintergarten eines von Feindfahrt zurückkehrenden Boots: Unmittelbar vor der Hafeneinfahrt, als das Boot schon unter dem Schutz der um Saint Nazaire postierten Flak war, durften die ›Unterirdischen‹ nach oben kommen und den Sonnenschein und die reine Luft genießen.

U 96 konnte noch eine besonders lange ›Erfolgsstrecke‹ – so hieß das damals – in Form von neun Siegeswimpeln vorweisen, als es Anfang März 1941 an der Schleusenpier von Saint Nazaire festmachte: Das Boot hatte gemeinsam mit neun anderen Booten westlich Irland und vor dem Nordkanal operiert. Am 16. und 17. Januar hatte U 96, jeweils frühmorgens, die beiden fast gleich großen britischen Passagierdampfer ›Oropesa‹ (14118 BRT) und ›Almeda Star‹ (14935 BRT) versenkt. Am 13. Februar waren ihm in den ›Western Approaches‹ zwei Nachzügler aus dem Geleit HX-106 zum Opfer gefallen, und zwar die britischen Tanker ›Clea‹ (8074 BRT) und ›Arthur F. Corwin‹ (10516 BRT). Am 18. Februar hatte U 96 den ebenfalls einzeln fahrenden Nachzügler ›Black Osprey‹ (5589 BRT) versenkt und am 22. Februar den bereits von einer Focke-Wulf-200 beschädigten Tanker ›Scottish Standard‹ (6999 BRT). Schon tags

Blick durch die Wanten eines Minensuchboots auf ein heimkehrendes U-Boot. Man sieht vorne den Netzabweiser, der bei einigen Booten als Netzsäge ausgebildet war.

darauf, also am 23. Februar, war es U 96 gelungen, aus dem Konvoi OB-288 den britischen Tanker ›Huntingdon‹ (10946 BRT) zu versenken und wiederum nur einen Tag später, am 24. Februar, zwei Schiffe – nämlich die britische ›Sirikishna‹ (5458 BRT) und die norwegische ›Svein Jarll‹ (1908 BRT).
Alle diese Schiffe hatte U 96 in den Seegebieten südlich Island und westlich Irland versenkt – also dort, wo sich der Verkehr der Schiffe, die aus dem Nordkanal kamen oder ihn ansteuerten, bündelte.

Was Wunder, daß angesichts solcher Resultate den U-Boot-Fahrern der Kamm schwoll, die Besatzungen sich als meerbeherrschende Piraten fühlten, sich ›Freikorps Dönitz‹ nannten, und die Führung *tatsächlich* glaubte, das Weltreich Großbritannien mit U-Booten zu Boden ringen zu können.

Auf dem Vordeck ist die seemännische Freiwache zur Musterung vor dem Einlaufen angetreten. Auf dem Achterdeck die Maate der Freiwache und die Freiwache des technischen Personals.

Wann immer ich nur konnte, war ich auf der Pier, wenn Boote von Feindfahrt zurückkamen und lautlos mit nur geringer E-Maschinenfahrt herantrieben. Das Bild der Brückenbesatzung, mit der weißen Mütze des Kommandanten als höchstem Punkt, hatte für mich etwas Imposantes.
Bei dem Brückeneinblick auf dem Bild oben sind alle Einrichtungen der Brücke zu erkennen: ganz vorn die Kreiselkompaßtochter, daneben der zylindrische Schacht für das Luftzielsehrohr, inmitten der Brücke der UZO auf seiner mit einem Gradkranz versehenen Säule. Dahinter die Versenkung für den ausfahrbaren Funkpeilrahmen. Linkerhand vom Kommandanten ein weiterer Kreiselkompaß und die beiden 2-cm-Maschinenwaffen.
Die schmalen Wimpel auf diesen Bildern sind ›Kommandantenwimpel‹ – Belege maritimer Tradition. Diese Wimpel, die dicht am Flaggstock ein Eisernes Kreuz zeigen, bedeuten, daß ein Seeoffizier Kommandant des Boots ist. Würde ein Feldwebel Kommandant sein, würde das Boot diesen Wimpel nicht führen.

Die aus den Konvoischlachten im Nord- und Mittelatlantik glücklich zurückgekehrten Boote wurden, ehe sie unter den dicken Betondecken der U-Boot-Bunker Schutz fanden, in der Schleuse des Stützpunkthafens festgemacht.

Wenn die Schleusentore geschlossen waren, lagen die U-Boote mit abgestellten Maschinen wie gefangen im Schleusenbecken. Eine fatale Lage: Gegen Attacken von Tieffliegern – ›Thunderbirds‹ oder ›Lightnings‹ – wären sie ein regloses Ziel gewesen.
»Die Tommies sind doch dusslig«, sagten wir damals, »die könnten uns doch hier mit links wegputzen!« Aber es hat zum Glück für die Boote lange gedauert, bis britische Flugzeuge ein Boot in der Schleuse angriffen. Auch, daß sie die Bunker erst dann bombardierten, als sie fertig und mit ihren acht Meter dicken Betondecken nahezu unverletzlich waren, wollte uns nicht in den Kopf. Wir vermuteten: »Bei denen klappt der Laden eben genauso wenig wie bei uns!«

HUILES
RENAULT
MARINE

Strahlende Sieger und geordnete Szenen, wie sie der Dienst gebietet, auf den Brükken der heimkehrenden Boote: Die Rudergänger stehen, wie es sich gehört, hinter dem Brückenkompaß, auf der anderen Seite die Obersteuermänner als Wachhabende.

Orden und Rituale

Die Ordenssucht war ein fester Posten im Kalkül der Führung. Hatte einer das Ritterkreuz, so wurde für neue ›Halsschmerzen‹ gesorgt. Die nächst höhere Stufe lockte: das Eichenlaub zum Ritterkreuz. Hatte er sich auch das ›zusammengeschossen‹, gab es als nächste Stufe die Schwerter zum Eichenlaub. Wenn so einen der Ehrgeiz ritt, konnte es sein, daß er aus den ›Halsschmerzen‹ gar nicht mehr herauskam. Schließlich gab es als besondere Rarität den Halsorden mit Eichenlaub, Schwertern und dazu noch Brillanten. Brandi trug das feine Ding – auf Grund seiner viel zu hohen Schätzungen der Tonnage der von ihm als versenkt gemeldeten Schiffe.

»Gut machen! Belobigt werden! Wenn einige zurückkamen, wurden sie gelobt, der BdU hörte sie an, es gab Berichte, der Wehrmachtbericht tönte, Orden wurden verteilt. Je höher der Orden, desto sicherer die baldige Vernichtung. Auf Orden war kein Ausruhen, die Lorbeeren waren tödlich.« Michael Salewski: Von der Wirklichkeit des Krieges

Ich wage nicht, mir vorzustellen, wie viele U-Boot-Leute absaufen mußten, nur weil ihr Kommandant vom Teufel Ehrgeiz geritten wurde. Unter den Besatzungen ging die Rede um: »Nur ja keinen Kommandanten mit Halsschmerzen!« Bestimmte Kommandanten, von denen es sich herumsprach, daß sie keine hatten und nicht blindwütig angriffen, galten als ›Lebensversicherung‹: Bei den Besatzungen hielt sich die Ordenssucht in Grenzen.

Der ›Paukenschlag‹

Vom 11. Januar bis 7. Februar 1942 lief die Operation ›Paukenschlag‹, die massierte Attacke gegen die amerikanische Schiffahrt vor der Ostküste Amerikas.
Die Kommandanten nannten diesen Einsatz gegen einen in der Abwehr noch gänzlich ungeübten Gegner mit keckem Sarkasmus ›Hasenschießen‹. Ihre Boote konnten gar nicht schnell genug nach der Neuausrüstung wieder seeklar werden. An der amerikanischen Küste gab es schließlich Orden zu quasi herabgesetzten Tarifen. Tonnagebeute war jetzt, weil die Amerikaner wie im tiefsten Frieden vor ihrer Küste herumschipperten, billig zu haben – viel billiger jedenfalls als aus den stark geschützten Konvois auf den Nordatlantikrouten.

»Kaum zu begreifen, wie dumm die Kerle sich anstellen«, sagten die U-Boot-Kommandanten von den amerikanischen Kapitänen.
Lange blieb das nicht so. Als die Amerikaner den ersten Schock überwunden hatten, fuhren sie auch im Geleit und ließen ihre wertvollen Dampfer von den hart gedrillten Besatzungen ihrer Fregatten und Korvetten schützen.
»Die Seegebiete vor der amerikanischen Ostküste sind nicht mehr fruchtbar«, konstatierte Dönitz und spürte dabei wohl nichts von der grauenhaften Sinnverkehrung des Adjektivs ›fruchtbar‹.
In der Zeit vom Juli 1942 bis Mai 1943 wurde die Niederlage der U-Boote, die sich schon im Winter 1941 angekündigt hatte, deutlich.
Die Konvois der Alliierten blieben mit ihren starken Sicherungen aus Luft- und Seestreitkräften gegen die Wolfsrudel Sieger, so zäh diese auch einen einmal

Solange Dönitz mit seinem Stab noch an der Atlantikküste im ›Sardinenschlößchen‹ bei Lorient residierte, kam er, wenn sich einer ›seiner‹ Kommandanten das Ritterkreuz verdient hatte, zum Bootsempfang. Mit Orden und Händedruck wurden die Kommandanten zu immer rigoroseren Einsätzen angespornt.

aufgespürten Konvoi angriffen. Zwar gab es zeitweilig auch immer einmal wieder für die U-Boote erfolgreiche Konvoischlachten – so vor allem im März 1943 –, aber die Gesamtbilanz wurde für die U-Boote mehr und mehr desaströs: Die Alliierten hatten die Löcher im Luftschirm über dem Atlantik schließen können und mit dem 9-cm-Radar ein für die U-Boote vernichtendes Suchgerät gefunden.

Danach wirkten alle Versuche, die Dönitz unternahm, um das Blatt noch einmal zu wenden, nur mehr wie die unsicheren Reaktionen eines schwer angeschlagenen Boxers. Alle Intiative ging jetzt vom Gegner aus. Die U-Boot-Waffe war stumpf geworden.

Mit ›weitgestreuten Operationen‹ wurden in dieser Zeit – bis Mai 1944 – nur mehr Scheinerfolge erzielt, das heißt, es wurden zwar noch Schiffe in entfernten Seegebieten versenkt, auf den Geleitzugsrouten im Nordatlantik und auf der Gibraltarroute von Freetown zum Nordkanal fuhren die Dampfer aber wie nach Fahrplan hin und her – also von U-Booten gänzlich unbehelligt.

Solche in Reihe angetretenen ›Ehrengarden‹ entsprachen dem Wunschbild der U-Boot-Fahrer nur selten. Obwohl bei vielen die Freude über Heimkehr und Blumen groß war, schaffte sich bei manchen ein merkwürdiger Haß auf die ›Daheimgebliebenen‹ Platz. Nicht jeder bejubelte die Rückkehr – und wenn die ›Ehrenjungfrauen‹ gar das Partei-

abzeichen trugen, tröstete sich mancher lieber mit Bier und Cognac. Verordneter Frohsinn und ›Heimkehrerglück‹ waren im Grunde verpönt.

Viele U-Boot-Fahrer konnten sich – wie die Vietnamkämpfer unserer Tage – nach den Atlantikschlachten nur schwer wieder zurechtfinden.

Die Niederlage auf dem ›eigentlichen‹ Schlachtfeld der U-Boote, dem Atlantik, wußte die Führung nicht nur zu bemänteln, sondern propagandistisch geschickt als ein Ausdehnen des U-Boot-Kriegs in alle sieben Meere darzustellen.
In den entfernten Seegebieten, in denen die U-Boote jetzt auftauchten, um Beute zu machen, gab es für die Dampfer keine Eskortschiffe, und es gab für sie auch kaum Schutz aus der Luft. Die Versenkungen, die als schwere Schläge gegen die Schiffahrt der Alliierten hinausposaunt wurden, wirkten sich natürlich nicht unmittelbar auf die Kriegsführung der Alliierten und schon gar nicht auf die Versorgung der Britischen Insel aus. Was da großsprecherisch die Beherrschung der Meere durch deutsche U-Boote suggerieren sollte, war in Wirklichkeit nur ein Ausweichen. Aber die Propagandamühlen konnten ohne Pause weiterlaufen. Fürs Volk waren ja Bruttoregistertonnen gleich Bruttoregistertonnen – niemand fragte danach, ob die versenkten Dampfer schrottreife Veteranen waren, die von einer Karibikinsel zur anderen schipperten, oder ob es moderne Tanker mit Flugbenzin für die Britische Insel waren.

Vorhergehende Doppelseite: Der überglückliche Kommandant von U 454 bei seiner Rückkehr in den Stützpunkthafen Saint Nazaire. Am 1. Oktober 1943 wurde sein Boot durch Fliegerbomben nordwestlich von Kap Ortegal versenkt.

Links: Der Signalgast von U 552, genannt das ›Rote-Teufels-Boot‹, gibt vor dem Einlaufen, hoch hinaus auf Brückenverschanzung und Sehrohrbock gestellt, das V-Zeichen. Es bedeutet: »Verstanden«. Hier wird damit ein Winkspruch von der Hafensignalstelle quittiert: Das Boot darf in die Schleuse einlaufen.

Rechts: Dem einlaufenden ›Rote-Teufels-Boot‹ ist eine Barkasse entgegengefahren und hat Champagner an Bord gebracht: Die Brückenbesatzung kann auf glückliche Heimkehr anstoßen. U 552 hat ›eine große Strecke gemacht‹ – damit waren nicht zurückgelegte Seemeilen, sondern versenkte Dampfer gemeint. Der Marinekriegsberichter, der mitfuhr, spricht mit dem Kommandanten Erich Topp den letzten Rundfunkbericht von dieser Reise. Topp hat sich mit einem ›Pfeifenbändsel‹, einer seemännischen Spielerei, geschmückt.

Einzelne Boote trugen außer ihrem Flottillenabzeichen – für die 7. U-Boot-Flottille war das zum Beispiel der schnaubende ›Stier von Scapa Flow‹ – noch besondere Bootsabzeichen. Berühmt wurde der lachende Sägefisch von U 96, das Hufeisen von U 99 und die beiden fackeltragenden roten Teufel von U 552. In den letzten Kriegsjahren mußten diese Zeichen übermalt werden, damit die Boote nicht so leicht identifiziert werden konnten.

So läuft das große Ritual im Schleusenbecken ab: Der Flottillenchef baut sich ganz vorn an der Pier auf und hebt die Brust:
»Wir grüßen die Kameraden von U fünfhundertzwoundfünfzig. Den Kameraden von U fünfhundertzwoundfünzig ein dreifaches Hurra! Hurra! Hurra!«
Die Hurras hallen endlos nach. Die Offiziere auf der Pier legen die Hand an die Mütze. Der Kommandant grüßt unwirsch zurück und faßt ostentativ den Damenflor ins Auge. Endlich ist das Boot vorne fest. Vorleine und Spring geschoren. Auch Achterleine und Achterspring werden festgemacht. Der I WO pfeift zwomal kurz: »Rührt euch!« Der Kommandant ruft in die Zentrale hinab: »Boot ist fest! Maschinen fertig! Begrüßung auf dem Oberdeck!«
Der I WO und der Leitende Ingenieur melden dem Kommandanten: »Erste Division zur Musterung angetreten!« – «Maschinenpersonal und technisches Personal zur Musterung angetreten!«
Der Kommandant tut so, als mustere er die Leute. Dann nimmt er Abstand, so gut das auf dem engen Deck geht, ruft: »Besatzung stillgestanden – Augen rechts!«
Der Flottillenchef balanciert über die Stelling und kommt die Steigeisen am Turm heruntergeturnt. Der Kommandant macht Meldung:
»Melde gehorsamst, U fünfhundertzwoundfünfzig von Feindfahrt zurück!« Händedruck und weiter im Programm . . .

Der Kommandant von U 552, Erich Topp, fährt das Anlegemanöver selber. Das Boot hat von der Spitze des halb ausgefahrenen Sehrohrs gleich drei Flaggleinen ausgebracht, auf denen sämtliche Siegeswimpel des Boots flattern. So ein Bild bietet sich nur selten – nämlich nur dann, wenn der Kommandant mit einem höheren Orden ausgezeichnet wurde.

Der Flottillenstab auf der Schleusenpier ›in vollem Wichs‹ zum großen Empfangsritual angetreten – ein trist martialisches Bild, aber wie geschaffen für einen großen Schwenk der Filmkameras.

Der Lohn der Angst: immer höhere Orden und Beförderungen. Erich Topp, Kommandant von U 552, zweimal zur Ordensverleihung beim ›Führer‹ im Führerhauptquartier Wolfsschanze. Auf dem oberen Bild bekommt Topp als Kapitänleutnant das ›Eichenlaub‹ (April 1942). Im Hintergrund der Kommandant von U 123, Kapitänleutnant Reinhard Hardegen, ›Paukenschläger‹ genannt, der ebenfalls das ›Eichenlaub‹ erhält, und der Marineadjutant des ›Führers‹, Karl-Jesco von Puttkamer.
Auf dem unteren Bild bekommt Topp als Korvettenkapitän die ›Schwerter‹ (August 1942) »aus der Hand des Führers«, wie es damals pathetisch aus den Volksempfängern tönte.

Freiwillige ›Freiwillige‹?

Dönitz verstand es über die Maßen gut, seiner Truppe den Nimbus einer Elite zu geben. ›Seine‹ U-Boot-Männer galten als Lieblingssöhne des ›Führers‹. ›Ritter der Tiefe‹, allein schon diese Bezeichnung überglänzte den Einsatz der U-Boote mit einem romantischen Licht. Den Ruhm des legendären U-Boot-Kommandanten Weddigen und den der neuen Asse setzte die Führung weidlich für ihre Propaganda und die Rekrutierung des Nachwuchses ein.

Viele können es nicht fassen, daß Dönitz bis zum Ende des Kriegs sich über einen Mangel an ›Menschenmaterial‹ für die U-Boote nicht beklagen konnte. Die U-Boot-Besatzungen konnten sich tatsächlich bis in die letzten Kriegsjahre hinein aus sogenannten ›Freiwilligen‹ rekrutieren.
Waren es aber wirklich Freiwillige? Waren es nicht etwa Verführte? Die Kinder, die dem Rattenfänger von Hameln folgten, liefen die ihm freiwillig nach?

In Amerika bin ich während einer Fernsehsendung mit Vorwürfen so heftig eingedeckt worden, als hätte *ich* die jungen Leute auf die U-Boote gelockt. Ich mußte mir die schlimmsten Verdammungen der U-Boot-Fahrer anhören: »They have volunteered to kill allied sailors ...« Sie hätten ihren schauerlichen Tod in den Tiefen der Meere alle sattsam verdient. Als Freiwillige auszufahren, um auf See zu killen, sei ein krimineller Akt.
Ich habe damals der Suada entgegengehalten: Freiwillig, das kann doch nur heißen, daß man sich frei entscheiden kann, ob man sich hinter einen Bankschalter oder an ein Montageband stellen oder auf einem U-Boot Kriegsdienst leisten will. Wenn aber einer ohnehin für die Marine gemustert und zu den Minenräumern oder den Vorpostenfahrern eingezogen war und an die Wand gestellt worden wäre, wenn er nicht pariert hätte – und wenn man den dann nach zwei, drei Jahren mit allen nur erdenklichen Mitteln der psychologischen Beeinflussung so weit gebracht hatte, daß er lieber bei einer Elitetruppe, der U-Boot-Waffe, sich die schönen Orden und das als ›bester Dosenöffner‹ gerühmte U-Boot-Kriegsabzeichen verdienen wollte, als auf Minenräumbooten oder Vorpostenbooten seine Haut zu Markte zu tragen – war der dann etwa ein Freiwilliger?
Wie der Dienst auf den U-Booten tatsächlich aussah und wie viele U-Boote jeden Monat absoffen, hatte ihnen ohnehin niemand verraten. Genauso wie die Menschen daheim wußten die unbedarften Jünglinge und die halben Kinder doch nur, daß die U-Boote ›glanzvoll siegten‹. Nur auf den Flugblättern, die von alliierten Fliegern abgeworfen wurden, stand zu lesen, wie kurz die Lebenserwartung eines U-Boot-Fahrers im vierten Kriegsjahr geworden war – nämlich »62 Tage«. Aber wer bekam schon so ein Flugblatt in die Hände? Auf seinen Besitz schon standen schwere Strafen.

Es gab bei der Heimkehr keine Empfangszeremonien mehr. Auf diesem Bild sieht die Besatzung schon eher nach einer Horde vergammelter Jugendlicher als nach einem soldatischen Verband aus. Im Verlauf des Kriegs war die U-Boot-Waffe so schnell ausgeblutet, daß die Besatzungen immer jünger wurden.

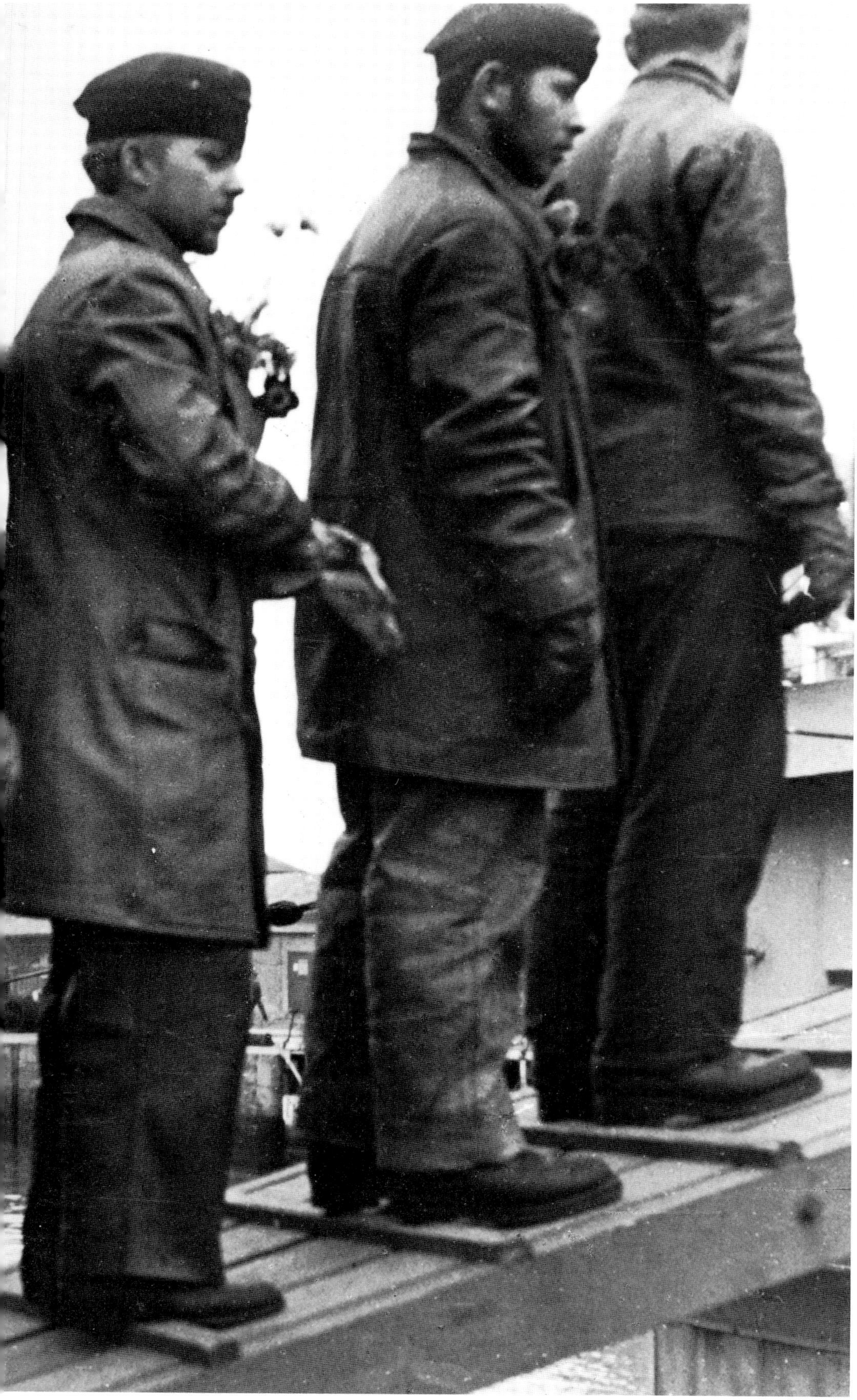

Eher zum Erbarmen als zum Bewundern sahen die halben Kinder aus, wenn sie sich in ihren zu großen Seestiefeln und zu großen ›Lederpäckchen‹ über die Stelling auf ihr Boot schoben. Bei ihrem Anblick mußte ich denken: Gut, daß die Alliierten diesen Kindergarten nicht zu sehen bekommen! Wenn die wüßten, mit was für Kerlchen die U-Boote bemannt werden . . .

Die ›Blüte der Nation‹

Als ich nach dem Krieg hörte, daß der unglückselige Kommandant von U 110, Julius Lemp, als er die ›Athenia‹ versenkte, erst Mitte zwanzig war, sah ich mich kurz danach in einem Kreis gleich alter Jünglinge um und stellte mir einen nach dem anderen im Lederzeug der U-Boot-Fahrer vor...
Just solche Milchgesichter, wie ich sie um mich hatte, waren es, die die alten Handelsschiffkapitäne und die langgedienten Ingenieure der Konvoidampfer das Fürchten lehrten. Mein eigener Sohn hätte mit seinen 36 Jahren zu den ›Steinalten‹ gezählt, den ›Großvätern auf der Brücke‹. Mein ›Alter‹, der Kommandant von U 96 also, zählte 32 Jahre und galt damals als uralt. Einer der ältesten war er tatsächlich. Im Alter meines Sohnes war er dann Flottillenchef.
Man muß sich immer wieder vorhalten, wie jung die Besatzungen der U-Boote waren: lebensunerfahrene Jünglinge, halbe Kinder noch. Mir unterlief es einmal, daß ich Fotos von bartlosen, an Oberdeck angetretenen U-Boot-Fahrern falsch deutete – nämlich als zu einem *auslaufenden* Boot gehörig. Es handelte sich aber in Wirklichkeit um ein von Feindfahrt *zurückkommendes* Boot, und die Burschen auf meinem Bild hatten nur keine Bärte, weil sie so jung waren, daß ihnen noch keine wuchsen.

Das war sie nun, die ›Blüte der Nation‹, die das ›rotte Albion‹ von allen Zufuhren abschneiden und die Kräfte der Alliierten ›binden‹ sollte.

Wenn mit Eisernen Kreuzen tatsächlich persönliche Tapferkeit hätte ausgezeichnet werden sollen, hätten U-Boot-Fahrer, außer den Kommandanten, nur selten welche bekommen dürfen. Sie hatten sich in ihr Los zu fügen, andressierte Handgriffe auszuführen, die Wasserbombenschrecken zu ertragen und die schlimmsten Todesängste zu erleiden. Um sich mit Heldentaten hervorzutun, hatten sie kaum Gelegenheit.
Ich fragte meinen ehemaligen Kommandanten lange nach dem Krieg: »War Deine Begründung für das EK eins des Schmutts nicht recht merkwürdig?«
»Wieso denn?«
»Du hast das so begründet – vielmehr diese Begründung vorgeschoben: Bei dem Angriff eines Zerstörers mit Wasserbomben sei Wasser über das Kombüsenluk eingeströmt – weil eine Wasserbombendetonation das Luk angehoben habe. Der Schmutt habe sich trotz des Wassereinbruchs entschlossen an das Luk gehängt und es wieder geschlossen.«
»Na und?«
»Der Wasserdruck hätte aber doch das Luk von ganz allein auf sein Süll gedrückt!«
»Da hast Du natürlich recht – aber der Schmutt war schließlich reif fürs EK eins. Immerhin zehn Feindfahrten!«
»Und das reichte nicht?«
»Nein, eine Begründung mußte her! Fürs bloße Durchhalten und Kochen gab's kein EK eins.«
So war es eben: Heldentaten mußten erfunden werden, weil kaum einer aus der Besatzung welche vollbringen konnte.

Drei Boote, zwei davon zur berühmten ›Stierflottille‹, der 7., gehörend, sind bei Niedrigwasser in das Schleusenbecken des Hafens Saint Nazaire eingelaufen. Nur noch eins von drei Booten kann Siegeswimpel vorzeigen: Die Wende in der Atlantikschlacht kündigt sich an.

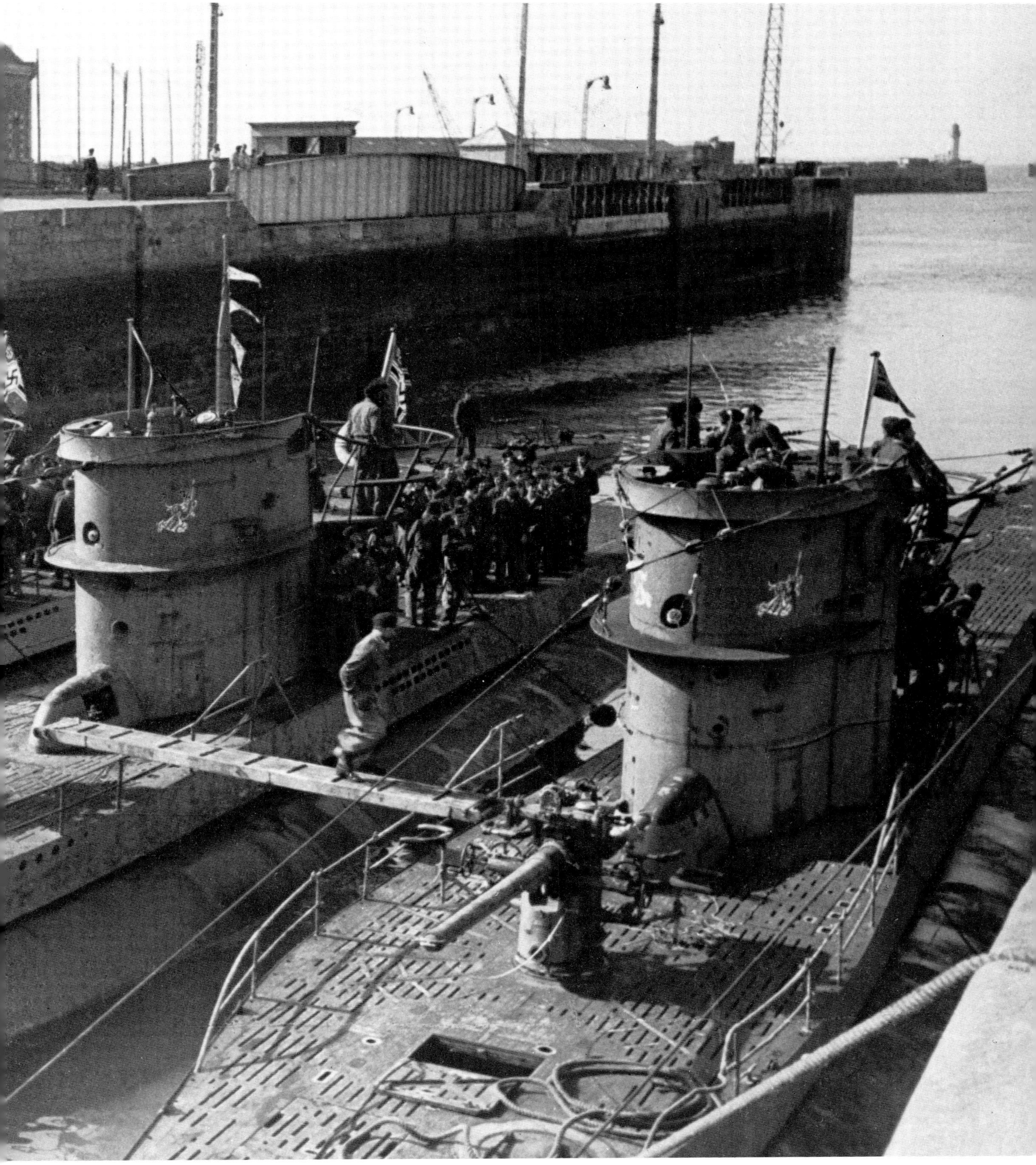

Fahrt ins Desaster 1943

Die Führung tappte, als das Blatt sich im Frühjahr 1943 so plötzlich wendete, lange im dunkeln. Was war passiert? Was für ein Teufelswerk hatte der Gegner ins Spiel gebracht?
Der Atlantik erschien plötzlich wie leergefegt. Es gab keine Fühlungshaltermeldungen mehr. Die Boote suchten und suchten, sie wurden zu immer neuen Suchstreifen formiert, aber sie sichteten nichts.
Dabei war klar, daß der Geleitverkehr über den Atlantik weiterging. Die entsprechenden Meldungen der Geheimdienste lagen ja vor. Immer neue ›Harken‹ wurden gezogen, aber vom Gegner war nichts zu sehen. Es war, als wären seine Schiffe wie unter riesigen Tarnkappen verschwunden.
Kannte der Gegner etwa die Aufstellungen der U-Boote und umging sie in weiten Bögen? War Verrat im Spiel? Konnten die Alliierten etwa *sehen,* wo die Fähnchen für die U-Boote auf den Lagekarten im Stabsquartier steckten?
Wie immer, wenn Fehlschläge zu verzeichnen waren, wurde zuerst an Verrat gedacht. Jeder war ja ohnehin durch die von allen Seiten mahnende Parole »Feind hört mit!« verunsichert.
»Verrat!« und »Sabotage!«. Damit war man in diesem Krieg stets schnell bei der Hand. Auch während der sogenannten ›Torpedokrise‹, die vor allem bei der Landung in Norwegen die Angriffe der U-Boote auf die feindlichen Zerstörer wirkungslos werden ließ, wurde zuerst einmal Verrat und Sabotage vermutet.

Aber wie damals lag auch diesmal die Schuld im eigenen Versagen. Die Alliierten hatten ganz einfach entscheidende Fortschritte in der U-Boot-Abwehr gemacht, die deutschen Entwicklungsstäbe aber hatten nicht gleichgezogen – ja, sie waren weit davon entfernt, den Gegnern Paroli bieten zu können.
»Die müssen ja total geschlafen haben!« empörten sich manche Kommandanten, wenn sie zuviel getrunken hatten. Einen hörte ich quer durch die Messe schimpfen: »Für die Dummheit dieser faulen Säcke müssen wir jetzt büßen. Einen von diesen Brüdern mit an Bord nehmen – das wünsche ich mir schon lange!«

Radar wurde zum Schreckenswort für die deutschen U-Boot-Fahrer, genauer: Flugzeugradar. Daß die Eskortschiffe mit Radar nach über Wasser fahrenden U-Booten suchten, war ja bekannt, aber daß es den Alliierten gelungen war, aus den üblichen schweren und raumbeanspruchenden Radargeräten, wie sie auch auf deutscher Seite im Einsatz waren, mit dem 9-cm-Radar eine Miniversion zu züchten, die ins Cockpit eines Fernstreckenbombers, einer ›Catalina‹ oder einer ›Sunderland‹ paßte, war für die eigenen Ingenieure so überraschend, daß sie

Ein Bild aus dem Sommer 1944. Vom Achterdeck her gesehen wirkt das U-Boot mit seiner verstärkten Flakarmierung ›waffenstarrend‹ und unangreifbar. Die zwei 20-Millimeter-Schnellfeuer-Doppellafet-

ten und die 37-Millimeter-Kanonen hatten zwar eine respektable Feuerkraft, aber sie hatten auch Handikaps: Die Bewegungen der See waren beim Zielen nur schwer auszugleichen, und direkt nach vorn konnte nicht geschossen werden. Wenn eine Maschine das Boot mit einem sehr tiefen Anflug direkt von vorn überraschte, war es deshalb fast wehrlos.
Auf diesem Bild warten die Geschützbedienungen – im Hintergrund mit der Pudelmütze der Kommandant – auf den neuen Angriff eines britischen Jagdbombers, der das Boot schon einmal angenommen hat. In der Situation, in der sich das Boot befindet – auf Flachwasser vor der Küste –, ist die verstärkte Flakarmierung von Nutzen: Das Boot kann nicht mehr tauchen.

völlig perplex reagierten, als eines dieser Geräte aus einem bei Rotterdam abgeschossenen Bomber geborgen wurde. Offenbar hatten sie nicht einmal an die Möglichkeit einer solchen Konstruktion gedacht. Die alte Überheblichkeit hatte sie daran gehindert, in die richtige Richtung zu denken.
›Opfergang‹ hieß der strategisch absolut unsinnige, mörderische Einsatz der Boote, die ihres wichtigsten Schutzes, ihrer Unsichtbarkeit, beraubt worden waren. Auch noch in der dunkelsten Nacht wurden sie bei Überwasserfahrt mit Radar von feindlichen Flugzeugen aufgespürt. Erst im letzten Augenblick, wenn sie schon fast über dem georteten Boot waren, schalteten die Piloten die neu erfundenen Leigh-Scheinwerfer an und klinkten, wenn sie das überraschte Boot sicher im Visier hatten, ihre Bomben aus. Noch in der Biskaya, also weit weg von den Operationsgebieten, wurde ein Boot nach dem anderen bei nächtlichen Überfällen aus der Luft versenkt.

Die zweite große, für die U-Boote verheerende Innovation der Alliierten nach dem 9-cm-Radar hieß ›Huff Duff‹ (High Frequency Direction Finder).
Beide verwandelten das Gesicht der Atlantikschlacht ganz und gar. Es gab genug Kommandanten, die zumindest ahnten, welche Teufeleien die Alliierten gegen die U-Boot-Pest gefunden hatten, aber offenbar wurden alle Hinweise bei ihren Berichterstattungen, auch die dringlich vorgebrachten, als faule Entschuldigungen für zu wenig Erfolge abgetan – nach dem Motto: ›Weil nicht sein kann, was nicht sein darf . . .‹
In den Augen des BdU durften die Engländer einfach keine Möglichkeit haben, die beim Geleitzugskampf notwendigen Kurzsignale der Boote direkt von den Geleitzugsdampfern aus – also ohne den Umweg über Landstationen – in Sekundenbruchteilen einzupeilen.

»Genauso absurd wäre ihnen ⟨den deutschen Stäben⟩ die Behauptung erschienen, der Gegner könne die eigenen Schlüssel knacken.
Und dennoch hatten die Briten auch das geschafft. Viel später, Jahrzehnte nach dem Krieg erst, kam alles nach und nach ans Tageslicht (vieles bleibt auch heute noch dunkel) – nun setzte Kopfschütteln ein. Warum war man damals, 1942/43, mit Blindheit geschlagen gewesen? Warum hatte man die Funkpeiler an Bord der gegnerischen Schiffe offensichtlich gar nicht gesehen? Wieso war man nicht dahintergekommen, daß die deutsche Schlüsselmaschine für die Alliierten schon lange kein Geheimnis mehr war?« Michael Salewski
Der U-Boot-Krieg der Deutschen wurde – zum Unglück für die Besatzungen – im Grunde wie ›anno Tobak‹ geführt. Ohne viel Wissenschaft, ohne viel Forschung im technischen und elektronischen Bereich, ohne viel Ahnung von moderner Organisation der Kriegführung – dafür aber mit viel Überheblichkeit und geradezu unerschütterlichem Vertrauen auf den Wert der sogenannten soldatischen Tugenden.

Zugegeben: Noch 1942 erkämpften die U-Boote gegen gut gesicherte Geleitzüge erstaunliche Siege. In überschwenglichen PK-Berichten wurden sie als »gewaltige Sensenschläge« und »reiche Dampferernte« gefeiert.
Mit den Erfolgsziffern konnte der BdU renommieren. Von den während der Geleitzugskämpfe abgesoffenen Booten sprach niemand. Sie wurden nur als

Posten in den Statistiken behandelt, die ›Nachlaßregelung‹ wurde auf dem vorgeschriebenen Dienstweg ›abgewickelt‹. Das Schicksal der einzelnen U-Boot-Fahrer erschien bedeutungslos – wie immer.
Nur einmal spürte ich, als ich für eine Weile im Stab des BdU zu arbeiten hatte, so etwas wie Mitleid mit den abgesoffenen U-Boot-Fahrern durchbrechen. Aber da war es schon ein Jahr später und das Blatt *hatte* sich bereits gewendet: Ich saß, von der Arbeit erschöpft, allein in der Messe, als der Erste Admiralstabsoffizier, ein zierlicher, asketisch wirkender älterer Mann, auftauchte und sich zu mir kleinem Leutnant gesellte. Er hatte, das merkte ich sofort, getrunken. Und das löste ihm jetzt die Zunge. Zu meiner bassen Verwunderung hörte ich ihn sagen: »Man würde glatt zum Trinker, wenn man jedes Mal, wenn ein Boot ableibt, einen zur Brust nehmen würde!«

Es war das schlimmste Jahr, und im schlimmsten Jahr der schlimmste Monat: Mai 1943. Ein Boot nach dem anderen meldete sich auf die dringenden Funkanfragen hin nicht mehr. Die Heimsuchung, vor der sich mancher in der Zeit der leichten Siege gefürchtet hatte, traf jetzt die U-Boot-Waffe mit aller Wucht. Die Verluste waren so groß, daß einen nur schaudern konnte: Im Mai 1943 – also in einem einzigen Monat – gingen zweiundvierzig deutsche U-Boote unter. Vierundvierzig Schiffe wurden zu Opfern der U-Boote. Das bedeutet, daß fast auf jeden versenkten Dampfer ein versenktes U-Boot kam.

Was die U-Boot-Fahrer unter der ständigen Bedrohung aus der Luft zu leiden hatten, welche Nervenpein es für sie bedeutete, in jeder Sekunde der Feindfahrt mit Fliegerbomben und vom Flugzeug geworfenen Wasserbomben tödlich bedroht zu werden, kann wohl von keinem, der diese unausgesetzten Strapazen nicht erlebt hat, nachempfunden werden.

Aber es sollte für die U-Boot-Fahrer noch schlimmer kommen: Heftige physische Peinigungen kamen noch dazu, als auf den Booten ›Schnorchel‹ eingebaut wurden. Damit wurden sie zwar von der Angst vor jähen Überraschungen aus der Luft befreit, aber was sie dafür eintauschten, war eine schier ununterbrochene Tortur, zumal dann, wenn nach einem solchen Schnorchelboot von gegnerischen Luft- und Seestreitkräften intensiv gesucht wurde.
Ich kann, um den Schnorchel zu erklären, Dönitz selber sprechen lassen: »Die bisherigen U-Boot-Typen waren durch eine Vorrichtung verbessert worden, die es ihnen ermöglichte, weitaus länger als bisher unter Wasser zu bleiben. Das war der ›Schnorchel‹, ein Luftmast, der aus Sehrohrtiefe über Wasser ausgefahren werden konnte und Frischluft ins Boot holte. Man konnte nun auf Sehrohrtiefe noch mit Dieselmotoren fahren und brauchte nicht unbedingt aufzutauchen, um die Batterien zu laden. Am Kopf des Schnorchels saß ein Schwimmerventil, das sich beim Eintauchen im Seegang automatisch schloß und nach der Welle wieder öffnete. Zwar ergaben sich dabei fürs Trommelfell unangenehme Druckunterschiede, die aber in Kauf genommen werden mußten. Nun, der Schnorchel war eine Übergangsmaßnahme, die uns ein Stückchen weiterbrachte.«
Der Schnorchel, auf dessen ›Erfindung‹ sich Dönitz so viel zugute hielt, obwohl er längst existierte, war nur ein konstruktiv eher jammervolles als passables Hilfsmittel für die U-Boote – eins, um sich zu verkriechen, aber nicht um sich zu wehren. Nur Dönitz verstand es, wieder einmal so zu tun, als hätte er das ›Ei des Kolumbus‹ gefunden, und nun könnte es wieder aufwärts gehen.

Es gibt wenige Fotos, mit denen von Zerstörern oder anderen Eskortschiffen aus die Versenkung eines U-Boots dokumentiert wird. Erfolgreiche Zerstörerkommandanten brauchten offenbar keine Fotobelege. Sie konnten genaue Beobachtungen machen. Von Flugzeugen aus konnte hingegen nicht genau beobachtet werden, ob der Angriff auf ein U-Boot Erfolg hatte. Deshalb wurden in die zur U-Boot-Jagd eingesetzten Maschinen Kameras – zumeist automatische – eingebaut. Dadurch gibt es eine große Zahl von Luftaufnahmen getroffener und sinkender U-Boote. Sie haben nichts mit Kriegsberichterbildern zu tun, sondern sollen nur Erfolg oder Mißerfolg der Maschine dokumentieren. Einzelne Maschinen waren sogar mit Filmkameras ausgestattet.

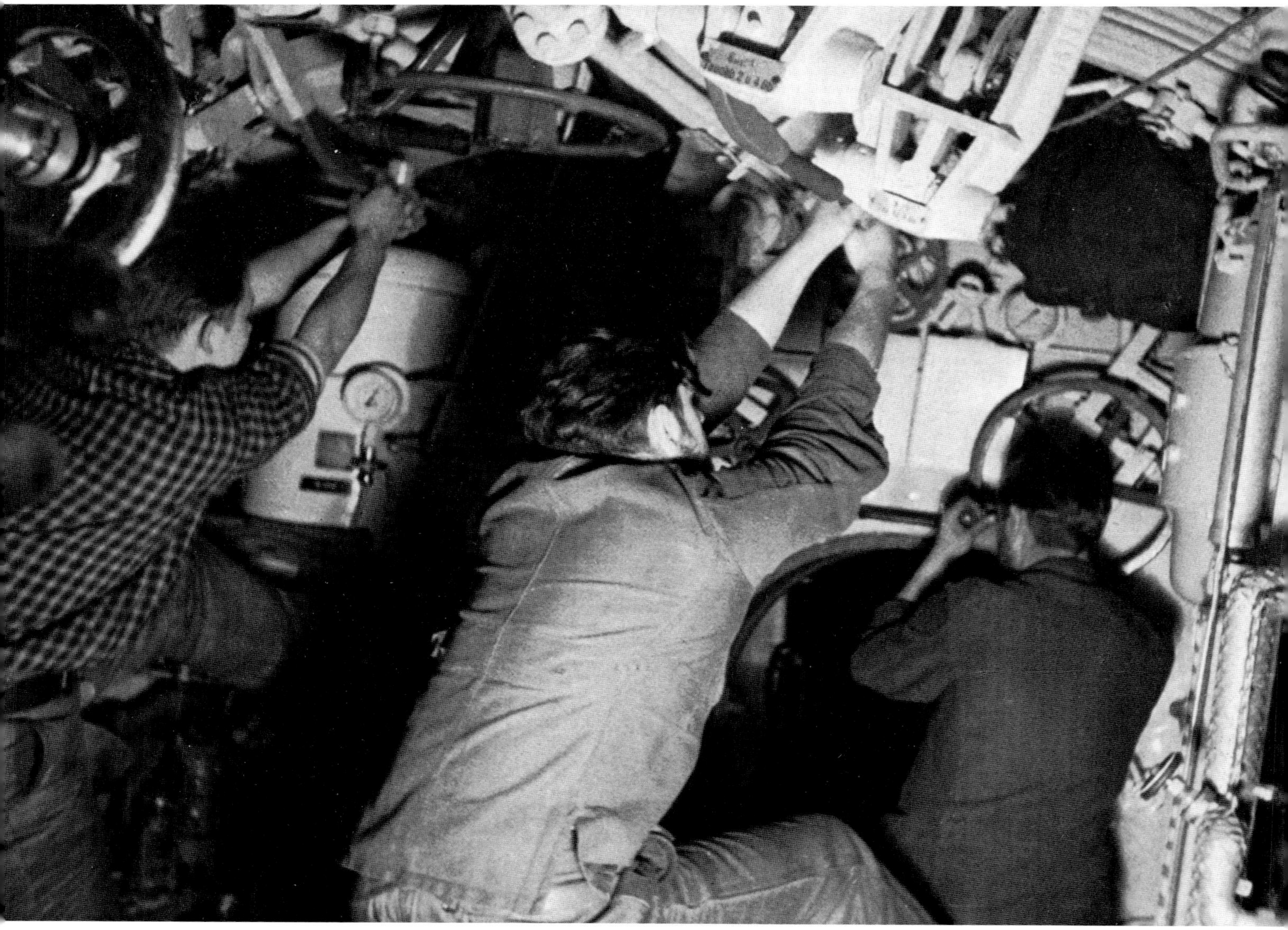

Das schlimmste Handikap der U-Boote blieb – wie manches andere auch – bis zum Ende des Krieges erhalten: Die U-Boote besaßen, waren sie einmal getaucht, nicht die geringste Möglichkeit zur Verteidigung. Die Besatzungen mußten dann vielmehr absolut wehrlos die Attacken und die systematischen Verfolgungsjagden des Gegners erdulden. Sie waren ihm dabei wie auf Gnade und Ungnade ausgeliefert. Ihr Weiterleben konnte davon abhängen, ob der Kommandant das Boot ein paar Meter höher oder tiefer steuerte, ob er Backbord- oder Steuerbordruder befahl – oder im Lärm eines Bombenschwalls mit der Fahrt angehen ließ oder nicht.
Heute dünkt es einen fast schon unglaubhaft, daß es an Bord der U-Boote, wenn sie unter Wasser verfolgt wurden, nicht einmal die einfachsten elektronischen Ortungsgeräte gab, mit denen man die genaue Anlaufrichtung und die Entfernung des Gegners hätte messen können. Die Boote verfügten lediglich über ein Horchgerät, mit dessen Hilfe man aufgrund der Intensität der empfangenen

In der Zentrale bei Alarm: Entlüftung von Tauchzellen. Rechts: Der Leitende Ingenieur bei der Tiefensteuerleitung. Hinter ihm der Kommandant. Das sichtbare Tiefenmanometer ist in Endlage abgeschaltet: Beweis dafür, daß das Boot größere Tiefe angesteuert hat.

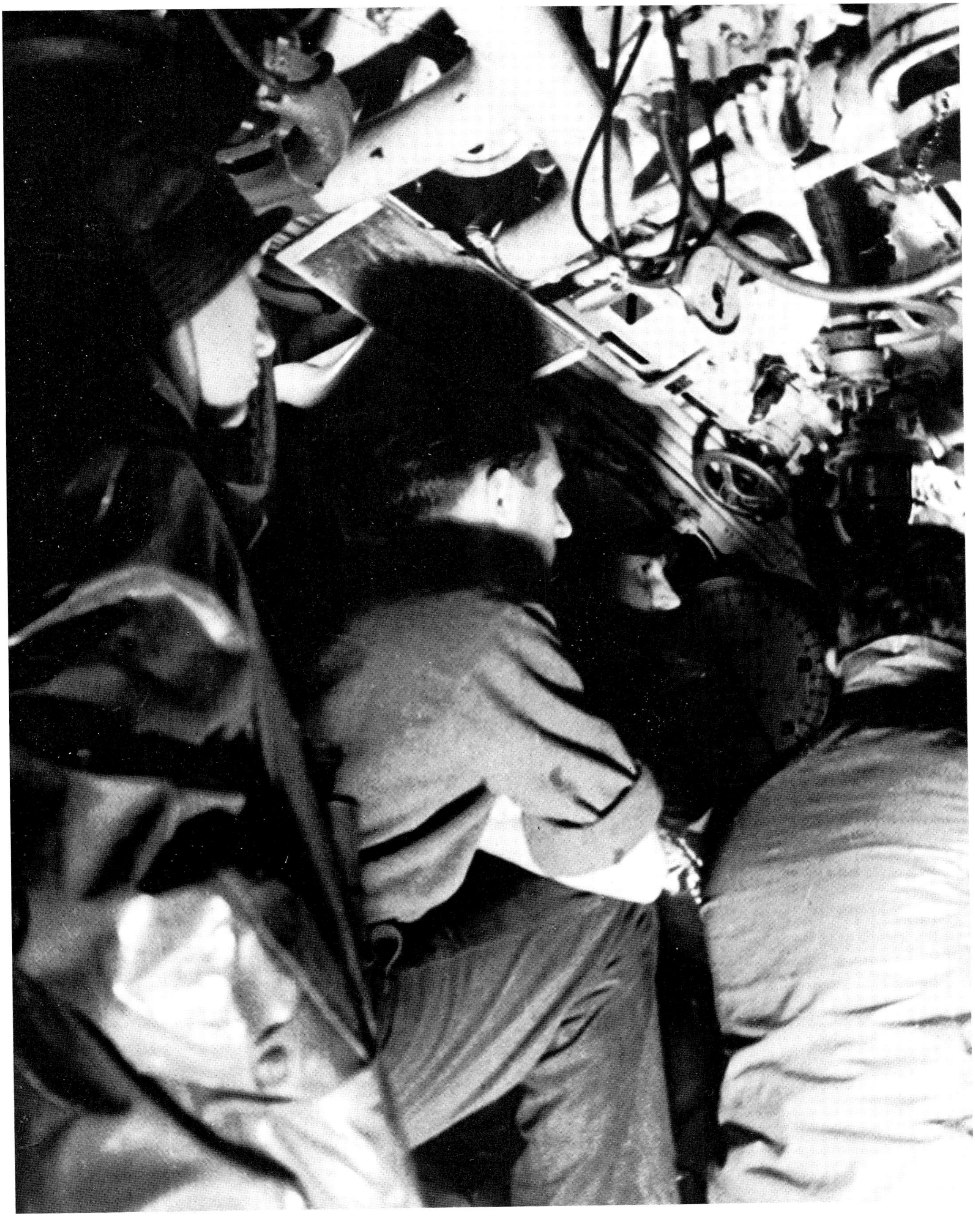

Geräusche Schlüsse auf die Entfernung des Gegners ziehen konnte und aus ihrer Art Schlüsse auf den Schiffstyp: Die schnell laufenden Turbinen eines Zerstörers klangen anders als die Maschinen eines Motorschiffs.
Die Impulse für dieses Gruppenhorchgerät kamen über Membranen, die am Vorschiff des Bootes beidseits angebracht waren. Nur wenige Boote hatten in den ersten Kriegsjahren dazu noch ein aus dem Vorschiff ausfahrbares ›Kristalldrehbasisgerät‹, das wie eine Antenne von Hand im Innern des Boots gedreht werden konnte und eine gewisse Bestimmung der Richtung, in der sich der Gegner befand, ermöglichte.

Bilder vom Kill:
Während des Kriegs bekam man solche Bilder – Dokumente von den Überfällen auf die U-Boote aus der Luft – nicht zu sehen.
Das hier mit Wasserbomben und Bordwaffen von einer sehr tief fliegenden Maschine

attackierte Boot ist wahrscheinlich U 134 unter Kapitänleutnant Brosin. Es wurde am 24. August 1943 in der Biskaya von Flugzeugen versenkt. Das Boot hat den ›doppelten Wintergarten‹ mit der verstärkten Flakarmierung. Da die Brücke und die Abwehrwaffen nicht besetzt sind, ist anzunehmen, daß das Boot gerade tauchen will. Das Flugzeug hat von der Steuerbordseite her angegriffen und eine flach eingestellte Wasserbombe geworfen. Vorn im Bild Einschläge der Bordkanone der abdrehenden Maschine.

Nächste Doppelseite:
Auch dieses Foto, wahrscheinlich aus einer ›Liberator‹ aufgenommen, ist nur als Zielfoto gemacht worden. Es sollte die Wirkung von Bomben und Bordwaffenbeschuß dokumentieren. Den Gegenlichteffekt zur Wirkung zu bringen, hatte der alliierte Pilot gewiß nicht im Sinn.
Von der Brillanz dieses Fotos darf man sich nicht blenden lassen. Es zeigt das Ende eines großen U-Boots vom Typ IX: Der Bombentreffer, der hier dokumentiert wird, liegt so nahe, daß er für die Besatzung tödlich sein muß. Die Flawaffen des Boots sind nicht besetzt – das kann bedeuten, daß das Boot unmittelbar nach dem Auftauchen überrascht wurde oder auch, daß es gerade wegtauchen will. Es ist in jedem Fall wehrlos.

Die Schläge aus der Luft

Ab 1943 hatten die Alliierten die absolute Luftherrschaft über dem Atlantik. Das ›Todesloch‹ für die Konvoifahrer, der ›gap‹, wurde etwa Mai 1943 geschlossen. Jetzt hatte der Gegner eine schützende Decke aus Flugzeugen über den gesamten Atlantik gebreitet. Alle Arten von Flugzeugen stürzten sich auf die U-Boote: landgestützte, trägergestützte und die gefürchteten ›Catalinas‹ und ›Sunderlands‹, Flugboote, die eine Ewigkeit in der Luft bleiben konnten. Es gab keinen Flecken mehr in der Weite des Atlantiks, wo die U-Boote vor einem plötzlichem Überfall aus der Luft sicher sein konnten.
Die Schläge aus der Luft waren die schlimmsten. Bei schlechtem Wetter – und wann ist über dem Mittelatlantik schon mal kein schlechtes Wetter? – waren die Flugzeuge am gefährlichsten, weil sie in Dunst und Wolken erst spät entdeckt wurden. Und wenn die U-Boote bei einem Wasserbombenangriff gerade im Wegtauchen waren, gingen sie fast immer verloren.
Aber schon das bloße Unterwasserdrücken eines auf einen Geleitzug operierenden U-Boots konnten die weite Außensicherung fliegenden Flugzeugbesatzungen als Erfolg buchen: So ein Boot mußte in den meisten Fällen als abgedrängt gelten.
Die U-Boot-Fahrer erfuhren jetzt die Wahrheit des Sprichworts ›Viele Hunde sind des Hasen Tod‹.

Von der deutschen Luftwaffe war nie – oder fast nie – etwas zu sehen. Ich besitze ein Foto, auf dessen Rückseite – von mir geschrieben – »große Rarität« steht. Dabei ist auf dem Foto nicht mehr zu entdecken, als mövenklein eine deutsche Maschine. Es gab in der Nähe unserer Stützpunkte zwar Fliegerhorste, aber Maschinen von diesen Horsten bekam man nicht zu sehen. Ich habe auf See überhaupt nur diese eine einzige Maschine der deutschen Luftwaffe zu Gesicht bekommen.
Über anderen Seegebieten, zum Beispiel über dem Eismeer, gab es Heinkels und andere deutsche Flugzeuge. Aber zur Protektion der Auslauf- und Anmarschwege der U-Boote in der Biskaya gab es praktisch nichts. Die Alliierten übten über die Biskaya die *totale* Kontrolle aus.
Damit sich die Boote gegen die Flugzeuge, wenn sie schon nicht rechtzeitig tauchen konnten, wehren konnten, wurde die Flakbewaffnung der Boote wesentlich verstärkt – auf einem zweiten Wintergarten und bei manchen Booten sogar auf einer Plattform vor dem Turm. Diese Boote wurden ›Flakfallen‹ genannt. Sie trugen bis zu zwei 2-cm-Vierlinge und eine 3,7.
Die Bezeichnung ›Flakfalle‹ sollte sich bald als allzu großspurig erweisen: In die Falle gingen nämlich nicht die britischen Flugzeuge, sondern diese Boote selbst. Die gegnerischen Flugzeuge stellten sich bald auf die ›Flakfallen‹ ein, sie blieben kreisend außerhalb der Reichweite von deren Waffen und holten dafür Zerstörer heran und griffen dann erst in Gruppen mit Bomben und Bordwaffen an, wenn das Boot unbedingt tauchen mußte. Dann war es sogar besonders gefährdet: Wenn es mitten im Tauchen – also mit offenen Flutklappen – bombardiert wurde, war es so gut wie erledigt.

Bild links:
Das Ende eines U-Boots: Ohne daß sich ein einziger Mann retten konnte, versinkt das Boot senkrecht über das Heck in die Tiefe. Etwa zehn Meter von seiner Bugschnauze ragen noch aus dem Wasser. Im Bild das Laufrad einer ›Halifax‹.

Bild rechts:
Das U-Boot, dessen Vernichtung hier dokumentiert wird, ist wahrscheinlich U 563. Das Datum: 31. Mai 1943. Der Ort: südwestlich der Scilly-Inseln. Das Heck des Boots ist beim Wegtauchen aus dem Wasser gekommen. Inmitten des Schaumstrudels ist der achtere Teil der Brücke zu erkennen.

Die Flakfallen haben sich im ganzen nicht bewährt, sie waren eine Fehlentwicklung. Die Zielsicherheit der Flugzeuge war allemal größer als die der U-Boote, deren Waffen ja auf einer *schwankenden* Plattform standen. Zur Bedienung der vielen Flawaffen mußten zudem etwa ein Dutzend Leute mehr als sonst an Oberdeck sein. Wenn aber so viele Leute bei Tauchalarm durch das enge Turmluk einsteigen mußten, verlängerte sich die Tauchzeit erheblich, und das Boot konnte allein schon dadurch in große Gefahr geraten.

Die Piloten setzten allemal auf den Überraschungseffekt. Sie griffen die Boote gewöhnlich mit Fliegerbomben und mit Wasserbomben an. Fliegerbomben hatten Aufschlagzünder, Wasserbomben detonierten in der eingestellten Tiefe.
Die schnellsten Tauchzeiten bei Alarmtauchen waren etwa achtzehn Sekunden, bis das Papenberg-Manometer auf zehn Meter stand. Zehn Meter, das bedeutete: Unterschneiden Oberkante Turm. Wenn mit großer Lastigkeit getaucht wurde, konnte es sein, daß dann das Heck noch über die Oberfläche ragte, als deutliches Ziel für ein angreifendes Flugzeug.
Fatal für die vor Flugzeugen wegtauchenden Boote war es auch, daß der Tauchschwall bei unbewegter See deutlich sichtbar blieb. Die Flugzeuge konnten dann ihre flach eingestellten Wasserbomben direkt in den Tauchschwall werfen. In dieser Situation war das Boot sogar besonders verletzlich, weil die Entlüftungen der Tauchzellen noch offenstanden. Wenn Beschädigungen an den Entlüftungsklappen auftraten, war es nicht mehr möglich, die jeweilige Tauchzelle anzublasen und dem Boot wieder Auftrieb zu geben, jedenfalls nicht mit der betreffenden Tauchzelle. Ein solches Boot mußte dann vertrimmt im Wasser liegen.

Ein U-Boot mit bereits zerstörtem Steven im Hagel der Bordwaffen und Bomben der von Steuerbordseite her angeflogenen Maschinen.

Vergebliches Laborieren

Der Seekrieg war allgemein zu einem sinnlosen Hinsterben gegen eine vielfältige, technisch hochgerüstete Übermacht geworden. Die Gegner herrschten jetzt sogar schon im Küstenvorfeld. Die deutschen Zerstörer, die nördlich von Brest in Landsicht auf ihre britischen Gegner trafen, wurden genauso grausam abgetakelt wie die U-Boote bei ihren Versuchen, die Biskaya zu durchqueren.
Obwohl der U-Boot-Krieg in Wahrheit längst verloren war, bekam das Volk immer noch strahlende Helden vorgeführt. Immer noch tönten die Sondermeldungsfanfaren aus den Volksempfängern, und die Sprecher verkündeten in pathetischem Stakkato absurde Erfolgszahlen. Über die Verluste schwieg man sich aus. Die Metapher ›eiserne Särge‹ kam in den Propagandasendungen nicht vor. Sie wurde aber von den U-Boot-Fahrern selber mit trotzigem Zynismus kolportiert: Jeder kannte sie.
In den Wochenschauen erschienen nach wie vor weiße Wolken von Kesselexplosionen nach Torpedotreffern und gewaltige Rauchfahnen ausbrennender Öltanker. Die Wirklichkeit sah anders aus: Da hinkten zerschundene Boote mit umgefahrenem Sehrohr und vom Rammstoß abgeknicktem Turm, mit zerknautschten Bugschnauzen und weggebombten Achtersteven wie schwimmende Schrotthaufen zurück. Die Besatzungen, die auf den Grätings angetreten standen, waren hohlwangig. Mancher der Männer wirkte wie erstarrt im Staunen darüber, daß er noch einmal davongekommen war.
Einfach nur zurückzukommen, ohne jeden Erfolg, das galt jetzt schon als eine Leistung und als Grund zum Feiern – so wie früher nur Siege gefeiert wurden.

Jedesmal wenn ein Boot aus der Hölle zurückkam, mit dessen Rückkehr schon keiner mehr gerechnet hatte, wartete ich darauf, daß einer der Männer, die sich da knieweich über die Stelling tasteten, niederstürzen würde, um das Pflaster der Pier zu küssen. Aber das verbot der Komment. Der Komment verlangte von den total erschöpften Rückkehrern, sich kaltschnäuzig zu gebärden und so zu tun, als hätten sie eben einen Ausflug hinter sich gebracht. Ihre brennenden Fragen gleich an den Mann zu bringen, nach dem Schicksal ihrer Kameraden zu fragen, sich nach den Booten zu erkundigen, die auf die Aufforderung zur Standortmeldung hin keine Antwort mehr gegeben hatten – auch das verbot der Komment.

Anstatt der immer wieder den U-Boot-Fahrern versprochenen neuen Waffen kamen nur Passivabwehrmittel, zum Beispiel die ›Bolde‹, die ›Aphroditen‹ oder gar kautschuküberzogene U-Boote an die Front.
Die ›Aphroditen‹ waren Wasserstoffballons von einem Meter Durchmesser, an denen Streifen aus Aluminiumfolie baumelten. Diese Ballons waren an Schwimmern festgemacht. Die Aluminiumstreifen sollten die Radarortung der gegneri-

Angriff einer tieffliegenden ›Sunderland‹ mit Wasserbomben. Die Maschine dreht gerade, um ein zweites Mal anzufliegen, während die flach eingestellten Bomben explodieren.

Nächste Doppelseite:
Die letzten Zeichen von der Vernichtung eines U-Boots: Die kleinen schwarzen Punkte im noch schäumenden Schwall des versinkenden U-Boots und im aufgetriebenen Öl sind Köpfe schwimmender Leute der Besatzung. Niemand wird sie retten.
Die Vernichtung ihres Boots geschah aus der Luft in einem kombinierten Angriff von Fernbombern und Flugzeugen des amerikanischen Küstenschutzes.

schen Flugzeuge verwirren und von ihnen statt des U-Boots als Ziel angenommen werden.
Ob sie viel genützt haben, ist schwer feststellbar. »Alles nichts Ganzes und nichts Halbes!« mäkelten die Leute. »Nichts anderes als Faschingsjuxe!« krittelte gar ein Kommandant.

Die ›Bolde‹ waren mit einer Chemikalie gefüllte Pappkartuschen, die durch ein eigens eingebautes Ausstoßrohr aus dem getauchten Boot heraus nach außen befördert werden konnten. Die Füllung löste sich sofort im Salzwasser auf und reflektierte die Ortungsstrahlen, mit denen der Gegner nach dem Boot suchte, auf ähnliche Weise wie ein Boot. Im ›Schatten‹ einer solchen Reflexmasse sollte sich das Boot wegschleichen können.
Das konnte aber nur gelingen, wenn beim Gegner ein unerfahrener Mann am Suchgerät saß, denn schließlich bewegte sich ja die reflektierende Masse aus Sauerstoffbläschen nicht in einer für ein U-Boot typischen Weise. »Mehr eine Art Trostpille als etwas Handfestes« hieß es von den Bolden, und auch: »Die Wirkung dürfte mehr im psychologischen Bereich liegen ...«
Die Witzeleien mancher Kommandanten konnten indessen nicht darüber hinwegtäuschen, daß sie innerlich vor Wut über das Versagen der technischen Stäbe und vor Wut über ihre eigene Hilflosigkeit kochten.

Zu dem fatalen Herumlaborieren gehörte auch der Versuch, die aus dem Wasser ragenden Teile der U-Boote mit einer kautschukartigen Schutzschicht zu überziehen, die die Radarstrahlen absorbieren sollte. So behandelte Boote führten den Tarnnamen ›Alberich‹. Die ›Erfindung‹ fiel im wahrsten Wortsinn ins Wasser: Der Gummibezug löste sich bei starkem Seegang ab.

Ein weiterer Versuch, den technischen Rückstand der deutschen U-Boot-Waffe aufzuholen und den Booten wieder eine höhere Kampfkraft zu verleihen, war der Bau von U-Boot-Tankern. Die Kampfboote sollten mit ihrer Hilfe länger als bisher im Operationsgebiet bleiben können. Das alte Verhältnis, ein Drittel der Boote in der Werft, ein Drittel auf An- und Abmarsch und ein Drittel im Kampfgebiet, sollte durch eine bessere Präsenz im Kampfgebiet abgelöst werden.
In der Weite des Atlantiks sollten die Kampfboote an per Funkbefehl bestimmten Treffpunkten mit Treibstoff, Torpedos und Proviant versorgt werden. Die ›Milchkühe‹, wie man die Tanker auch nannte, konnten 432 Tonnen Dieselöl an Kampfboote abgeben und ihnen auch als schwimmende Werkstätten dienen.
Die U-Boot-Tanker bekamen die Typenbezeichnung XIV. Sie verdrängten 1688 Tonnen über Wasser und 2300 Tonnen getaucht.
Von diesem Typ XIV gab es insgesamt zehn Boote. Sie wurden allesamt kurz hintereinander aufgrund von Einbrüchen in die Funkschlüssel aufgespürt und versenkt.

Die Seestreitkräfte der Alliierten wurden nun auch für die U-Boote gefährlicher als bisher. Die Zerstörer, Korvetten und ›sloops‹ gingen vom passiven Schützen der Konvois zum aktiven Jagen über. Sogenannte ›hunter-killer-groups‹ waren gebildet worden, die die gnadenlose Jagd der U-Boote zur Aufgabe hatten. Ihre Taktik war also nicht mehr: Abwehr des U-Boots und schnell zurück zum Geleitzug zur weiteren Protektion der gefährdeten Schiffe mit ihren kostbaren Ladungen, sondern die zweifelsfreie Vernichtung der georteten Boote.

Die Amerikaner boten eine ganze Armada zur gnadenlosen U-Boot-Jagd auf. In schneller Folge wurde ein Boot nach dem anderen zum Opfer der speziell ausgebildeten ›hunter-killer-groups‹. Vorher waren am Geleitzug entdeckte U-Boote oft nicht lange bekämpft, sondern nur unter Wasser gedrückt und abgedrängt worden, weil die Zerstörer oder andere Eskortschiffe schnell auf ihre Positionen zur Protektion des Konvois zurückkehren mußten. Jetzt aber nahmen sie sich Zeit – solange, bis sie ein sicheres Zeichen für den Kill des U-Boots hatten.

Dieses schwer mitgenommene Boot ist U 550, Kapitänleutnant Hänert, ein Boot vom Typ IX. Als es am 16. April 1944 vor der amerikanischen Ostküste in Höhe von New York operierte, wurde das Boot, nachdem es den amerikanischen 11 000 Bruttoregistertonnen großen Tanker ›Pan Pennsylvania‹ versenkt hatte, von den amerikanischen Eskortschiffen ›Gandy‹, ›Joyce‹ und ›Peterson‹ gestellt, hochgebombt und dann mit konzentrischem Feuer aus Maschinenwaffen eingedeckt. Vierundvierzig U-Boot-Fahrer kamen bei der Versenkung um.

Ein seltenes Bild: In der Schleuse von Saint Nazaire liegen zwei U-Boote, die bei Niedrigwasser eingeschleust wurden und nun darauf warten müssen, daß sie bis auf das Niveau im Hafenbecken gehoben werden. Nur eins dieser Boote, das nahe dem Pier, ist ein ›normales‹ Kampfboot vom Typ VII C, das andere eine ›Milchkuh‹ – ein U-Boot-Tanker vom Typ XIV. Die Rückkehr dieses Tankers ist wie ein Wunder: Fast alle Boote der gleichen Bauserie waren schon aus der Luft beim Versorgen von Kampfbooten vernichtet worden.
Dieses Bild ist auch ein Dokument der strategisch sinnlosen Zerstörung der Hafenstädte mit U-Boot-Stützpunkten: Die Schleuse, die das Ziel der alliierten Bomber war, ist intakt, aber ringsum ist alles in Trümmer gelegt.

Und nicht zuletzt ist das Bild auch grotesk: Die drei – dreimal verschieden uniformierten – Offiziere, die mir auf der Schleusenpier im Gleichschritt entgegenmarschieren, stellen den Flottillenstab der 6. U-Boot-Flottille dar: in der Mitte der Flottillenchef Wilhelm Schulz. Sie haben ihren ›Staatsakt‹ schon hinter sich: einen Empfang ohne Champagner, ohne Blumen und ohne Schwestern und Nachrichtenhelferinnen. »Klammheimlich durch die Hintertür«, nannten wir diese Art der Rückkehr von Feindfahrt damals. Solange, bis das innere Schleusentor geöffnet werden konnte und die beiden Boote den Bunker ansteuern würden, wollte das Empfangskomitee offenbar nicht warten: Der Kurswert der Rituale hatte rapide abgenommen.

Ein Kommandant beim Auslaufen und ein Dieselmaat bei der Rückkehr von Feindfahrt: Das sind nicht mehr die Gesichter strahlender Sieger. Die Nöte der Feindfahrten, die Schrecken der Atlantikschlacht haben die Züge geprägt. Mancher der U-Boot-Fahrer war längst psychisch schwerkriegsbeschädigt, als er wieder hinaus mußte. Aber das kümmerte keinen.
Viele Boote gingen nur deshalb zugrunde, weil ihre Kommandanten am Ende ihrer Nerven waren.
Mit Tüchtigkeit allein war es eben nicht zu schaffen. Nur wer zur Tüchtigkeit auch noch gute Nerven und vor allem Glück hatte, erreichte etwas und kam davon.
Manche Kommandanten hatten sogar Pech mit ihren Booten und gerieten deshalb ans Ende ihrer Nervenkraft. Es gab Boote, in denen der Teufel zu stecken schien: Soviel an ihnen auch herumrepariert wurde, irgendetwas funktionierte nicht richtig oder ging zu Bruch, wenn das Boot gerade den Stützpunkt verlassen hatte. »Montagsproduktion!« spotteten die Leute.
Es gab auch Boote, die wie vom Verhängnis markiert waren: Sie zogen wie ein Magnet die Wasserbomben auf sich, während andere Boote in unmittelbarer Nähe verschont blieben.

Tapferkeit statt Strategie und Technik

Den Mängeln im technischen Bereich entsprach die Unentschiedenheit der U-Boot-Strategie: Ihr Konzept änderte sich im Verlauf des Kriegs auf für die Deutschen gewiß abträgliche Weise einige Male, was nicht einmal immer Schuld des BdU war.
In der Seekriegsleitung gab es ein heftiges Hin und Her um die Frage ›Tonnagekrieg‹ oder ›Zufuhrkrieg‹. Sie wurde, obwohl Dönitz zunächst für Zufuhrkrieg, also für Abdrosselung der Zufuhren für die Britische Insel, statt Bekämpfung der Schiffahrt des Gegners in allen sieben Meeren plädierte, erst, als der BdU selbst ObdM wurde – im Februar 1943 –, zugunsten des Tonnagekriegs entschieden. Anfangs redete Hitler Dönitz in seine Pläne hinein, indem er das Mittelmeer zum »ergiebigen« Kampfplatz für die U-Boote erklärte, und vorher schon schwächte er die U-Boot-Gruppen im Atlantik dadurch, daß er viele Boote zur Sicherung des Norwegenunternehmens in die Gewässer vor Narvik delegieren ließ.

Dönitz gab – so wenigstens hat es den Anschein – allzu willfährig nach. Bisweilen drängt sich einem sogar die Vermutung auf, Dönitz hätte sich höchst fatalerweise bei seinen strategischen Entwürfen oft nach den Erfordernissen der Propaganda gerichtet und manches nur deshalb veranlaßt, um sich bei seinem ›Führer‹ lieb Kind zu machen, koste es die Besatzungen, was es wolle. Möglich auch, daß es allein schon deshalb zu den vielfach erstaunlichen Kongruenzen der strategischen Vorstellungen Hitlers und Dönitz' und auch im Faktischen kam, weil Dönitz wie Hitler dachte oder sich zumindest angewöhnt hatte, wie sein ›Führer‹ zu denken.
Wie wenig ihn die jedem Seemann am Herzen liegende Sorge um Schiff und Besatzung im Grunde bewegte, hat er schließlich überdeutlich mit seinen so aberwitzigen wie absurden Befehlen für den Angriff der U-Boote gegen die Invasionsflotte bewiesen.

Die Führung der deutschen Seestreitkräfte hatte immer mehr auf Tapferkeit als auf technische Intelligenz gesetzt. Aber in diesem Krieg wurden die Versäumnisse besonders folgenschwer. Ich will hier gar nicht noch einmal vom ›Blinde-Kuh-Spiel‹ im Bereich der Elektronik reden – was allein schon auf dem Gebiet des Schiffbaus bei den U-Booten versäumt worden war, ließ böse Handikaps für die U-Boot-Fahrer entstehen.

Sie hatten für die Versäumnisse der Entwicklungsstäbe bitter zu büßen. Viele Besatzungen mußten zugrunde gehen, nur weil ihre Boote technisch veraltet waren.

Von den neuen ›Wunderbooten‹, die der BdU versprach, wurde nur geredet. Man sah sie nicht. Die ›Durststrecke‹ dehnte sich allzu lang. Ihr Ende setzte der 4. Mai 1945.
Dönitz nannte die neuen Boote, die unablässig vorausgelobten Typen XXIII und XXI, »Elektroboote«. Auch das war eine Irreführung. Es handelte sich nämlich *wieder* um dieselgetriebene Schnorchelboote, freilich solche mit besserer Form und sehr viel größeren Batterien. Für den Rudeleinsatz waren sie ungeeignet. Sie waren quasi blind: Aus dem Wasser heraus, durchs Sehrohr, hätten ihre Kommandanten nicht viel sehen können. Seeluftaufklärung, die es ja ohnehin nicht gab, hätte es auch für diese Boote nicht gegeben. Zudem war das Problem der Nachrichtenübermittlung zwischen den Booten und ihrer Führung nicht geklärt. Es bleibt unverständlich, daß trotzdem so getan wurde, als sei damit alles in bester Ordnung. Fragen, nachbohrende zumal, waren in diesen Zeiten unerwünscht, sie konnten für den Fragesteller gefährlich werden.

Die Bauweise für die neuen Boote konnte indessen als revolutionär gelten: Sektionsbauweise. Die Sektionsbauweise sollte ein Ausweg aus der Zeitnot sein. Eine durchaus moderne Idee kam da zum Tragen, der Fehler war nur, daß sie ohne die nötigen vorhergehenden Studien und unter ungeheurem Druck realisiert werden sollte. Dönitz hatte sich, seit er Oberbefehlshaber war, so viel Macht erobert, daß er jetzt die Materialströme, soweit sie überhaupt noch flossen, dorthin lenken konnte, wo er das kostbare Material brauchte: auf die Bauwerften seiner ›Schübe‹ – so hießen die einzelnen Sektionen für die ›Elektroboote‹. Die das ganze damals noch ungewöhnliche Verfahren tragende Idee war, daß die einzelnen ›Schübe‹, die zum Teil auf Flußwerften tief im Binnenland gebaut wurden, auf Wasserstraßen bis zu einer Montagewerft transportiert und dort zum endgültigen U-Boot zusammengeschweißt werden sollten. Bei den Flottillen nannte man diese Art der Herstellung spöttisch »scheibchenweise«. Kaum einer konnte sich vorstellen, daß eine solche U-Boot-Produktion funktionieren könnte. Die Bauwerften für die einzelnen Schübe, die Transportwege und schließlich die Montagewerften – alles lag offen vor den Augen der gegnerischen Aufklärer und der Bombenschützen da. Bei *einem* U-Boot, vermuteten wir, würde dann das Mittelteil mit der Zentrale, bei einem *anderen* der Steven und bei einem *dritten* das ganze Achterschiff fehlen. Daß damals mit Hochdruck auf den Werften geschuftet und den Konstrukteuren wie den Werftarbeitern nichts geschenkt wurde, erweisen die weit ausgedehnten Trümmerfelder aus technischem Schrott, die englische Kriegsberichter, als die deutschen Werften erobert wurden, auf ihre Filme bannten.

Angesichts dieser riesigen Trümmerfelder aus Teilen von U-Booten konnte ich für mich nur mehr »des Wahnsinns fette Beute!« murmeln. Wer diese gewaltige Vergeudung kostbarsten Materials und der abertausend Stunden Arbeitskraft zu verantworten hatte, mußte den Überblick über die Gesamtlage total verloren haben. Für die Boote, die in ›rauhen Mengen‹ auf diesen Werften entstehen sollten, gab es keine Atlantikstützpunkte mehr, aber es hätte für sie schließlich auch keinen Treibstoff mehr gegeben. Hier war nicht mehr auf Kriegsökonomie gerichtete Vernunft, sondern nur mehr aberwitzige Besessenheit am Werke.

Die meisten Boote zeigten, wenn sie von Feindfahrt hereinkamen, nur mehr den langen schmalen Kommandantenwimpel und achtern am ›Wintergarten‹ die Reichskriegsflagge, aber sonst nichts Flatterndes mehr – das heißt: keine Versenkungswimpel. Dann gab es von der Brücke kein Winken, keinen lauten Gruß. Die Leute auf dem Boot sahen in ihrer Verbitterung über den Mißerfolg verdrossen und abweisend aus. Keine Dampfer versenkt zu haben, galt immer noch als Makel.

Die Lüge vom ›Kräftebinden‹

Der Mai 1943 ist als ›der tödliche Mai‹ in die Seekriegsgeschichte eingegangen. Die U-Boote weiterhin ins Operationsgebiet Nordatlantik zu schicken, wie es tatsächlich geschah, kam willentlichem Totschlag der eigenen Besatzungen gleich. Dönitz hatte zwar im ersten Erschrecken über das Ausmaß der Verluste den Ausmarsch der U-Boote in dieses Gebiet gestoppt, aber nach kurzem Zögern ging der Wahnsinn weiter: Boot um Boot wurde rücksichtslos ›hinausgeprügelt‹, wie die Besatzungen den Zwang zum Auslaufen jetzt nannten.
Was bewog Dönitz zu dieser Wahnsinnstat? War es purer Fanatismus? Ein sklerotisch bedingter Mangel an Einsicht? Wollte Dönitz mit der rigorosen Fortführung der Kampfeinsätze seiner Boote seinem ›Führer‹ eine Art Nibelungentreue beweisen? Oder ging es ihm um eine ›Bis-zum-bitteren-Ende‹-Kumpanei mit der Naziclique?
Daß es nur eine ›Durststrecke‹ zu überwinden galt, an diese von ihm in die Welt gesetzte Propagandalüge kann Dönitz selber nicht im Ernst geglaubt haben. Oder war er am Ende gar Opfer eines Rückkoppelungseffekts geworden? Nahm er jetzt die eigenen und die Goebbelschen Lügen für bare Münze? Hatte er nicht selber zu oft und zu nachdrücklich die Wahrheit verfälscht, um die Kriegswirklichkeit noch klar erkennen zu können? War Dönitz am Ende psychisch gestört?
In einem Buch eines noch heute die Dönitzparolen willfährig nachschreibenden ehemaligen Marine-PK-Mannes liest sich die Begründung für die Dönitzsche Untergangsstrategie so: »Dennoch ließ er einen Teil in diesem neuerdings relativ (man könnte schon sagen fast absolut) tödlichen Operationsgebiet Nordatlantik, das, wie er mir einmal persönlich bei einem Besuch in Aumühle, seinem Wohnort erklärte, ›um auch weiterhin den Strom der gegen die U-Boote im Nordatlantik eingesetzten alliierten Bomber zu binden (er sprach von 2000 bis 3000), weil diese sonst abgezogen und auf die Städte in der Heimat angesetzt worden wären. Und hier nicht nur auf Rüstungsindustrien, sondern auf zivile Wohnviertel, also auf unschuldige und wehrlose Frauen und Kinder.‹«
In seiner Dienststellung, der höchsten in der Marine, mußte Dönitz natürlich wissen, daß in keiner Phase des Kriegs tausende alliierter Bomber gegen U-Boote in der Luft waren.
»1942/Anfang 1943 waren es nicht mehr als zehn Langstrecken-›Liberator‹, die im Mittelatlantik U-Boot-Jagd flogen, und im März 1943 stieg die Zahl auf vierzig, wobei jeweils dreizehn einsatzbereit waren. Selbst die Zahl der Flugzeuge des Coastal Command ging nie in die Tausend.« Bodo Herzog
Die ›Sunderlands‹ und ›Catalinas‹, die so viele U-Boote gebombt und gekillt hatten, wird Dönitz ja wohl nicht gemeint haben. Als Flugboote, die sie waren, konnten sie gar nicht über deutsche Städte geschickt werden. Und die Trägerflugzeuge, die den U-Booten die Hölle heiß machten, kann er mit seinem ›Kräftebinden‹ zugunsten der Erhaltung deutscher Städte auch nicht im Sinn gehabt haben.
Das Dönitzsche ›Kräftebinden‹ war eine einzige große Lüge. Es ist schwer zu begreifen, daß so viele Veteranen sich auch heute noch von ihr täuschen lassen.

Immer mehr Boote kamen demoliert zurückgehinkt, mit eingedrücktem Schanzkleid, umgeknicktem Sehrohrbock – Boote, die nur durch ein Wunder davongekommen waren. Eins hatte ein torpedierter und absinkender Dampfer auf Tiefe so erwischt, daß es nur mehr einem schwimmenden Schrotthaufen glich. Einem anderen war der Steven vom Rammstoß gegen einen Zerstörer umgeknickt – ein paar Zentimeter noch, und es hätte den Druckkörper erwischt.
»Jede Art von Flurschaden« zynten die Kommandanten, wenn so ein Havarist in der Schleuse erschien. Ein Kommandant konnte stolz eine einmalige Attraktion vorzeigen: Sein Brückenschanzkleid war an einer Stelle aufgeringelt wie der geöffnete Deckel einer Ölsardinendose. Die Wirkung eines ›Zerschellers‹, einer Fliegerbombe, die schräg aufgetroffen und, statt zu detonieren geplatzt war. »Verdammter Pulvergestank!« war der Kommentar des Kommandanten, der sich hinfort rühmen konnte, nur fünfzig Zentimeter vom Aufschlag einer Fliegerbombe weg auf seiner Brücke gestanden zu haben – mit dem rechten Ellenbogen gar nur dreißig Zentimeter weg – und dennoch zu leben.

Für die Bombenopfer machte es weiß Gott keinen Unterschied, ob ihre Stadt nun von tausend Bombern in Schutt und Asche gelegt wurde oder ›nur‹ von neunhundertfünfzig. Das Vernichtungspotential der Alliierten war inzwischen derart angewachsen, daß für sie die paar ›Liberators‹, welche die U-Boote allenfalls noch ›binden‹ konnten, gar keine Rolle spielten. Für die Deutschen aber fiel das sinnlose Weiterführen des U-Boot-Kriegs *erheblich* ins Gewicht: Große Mengen Rüstungskapazität – und dazu gehörten auch viele Menschen – wurden für eine gigantische Wahnidee gebunden. Das ›Kräftebinden‹ funktionierte also durchaus – in einem anderen Sinn freilich, als Dönitz es meinte.

Kaum Hoffnung auf Wiederkehr

Vier Boote gemeinsam in der Schleuse. Ein fünftes soll zur Verabschiedung noch dazukommen. Eine Stimmung von Hoffnungslosigkeit liegt über dem Ganzen: kein Flottillenchef auf der Pier, kein Musikzug, der »Wenn wir fahren gegen Engelland...« intoniert. Ein Abschied, so deprimierend triste wie ein Begräbnis. Alle wissen, was ihnen blüht: keine ›Schangs‹ an Konvois heranzukommen, dafür Fliegerangriffe noch und noch und gnadenlose Jagd durch kombinierte See- und Lufteinheiten, sobald ihr Boot erst einmal entdeckt ist.
Diese Boote, das wußte damals jeder, würden ohne Feindberührung kaum bis über den Ansteuerungspunkt hinauskommen. Feindberührung – das hieß erbitterte Attacken aus der Luft schon kurze Zeit nach Verlassen des Hafens. Die Briten wußten schließlich genau, wann so ein Pulk auslaufen würde.
»Warum liefen die Boote denn nicht nachts aus? – Das wäre doch besser gewesen!« werde ich oft gefragt. Nachts war aber nicht besser als tags, sondern sogar noch gefährlicher: Die alliierten Flieger hatten ja ihre Radaraugen und ihre Blendscheinwerfer. Nachts konnten sich die Besatzungen schon gar nicht mit Flawaffen gegen die Flugzeuge wehren, weil die als Ziele nicht rechtzeitig zu erkennen waren.
Während der ersten Wegstrecke der Boote trauten sich die Maschinen der Alliierten nur so lange nicht heran, wie Sperrbrecher oder Minensuchboote Feuerschutz gaben. Aber dann, wenn die Geleitschiffe abgedreht hatten, war auch schon der Teufel los.
Nur wenige der Männer auf diesen Booten werden das, was Dönitz ihnen vorgeredet hatte, als Lüge durchschaut haben. Vielleicht nur einer, der wie ich die Szene dieses Massenausmarschs erlebte und mir nach dem Krieg darüber einen Brief schrieb:

»Ich will Dir schreiben, da ich annehme, daß Du auch gerne weißt, was Du aufgenommen hast.
In Deinem Buch ist ein Bild, das mich zutiefst erschütterte. Als Beteiligter kann ich Dir einige Erklärungen dazu geben.
Vorweg muß ich sagen, daß die Männer auf dem zweiten Boot zum letzten Mal bildlich festgehalten wurden und ihr Leben nur noch drei Wochen dauerte. Das Boot ist U 590.
Jetzt beginnt meine Story:
Wir waren von einer erfolgreichen Feindfahrt am Heiligen Abend 1942 im Hafen von St. Nazaire eingelaufen. Unser Boot U 758 unter Kapitänleutnant Mansek durfte in der weihnachtlichen Ringsendung im Rundfunk Grüße an die Heimat übermitteln.
Die Besatzung kam nach dem üblichen Empfang nach La Baule in das Justizpalais nicht weit vom Casino in Quartier. U-Struppi, das sind wir, waren im 1. Stock untergebracht. Im Parterre hausten die Leute von U 590. Das Boot war von seinem Kommandanten Müller-Edzards gerade verlassen worden. Nach einer feuchtfröhlichen Feier schlossen wir mit diesen U-Boot-Fahrern bald Freundschaft. Im Laufe der Liegezeit erfuhren wir immer mehr, wie diese Besatzung

Gruppenausmarsch aus dem Hafen von Saint Nazaire. Bilder aus dem Frühjahr 1943. Alle diese Boote haben den doppelten ›Wintergarten‹ und die verstärkte Flakarmierung, aber keine Geschütze mehr. Die sind, um das zusätzliche Gewicht der neuen Flawaffen auszugleichen, abgenommen worden. Von der geballten Feuerkraft eines solchen U-Boot-Rudels versprach man sich damals noch, daß sie feindliche Flugzeuge abschrecken würde. Tatsächlich aber brachte der Ausmarsch mehrerer Boote gleichzeitig keinen Vorteil. Die ›Flakboote‹ entpuppten sich vielmehr, als die Piloten der Alliierten ihre Taktik auf sie eingestellt hatten, als eine Fehlkonstruktion – wie so viele andere halbherzige Versuche, mit dem Gegner gleichzuziehen, auch. Das U-Boot war nun einmal ein äußerst schlechter Artillerieträger: Es lag nicht schwer und steif im Wasser wie ein großes Schiff, sondern nahm auch noch kleine Bewegungen der See spürbar auf.
Rechts unten: Das vierte im Schleusenbecken eingelaufene Boot muß gegen die Pier abgesetzt werden, damit seine sehr empfindlichen Tiefenruder nicht beschädigt werden.

unbedingt abheuern wollte. Sie hatten erfahren, daß ein neuer, junger Kommandant das Boot übernehmen sollte. Sie glaubten nicht mehr an dieses Glücksboot. Aber es ist natürlich ein Kunststück, beim Barras von einem Kommando wegzukommen. Ein Normalbürger kann sich niemals vorstellen, wie das läuft. Es kam trotz hoher Strafen – Degradierung und Ostfront – zu Selbstverstümmelungen und es wurden absichtlich Geschlechtskrankheiten – Syphilis und Tripper – eingehandelt. Alles wurde in Kauf genommen. Die Kameraden wollten nur runter von diesem Kahn.

Es blieb nicht aus, daß bei einem so großen Ausfall von alten Besatzungsmitgliedern viel neuer Ersatz aus Deutschland kam. Ich selbst wurde Zeuge beim Appell des Bootes, als der neue Kommandant, ein Oberleutnant, sein Boot auf Vordermann brachte und unter anderem im markigen Ton ausrief: ›Kameraden, entweder die Welt spricht von uns, oder wir kehren nicht mehr wieder.‹

Durch den großen Ausfall fehlten dem neuen Kommandanten Leute mit Fronterfahrung. In dieser Notlage sprach er auch unseren Kommandanten, Kapitänleutnant Mansek, um einen guten Zentraleheizer an. Am vorletzten Tag vor dem Auslaufen wurde daraufhin unser bester Mann, Gerd Franzkotiak, an das andere Boot abgegeben.

Es traf sich, daß unsere Boote gleichzeitig werftklar wurden und unsere Boote auch gleichzeitig auslaufen sollten. Samstag, den 13. Februar 1943, lagen wir klar zum Fronteinsatz in der Schleuse von St. Nazaire. Und da machtest Du Deine Aufnahmen.

Gerne ging unser Zentraleheizer nicht auf das fremde Boot, denn hier bei uns hatte er doch all seine Freunde, die aus seiner Heimat Berlin waren.

Als wir nun nebeneinander in der Schleuse lagen und auf das Abschiedskommando an der Pier blickten, brach über Gerd der ganze Jammer wie eine Vorahnung herein. Er wollte unbedingt seinem Freund Hans Laube, unserem Zentraleheizer, seine Papiere, Fotos und Geldbörse geben – alles, was er noch bei sich hatte. Er tat das mit den Worten: ›Gib das meiner Mutter. Wir saufen ab.‹

Wir alle waren betroffen und sagten ihm, uns könnte doch das gleiche Schicksal blühen, aber er bestand darauf, seine Sachen zu übergeben. Da machte ich, um Gerd zu beruhigen, den Vorschlag, die Sachen einem Werftarbeiter, der gut Freund mit uns war und am Kai stand, zu übergeben. Dieser Mann stammte auch aus Berlin, und der konnte, wenn auch wir nicht zurückkommen würden, alles seiner Mutter übermitteln.

Das ist der Augenblick, als dieses Foto entstand. Der Mann, der sich am Netzabweiser festhält, übergibt gerade die Sachen. Unsere Gesichter drücken das soeben Erlebte aus. Wohl war keinem zu Mute.

Der Maschinenmaat mit dem Arm in der Binde hatte sich bei einer Keilerei den Handknöchel gebrochen. Trotzdem mußte er mit zur letzten Fahrt von U 590. Sein technisches Können wurde sein Verhängnis: Er war eben nicht zu entbehren.

Wir sind bei dieser Feindfahrt der Gruppe ›Raubgraf‹ zugeteilt worden.

Das Boot von Gerd – also U 590 – hatte nach zwölf Tagen einen großartigen Anfangserfolg: ein Frachter, dann noch ein Frachter und ein Zerstörer. Dann kam ein Funksignal: ›Werde von Flugzeug angegriffen.‹ Augenblicke später erneutes Funksignal: ›Werden von mehreren Flugzeugen angegriffen.‹

Und dann die große Funkstille. Auf wiederholte Aufforderungen zur Standortmeldung kam keine Antwort mehr.

Da wußten wir – Gerds Freunde im Bugraum –, daß die Welt nicht von diesem Boot sprechen würde.«

Diese U-Boot-Fahrer, deren Boot in wenigen Minuten das Schleusenbecken des Hafens Saint Nazaire verlassen wird, sehen – nach einem Abschied ganz ›ohne Pauken und Trompeten‹ – alles andere als kriegsmutwillig aus. Sie wirken verängstigt und ohne Hoffnung auf Wiederkehr. Auf Flugblättern der Alliierten, die über den Stützpunkten abgeworfen wurden, konnten sie lesen, daß die durchschnittliche Lebenserwartung der U-Boot-Fahrer nur mehr »62 Tage« betrüge.

Ohne Pardon

Ich hörte dummdreiste Reporter alte Kommandanten fragen: »Hatten Sie denn keine Angst?« – »Was haben Sie sich denn dabei gedacht, wenn Sie einen Geleitzug angriffen?« – »Wie stehen Sie *jetzt* dazu? Bereuen Sie, was Sie getan haben? Sie hätten ihre Torpedos ja auch daneben schießen können!«
Solche Naivlinge können einen verdrießen. Daß es damals ›Blutrichter‹ gab, die keinen Pardon kannten, sollte heutzutage bekannt sein. Auch, daß es die Todesstrafe auf Befehlsverweigerung und Feigheit vor dem Feind geben konnte – ja, daß schon unerlaubte Entfernung von der Truppe tödliche Folgen haben konnte.
Diese Zahlen sollte man sich einschärfen: An die 10 000 deutsche Soldaten sind im Zweiten Weltkrieg kriegsgerichtlich verurteilt und hingerichtet worden. Bei den auf den europäischen Kriegsschauplätzen kämpfenden Amerikanern hingegen nur ein einziger Mann.
Mein früherer Kommandant hat als Flottillenchef und Gutachter eines Kriegsgerichts einen Kommandanten, den sein eigener I WO wegen angeblicher Feigheit angezeigt hatte, nur mit knapper Not, und als das Ende des Kriegs schon unmittelbar bevorstand, vor dem Erschießungspeloton retten können.

Verfälschungstricks

Wer von den Älteren, die den Zweiten Weltkrieg bewußt miterlebt haben, das Wort ›U-Boot-Krieg‹ hört, der hört mit seinem inneren Ohr unweigerlich Siegesfanfaren. Das Bruttoregistertonnengebelle der Reichsrundfunksprecher geht keinem meiner Generation mehr aus den Ohren. Von schweren Verlusten, von einer sich abzeichnenden Niederlage gar, war nie die Rede, und dabei hatten die Verluste der U-Boot-Waffe seit dem Mai 1943 monströse Ausmaße angenommen, war die Zeit der endgültigen Niederlage der U-Boote sogar schon spätestens zur Halbzeit des Kriegs kalkulierbar geworden.

Auf diesem Bild über die Achterschiffe von zwei auslaufbereiten Booten hinweg, ist auf dem hinteren Boot der Maschinenmaat mit dem linken Arm in der Binde zu sehen. Früher wäre ein solcher Mann an Land geblieben. Jetzt muß er seine Verletzung an Bord ›auskurieren‹: Jeder muß mit.

Die ›alten Kameraden‹ haben ihre Verfälschungstricks: Sie verschweigen, wenn sie von ›ihrem‹ Krieg erzählen, die desaströse ›Endphase‹. Sie wollen nur die glorreiche Zeit des Kriegs, die zwei, drei ›fetten Jahre‹ in ihrer Erinnerung bewahren und vor der Geschichte gelten lassen. Ihr ›Damals‹ bedeutet: Als der Kampf gegen die Briten noch nicht der ›totale‹, also der mit aller Brutalität geführte Seekrieg war. Das Hinhalten der U-Boot-Fahrer mit den Hoffnungsverheißungen auf eine Zukunft mit besseren Waffen, der ›Durststrecken‹-Bluff, das schließliche Ausbluten der Truppe, ihre sinnlose Aufopferung, das endgültige Desaster der U-Boot-Waffe – von all dem wollen sie heute nichts mehr wissen. Wer die Wahrheit sagt, gilt ihnen als Feind.

Morituri

Ich habe damals quicklebendige Jünglinge nach ein, zwei Feindfahrten als in sich gekehrte, wie erstarrt wirkende alte Männer erlebt. Monatelang am Rande der Existenz leben zu müssen, veränderte manchen so sehr, daß er kaum wiederzuerkennen war.
Damals gab es Schwerkriegsbeschädigte in großer Zahl, die nur niemand als solche erkannte, weil sie noch gesunde Glieder am Leib hatten, die aber nur mehr mühsam ihre Fassung zu bewahren vermochten, wenn die Rede auf Flugzeugattacken oder Wasserbomben kam.
Für sie hieß es: Immer auf der Hut sein, daß die Nerven nicht durchgingen! Sich ja nichts anmerken lassen! Aber dann schwappte doch einem das Glas vom heftigen Zittern über, weil irgendeiner in der Runde unwillentlich das ›falsche‹ Wort gesagt hatte.
Damals bekam ich einen Blick für die Gezeichneten – für jene Kommandanten, die ihrer Nerven nicht mehr Herr waren, sich aber alle Mühe gaben, gesund und unverbraucht zu wirken, weil es nun einmal gegen den Komment ging, sich Schwachheiten anmerken zu lassen. Man hatte sich vielmehr stets stark und kampfgierig zu zeigen. Damals gab es keine Ärzte, die ihr Veto hätten einlegen können, wenn ein solcher ›abgefahrener‹ Kommandant wieder hinausgeschickt wurde. So kam es, daß auch schiere Nervenbündel wieder auslaufen mußten und ihr Boot damit dem sicheren Untergang überantwortet wurde.

Besiegelte Niederlage

»Wir haben mit unseren U-Booten England endlich an der Kehle gepackt«, trumpfte Goebbels noch im April 1943 auf, als die Engländer die Wölfe schon abgeschüttelt hatten, und ein Konvoi nach dem anderen, ohne von einem U-Boot gesichtet zu werden, seine Bahn über den Atlantik zog.
Die großen Worte aus dem Mund des obersten Propagandaschwindlers übernahm der nunmehr zum Großadmiral avancierte Befehlshaber der U-Boote wie ein willfähriger Schüler, ja, er versuchte, seinen Meister mit der Verkündung immer neuer und immer hemmungsloser prahlenden Parolen sogar noch zu übertreffen. Das Großtönen kam nun auch bei der Marine in Mode.
Auch wenn es zwischen dem Juni 1942 und dem Januar 1943 noch ein paar große U-Boot-Siege gegeben hatte und Goebbels in seinem ›Völkischen Beobachter‹ noch frohlockte, war die entscheidende Wende schon eingetreten.
Auch noch, als im Mai 1943 dann die Niederlage der deutschen U-Boote besiegelt wurde – und zwar eine katastrophale Niederlage –, zeigte sich Dönitz außerstande, vor seinen Führer zu treten und sich als besiegt zu erklären. Stattdessen zog er immer neue Vorwände zum Weitermachen an den Haaren herbei. Ein besonders törichter, aber dennoch wirkungsvoller für das sinnlose Hinopfern der Besatzungen nach dem Frühjahr 1943 war das ›Kräftebinden‹. Auch nach dem Krieg noch benutzte Dönitz das Schlagwort mit einer Verbohrtheit sondergleichen zur Salvierung seiner Fehlentscheidungen. Mit ihm konnte er die ewig Verblendeten glauben machen, es hätte nach dem Mai 1943 im U-Boot-Krieg noch so etwas wie strategische Vernunft gegeben.

Meine Kamera beobachtet hier, wie einer der Jüngsten, der sich von den anderen abgesondert hat, weil er offenbar an der forcierten Abschiedsfröhlichkeit nicht teilhaben will, von einem Vorgesetzten zusammengestaucht wird.

Dönitz war auch für mich einmal der ›große Löwe‹, eine Art Seekriegsmoltke. Bis ich dahinterkam, daß wir uns für einen Wahnsinnigen aufopfern sollten, dessen willfähriger Zuarbeiter Dönitz hieß.
Bei vielen von den Überlebenden wirken seine Aufstachelparolen von damals noch heute nach. Sie wollen immer noch nicht kapieren, daß sie ihre Jahre in den Stahlröhren im Dienst dieses Wahnsinnigen und seiner Mithelfer verbrachten.

Dönitz, den viele ›verschlossen‹ nannten, war eher ein erstarrter Mensch. Seine Gesten, die er überreichlich bei seinen Anfeuerungsansprachen einsetzte, wirkten marionettenhaft steif, als ob er sie mühsam eingelernt hätte. Wer – wie ich – seine Rattenfängerparolen, seine Beschwörungen des »Geistes von Langemarck« öfter zu hören bekam, konnte nur mit Verwirrung und Widerwillen reagieren: Ein Marinebefehlshaber, der, wie von Goebbels geschult, mit sich überschreiender Stimme die stets gleichen Propagandaparolen ausstieß, hatte nichts mehr mit dem Idealbild von einem Seeoffizier, das Dönitz selber so gern beschwor, zu tun.
Dennoch gilt, was Salewski schrieb: »Der Name Dönitz ist mit dem U-Boot-Krieg so eng verknüpft, daß man fast von einer dialektischen Einheit zwischen ihm und ›seiner‹ Waffe sprechen könnte. Kein Heerführer und kein Befehlshaber ist so wie Dönitz zum Synonym für das U-Boot, für den gesamten U-Boot-Krieg geworden.«

Weder schiefe Gesichter noch murrende Proteste halfen: Die Besatzung mußte zur Auslaufmusterung antreten. Von den drei im ›Päckchen‹ liegenden Booten kehrten zwei nicht zurück.

Die Männer auf diesen Bildern wußten, was ihnen bevorstand: Die feindlichen Flugzeuge stürzten sich wie die Habichte auf auslaufende Boote, sobald sie den Schutz der Flak im Geleit von Sperrbrechern oder Minensuchbooten verlassen hatten. Geleitschutz durch eigene Jäger gab es nicht. Wir hatten eben nichts mehr zu bieten: nicht in der Luft und nicht über dem Wasser.

Viele der Kommandanten fühlten sich auf Dönitz persönlich vergattert. Sie wollten es für *Dönitz* gut machen. Wer es besonders gut gemacht hatte, bekam auch besonderes Lob:
»... Daß beide Boote trotz ihrer schweren Ausfälle nach Westfrankreich zurückgekommen sind 〈es handelte sich um zwei Boote, die ihre erste Feindfahrt hinter sich hatten〉, ist einerseits nur auf die hervorragende Qualität der deutschen U-Boote, zum anderen auf den zähen und nicht zu erschütternden Angriffsgeist und den Verteidigungswillen der U-Boot-Besatzungen, insbesondere der beiden Kommandanten zurückzuführen.«
Auch wenn Dönitz wie hier – im Kriegstagebuch des BdU – ein Lob verteilte, sprach gleich wieder der Propagandaredner aus ihm:
»Solange noch solche Besatzungen aus der Heimat kommen, braucht man sich um die Zukunft des U-Boot-Kriegs im Hinblick auf den soldatischen Nachwuchs keine Gedanken zu machen. Auch wenn der Krieg noch härter werden sollte, diese Männer werden eine noch größere Härte entgegenzusetzen haben ...«

Der Befehlshaber der Unterseeboote, Karl Dönitz – hier als Großadmiral – bei einer seiner zahlreichen Aufputschreden. Ein Kriegsberichter schrieb dazu: »Die Augen der Männer, die um ihren Befehlshaber geschart stehen, leuchten bei diesen Worten auf. Sie haben ihren Admiral verstanden und wissen, daß sie auf verantwortungsvollem Posten stehen. Ohne sie, ohne das ›Bodenpersonal‹, können auch die U-Boote nicht fahren. Das Vertrauen, das der Führer in das Wirken der U-Boote gesetzt hat, haben die U-Boot-Männer überall gerechtfertigt. Unerschütterlich werden sie weiterfahren, weiterkämpfen bis zum Sieg!«

Dönitz trug gewiß geistige Scheuklappen. Er war von allem Anfang an in seine U-Boot-Idee so tief verbohrt, daß er schließlich das Ganze – also die Niederlage an *allen* Fronten – offenbar nicht mehr zu sehen vermochte. Die U-Boote, die er noch an den Feind schicken wollte, als alles längst verloren war, hätten als ›Fliegende Holländer‹ operieren müssen: ohne Stützpunkte, also ohne Versorgung und ohne Führung. Sein ›Kräftebinden‹, um schließlich doch wieder schlagen zu können, war eine Wahnvorstellung: Im U-Boot-Krieg war nicht nur, wie Dönitz immer wieder verkündete, eine Pause eingetreten – der U-Boot-Krieg war schon seit langem verloren.
War Dönitz wirklich davon überzeugt, er kämpfe nur gegen die Zeit, und seine Anstrengungen würden mit dem Endsieg des Deutschen Reichs ihren Lohn finden? Hatte er so wenig Vorstellung von der gigantischen Größe und dem industriellen Potential der Länder, die gegen Deutschland im Krieg waren?
Was ging in einem Mann vor, der ›dennoch‹ weitermachte und Besatzung um Besatzung in den Tod schickte? War er einfach zu feige, um vor seinen bewunderten ›Führer‹ zu treten und den Bankrott seiner Waffe anzumelden?
Wer kann schon heute noch glauben, daß England tatsächlich durch die Schläge der U-Boote so dicht an den Rand einer Katastrophe geriet, wie es Churchill behauptete. Das tat er schließlich doch nur, um die Amerikaner aus ihrer Lethargie wachzurütteln und sie zu mobilisieren. Er tat es – indirekt – auch für Dönitz, dem Churchills desperate Äußerungen noch über den Krieg hinaus für seine seltsamen, verbalen post-festum-Siege und Trotzbehauptungen dienten. In seiner Weise war Churchill schließlich *auch* ein Propagandist, aber einer, der auf langen Atem setzte und seinem Volk erst mal Blut und Tränen ankündigte, anstatt ihm schnelle, entscheidende Siege vorzugaukeln.

Die meisten der U-Boot-Offiziere ließen sich selbst dann nicht in ihrem blinden Glauben an Dönitz beirren, als er sich mit seinem Erlaß vom 27. März 1944 an die ›Invasionsboote‹ als blinder Fanatiker erwies, für den die ›Sorge um die Besatzungen‹ nur noch eine leere Phrase war und der die U-Boot-Fahrer unbarmherzig in den Tod schickte.
Dieser Erlaß schloß im schrillsten Ton der Menschenverachtung: »Jeder Kommandant muß sich darüber klar sein, daß dann ⟨wenn der Feind landet⟩, auch von ihm mehr als zu irgendeiner anderen Zeit die Zukunft unseres deutschen Volkes abhängt, und ich verlange von jedem Kommandanten, daß er ohne Rücksicht auf sonst geltende Vorsichtsmaßnahmen nur ein Ziel vor Augen und im Herzen hat: Angriff – ran – versenken!
Ich weiß, daß ich mich dabei auf meine in den denkbar härtesten Kämpfen bewährten U-Boot-Männer verlassen kann.«
Weil einzelne Kommandanten die Rigorosität dieses Erlasses empörte, schickte ihm Dönitz am 1. April 1944 sogar noch eine Ergänzung nach:
»Jedes feindliche Fahrzeug, das der Landung dient, auch wenn es etwa nur ein halbes Hundert Soldaten oder einen Panzer an Land bringt, ist ein Ziel, das den vollen Einsatz des U-Bootes verlangt. Es ist anzugreifen, auch unter Gefahr des eigenen Verlustes. Wenn es gilt, an die feindliche Landungsflotte heranzukommen, gibt es keine Rücksicht auf Gefährdung durch flaches Wasser oder mögliche Minensperren oder irgendwelche Bedenken. Jeder Mann und jede Waffe des Feindes, die *vor* der Landung vernichtet werden, verringern die Aussicht des Feindes auf Erfolg.
Das Boot, das dem Feinde bei der Landung Verluste beibringt, hat seine höchste Aufgabe erfüllt und sein Dasein gerechtfertigt, auch wenn es dabei bleibt.«

Das ›adäquate‹ Mittel, einen Panzer zu vernichten, ist allemal eine Granate oder eine Panzerfaust, ein U-Boot ist es mitnichten. Das mag in seiner Selbstverständlichkeit schier töricht klingen, doch Dönitz bekundete mit seinem Wahnsinnsbefehl, daß für ihn jetzt andere Regeln galten. Die der Kriegsökonomie, ob es um Waffen oder Menschen geht, waren für ihn nicht mehr verbindlich.

Bis 1943 war der U-Boot-Krieg wenigstens rational faßbar gewesen. Zug und Gegenzug ließen sich in ihrer Bedingtheit verfolgen. Nun aber verwirrte sich das Bild des Kriegstheaters: Eine verlorene Schlacht wurde von einem Großadmiral, der jetzt wie ein gespenstischer Todestrommler wirkte, weitergeschlagen. Der Wahnsinn, der die Stunde regierte, hieß ›unerbittlicher Einsatz‹. Menschliche Gefühle zählten nicht mehr. An die Stelle von Menschlichkeit war Unmenschlichkeit getreten, es ging in diesem ›totalen Krieg‹ nicht mehr um Kriegsrecht oder -unrecht. Auch die soldatischen Ideale von einst waren nur noch leere Vokabeln.

So viele U-Boot-Fahrer auch noch in den letzten Kriegsmonaten zu Tode gebracht wurden – der Großadmiral selber überstand den furchtbaren Orlog unbeschadet, obwohl er noch am 11. April 1945 in einem Geheimerlaß von seinen Männern »siegen oder fallen« forderte:
»Die Ehre unserer Flagge an Bord ist uns heilig. Niemand denkt daran, sein Schiff zu übergeben. Lieber in Ehren untergehen. Das ist uns allen selbstverständlich. ... Sollte es dazu kommen, daß wir unsere Marinestützpunkte verteidigen müssen, so wird gemäß dem Befehl des Führers der Platz bis zum letzten verteidigt. Es heißt dann, siegen oder fallen. ...
Die Kriegsmarine wird bis zum letzten kämpfen. Sie wird einmal von der Nachwelt danach beurteilt werden, wie ihre Haltung in der schwersten Krisis dieses Krieges gewesen ist. Dasselbe gilt auch für jeden einzelnen. Frühere Taten sind ausgelöscht, wenn er in der entscheidenden Stunde, für deren Bestehen er Soldat geworden ist, versagt. Oder glaubt jemand, daß der Gegner vor einem, der feige kapituliert, Achtung hat? Er ist zwar willkommen, wird aber dann verachtet und entsprechend behandelt.«

Die Rituale bleiben: Indienststellung des U-Boots U 365. Solche Indienststellungen erfolgten normalerweise nach der Werftprobefahrt unmittelbar im Werfthafen – am Ausrüstungsplatz der Werft.
Es handelt sich hier um eine Indienststellung in späteren Kriegsjahren, aber noch vor dem 20. Juli 1944: Das Boot hat bereits die doppelte Flakplattform, wie an den beiden runden Relingen zu erkennen ist – der Kommandant, mit Schärpe, grüßt noch mit Hand an der Mütze. Das genaue Datum ist der 8. Juni 1943.
Der Kommandant wird gerade »Besatzung – stillgestanden! Augen rechts!« kommandieren. Der Mann im ›Wintergarten‹ steht bereit, um auf das dann folgende Kommando: »U 365 heiß Flagge und Wimpel!« die Reichskriegsflagge am Flaggenstock zu setzen. (»Feierlich langsam vorheißen«, steht in der Vorschrift.) Das Boot, das hier in Dienst gestellt wird, wurde am 13. Dezember 1944 durch Maschinen des britischen Flugzeugträgers ›Campania‹ versenkt. Es gab keine Geretteten. Die Besatzung hatte also nach der Indienststellung noch achtzehn Monate Lebenszeit.

Verloren von allem Anfang an

Als Dönitz den U-Boot-Krieg im Atlantik nach den schrecklichen Mai-Verlusten – zweiundvierzig Boote gingen zugrunde – einstellte, tat er das mit der Begründung, daß sonst nur »das Geschäft des Gegners« betrieben würde.
Dönitz, am Ende doch ein Mann von Vernunft und Einsicht und nicht der blindwütige Fanatiker? so mag sich damals mancher gefragt haben. Bald sollte er doppelt enttäuscht werden: Dönitz machte weiter. Er zeigte sich wieder als der alte, verbissene Britenhasser und betrieb nun erst recht »das Geschäft des Gegners«. Der Einsatz der U-Boot-Fahrer geriet zum strategisch ganz und gar sinnlosen Opfergang.

Der U-Boot-Krieg war genauso sinnlos, wie es die Skagerrakschlacht war. Wie diese war er ein einziges menschenverschlingendes Verschrottungsunternehmen von monströsen Dimensionen.
Die militärischen Leistungen, die dem Großadmiral Dönitz nachgerühmt werden, sind – bei Licht besehen – keine. Sie sind es spätestens nach dem September 1943 nicht mehr. Dönitz hat das Hinmorden in diesem Völkerkrieg nur verlängert und die U-Boot-Fahrer in einen so schrecklichen wie sinnlosen Tod geführt.

Das Kriegsziel der U-Boot-Führung war das Abschneiden der britischen Zufuhren. Das aber gelang den U-Booten nicht. So sehr der U-Boot-Krieg auch heute noch verbrämt wird, brachte er den Deutschen doch keinen Sieg. Er war spätestens zu dem Zeitpunkt militärisch sinnlos geworden, als die Amerikaner mehr Schiffe bauten als die U-Boote versenken konnten.
Mag sein, daß Hitler – wenigstens zu Anfang des Kriegs – die Bedeutung der Atlantikschlacht unterschätzte und deshalb die Wünsche des BdU nach mehr U-Booten nicht erfüllte. Mag auch sein, daß er vor einem Seekrieg mit der Industriemacht USA zurückschreckte, ja, daß er vielleicht sogar den U-Boot-Krieg richtig – das heißt als das, was er tatsächlich war – einschätzte, nämlich als einen relativ kleinen Teilkrieg mit einer Truppe, die nicht größer als ein Expeditionskorps war. Was auch immer als Grund der letztlichen Niederlage der U-Boote angeführt wird, bleibt im Bereich müßiger Erwägungen.
Wenn Dönitz tatsächlich zu Anfang die geforderten Boote gehabt hätte, wenn die USA nicht den Engländern zu Hilfe gekommen wären . . . was verschlagen schon solche Spekulationen? Der Krieg wäre so oder so für die Deutschen verloren gegangen. Jede neue Rüstungsanstrengung, jeder Teilsieg hätte zu entsprechenden Gegenanstrengungen der Alliierten geführt. Alles wäre nur noch schlimmer geworden, der Leichenberg nur noch größer, und am Ende wäre die Atombombe über Berlin explodiert.

Der BdU beim Frontabschreiten.

Das Boot, das hier mit dem Gladiatorengruß der Nazis – also nach dem 20. Juli 1944 – in Dienst gestellt wird, ist ein kleines Boot vom Typ XXIII. Sein Turm hat keinen ›Wintergarten‹, er ist vielmehr nach achtern geschlossen. Diese Boote hatten anstatt der Doppelpropeller – wie die VII C-Boote – nur einen Propeller. Der Aktionsradius dieser Boote war limitiert. Sie waren nicht für die Weite des Atlantiks bestimmt, sondern für den Kampf in Küstengewässern. Sie kamen in den beiden letzten Jahren des Kriegs vorwiegend gegen Ziele an der englischen Ostküste zum Einsatz.
Die XXIIIer Boote hatten eine Unterwassergeschwindigkeit von zwölf Knoten. Über Wasser erreichten sie, da sie auch nur einen Diesel statt der üblichen zwei hatten, kaum mehr als zehn Knoten. Die so prahlerisch angekündigten ›Wunderboote‹ waren sie gewiß nicht. Sie wurden ›Lochkriecher‹ genannt.

Manche der überlebenden U-Boot-Fahrer haben bis in ihr Alter die Vorstellung vom jähen Abstürzen in die Tiefe verdrängt: Als ich anläßlich eines Leseabends in München einmal das Absacken eines U-Boots, das nicht mehr zu halten ist, schilderte, sprang ein Mann aus dem Auditorium auf und rief laut: »Schluß! Schluß! Schluß, Sie lügen!«
Ich war tief getroffen. Der Mann spielte augenscheinlich verrückt.
Ich fragte ihn: »Wieso lüge ich? Wissen Sie's etwa besser?«
Er sagte darauf: »Ja! Es geht ganz schnell. Wenn ein U-Boot absinkt, das geht schnell, da ist schnell Schluß.«
Den alten Mann, der da hysterisch geworden war, erkannte ich plötzlich: ein U-Boot-Kommandant aus Brest. So viele Jahre nach dem Krieg war er also noch nicht imstande, sich mit der Wahrheit zu konfrontieren. Ich wartete eine Weile ab, bis er sich wieder in der Gewalt hatte, und fragte ihn dann:
»Woher wissen Sie denn, wie schnell das geht? Wie lange dauert denn eine Sekunde beim Absaufen? Woher wissen wir denn, wann die ersten Wasserstrahlen ins Boot schießen – wann die ersten Flansche nachgeben? Wir wissen nur, daß sie einen ungeheuren Druck haben und einen Mann glatt durchsägen können. Und wann dann die grünen Katarakte ins Boot schießen – woher wissen wir denn das? Das Boot hat Drei-Abteilungen-Status. Bei Wassereinbrüchen vorn oder achtern können wir die druckfesten Kugelschotts der Zentrale dichtmachen. In der Zentrale werden sich die Leute zusammendrängen, und das Boot wird weiter und weiter sinken. Die Zentrale wird noch lange nicht zusammengequetscht, denn dort ist ja gestaute Luft. Das Boot steht jetzt wahrscheinlich Kopf. Es ist dunkel, kein Mensch weiß mehr, wo oben und unten ist. Und keiner weiß, wie lange die Luftblase, die sich dann noch oben im Turm oder sonstwo hält – wie lange diese hochkomprimierte Luft für die Letzten reichen wird.«

An dieser Szene hatte ich lange zu beißen. Ich konnte nicht begreifen, wie es einer vermochte, sich nach all den Jahren noch so verkrampft gegen die Schimären der Vergangenheit zu wehren und sich selber etwas vorzumachen.
Später traf ich den alten Kommandanten noch einmal und sagte ihm, daß ich sehr wohl wüßte, worüber ich schrieb und wovon ich sprach. Ich *war* ja schließlich schon einmal mit einem nicht mehr zu haltenden VII C-Boot abgesoffen. Der Weg zur Ewigkeit vertikal nach unten war damals verdammt lang. Daß uns der ›große Vorhautsammler‹ – so wurde ja bei der Marine der liebe Gott blasphemisch genannt – vor den allerletzten Metern eine Schaufel Sand unter den Kiel schmeißen würde – damit hatte keiner in der Zentrale rechnen können. Wir hatten uns ja vor dem Versuch, ins Mittelmeer durchzubrechen, sehr genau über die Tiefen in der Gibraltarstraße informiert: An der Stelle, wo wir nach einem Fliegerbombentreffer absoffen, lag – jedenfalls nach der Karte – keine unterseeische Sandbank bereit, um die Höllenfahrt von U 96 – Himmelfahrten finden ja wohl nach oben statt – zu stoppen.

Nächste Doppelseite:
In Einmannschlauchbooten treibende Schiffbrüchige des durch Minen- und Fliegerbombentreffer gesunkenen deutschen U-Boots 981. Das Datum: 16. Februar 1945.

Diese Fotos habe ich am 12. August 1944, unmittelbar vor dem Einlaufen in La Pallice, an Bord von U 309 – noch vor Sonnenaufgang – gemacht.
Zwei Boote – U 309 und U 981 – warteten aufgetaucht und in Flüstertütenrufweite voneinander in der Morgendämmerung auf Geleitschutz durch Sperrbrecher oder Minenräumboote. (Die Hafeneinfahrten wurden damals immer wieder von gegnerischen U-Booten oder Flugzeugen mit Grundminen verseucht.)
Als es gerade hell werden wollte, erschütterte eine heftige Detonation unser Boot. Ich mußte sofort »Minentreffer!« denken. Aber nicht wir, sondern die anderen hatten eine Mine ›geschnappt‹ – eine ›elektrische‹, vom Flugzeug geworfene Mine. Das Boot war zwar noch manövrierfähig, aber tauchunklar. Da kam prompt Fliegeralarm. Für mich hieß es: weg von der Brücke und mithelfen, Flakmunition nach oben zu mannen.
Kaum war ich im Boot, da ging es auch schon los: Abwehrfeuer aus allen fünf Rohren. Verrückte Schießerei, aber keine Wirkung. Als ich, ganz und gar ausgepumpt, wieder auf die Brücke kam, war das Flugzeug verschwunden – aber vom anderen Boot war auch nichts mehr zu sehen: »Volltreffer direkt vor dem Turm!« hörte ich. Unwahrscheinliches Glück für uns, Unglück für die anderen: Nicht nur die Mine, auch noch die Fliegerbombe hatte das andere Boot getroffen. Wir retteten aus der spiegelglatten See zwanzig Leute von

fünfundfünfzig; die meisten nicht älter als achtzehn und neunzehn Jahre. Während der Rettungsaktion quälte mich die Gewißheit: Wo eine *Mine ist, gibts auch noch mehr davon.*

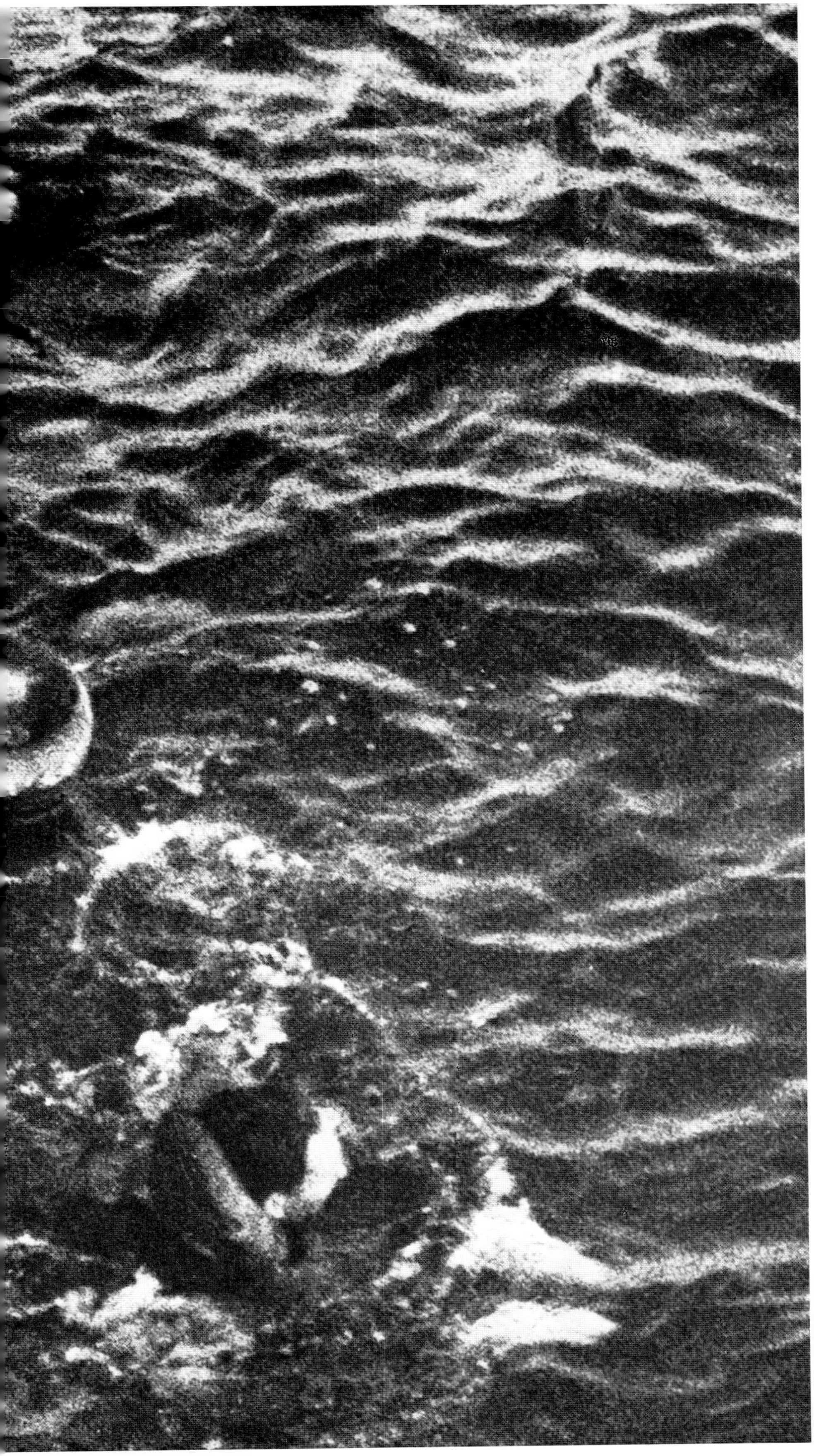

Ein schwer verbrannter Maat um Hilfe flehend in seinem Schlauchboot. Im Vordergrund schwimmt ein Mann mit Schwimmweste vom rettenden U 309 weg, um einem anderen, der keine Kraft mehr hat, zu helfen.
Die Sonne ist immer noch hinter dem Horizont. Die leuchtend gelben Schlauchboote müssen für Pilotenaugen aber schon von sehr weit zu sehen sein: In jedem Augenblick können wieder Tommy-Flieger angreifen.
Das Feld der Schiffbrüchigen wird von starken Strömungen schnell weit auseinandergetrieben. Das Retten wird schwierig: Die Schlauchboote müssen genauso schnell aus dem Wasser wie die Schiffbrüchigen. Sie sind allzu deutlich Signale für die Tommies.

Als U 309 vorsichtig an die größte Gruppe der Schiffbrüchigen heranfährt, sind einzelne Männer mit Schwimmwesten und Verwundete in Schlauchbooten zu erkennen. Die Situation ist brenzlig: Da können noch mehr elektrische Grundminen liegen. Der Jagdbomber, der seine einzige Bombe auf U 981 geworfen hat, wird Kollegen herbeirufen – und unser Boot kann nicht tauchen! Wir müssen die Überlebenden von U 981 aus dem Wasser ziehen, und außerdem ist das Wasser hier im Küstenvorfeld schon zu flach zum Tauchen. Der Sperrbrecher, der längst da sein müßte, um uns nach La Pallice hineinzulotsen, läßt sich nicht sehen.
›Das Floß der Medusa‹ nannte ich dieses Bild für mich. Ich kann es heute noch kaum glauben, daß es mir geglückt war, im Dämmerdunkel, lange vor Sonnenaufgang, diese Szenen auf den Film zu bekommen. Es sind einzigartige Dokumente von der Rettung Schiffbrüchiger – solcher der »eigenen Firma«, wie wir damals salopp, und um unsere Betroffenheit nicht zu zeigen, sagten.

Unten: Schiffbrüchige U-Boot-Männer versuchen auf uns zuzupaddeln: eine Gruppe in einer Marks-Rettungsinsel, ein einzelner mit Schwimmweste und ein anderer in seinem Einmannschlauchboot.
Rechts: Gerettete an Oberdeck. Im Vordergrund ihre Schlauchboote.

Nie vorher habe ich den U-Boot-Krieg und seinen besessenen Admiral so heftig verflucht wie an diesem feierlichen Morgen: Nur ein paar Meilen weg lag jetzt ein U-Boot, das ich eben noch vor Augen hatte, tatsächlich als eiserner Sarg auf dem Grund der grünen See. Da unten kämpften wahrscheinlich noch welche um ihr Leben. Wir aber trieben mit unserer Fracht vor Schrecken klappernder U-Boot-Fahrer auf einer seidigen Morgensee in der Strömung: Die glorreich aufstrahlende Sonne, die war zuviel für diese Szene . . . Als mich ihre ersten Strahlen trafen, war es mit meiner Fassung vorbei: Da habe ich vor Trauer und Wut geschluchzt und geheult.

Auf der Brücke während der Rettungsaktion. Die größte Gefahr droht jetzt von tief anfliegenden Jagdbombern. Da das Boot kaum Fahrt macht, besteht keine Chance, einer attackierenden Maschine schnell das waffenstarrende Heck zuzukehren. Wenn mehrere Maschinen gleichzeitig kommen, ist man sowieso aufgeschmissen. Das FuMB in der Mitte der Brücke nützt nicht viel. Von unten kommt zwar ständig »Ortung! – Ortung!«, daß mit Flugzeugen aus allen Richtungen zu rechnen ist, wissen wir aber auch so.
Das Boot liegt auf der spiegelglatten Morgensee wie auf dem Präsentierteller da. Jeder auf der Brücke würde etwas dafür geben, wenn es wenigstens Fahrt machte.

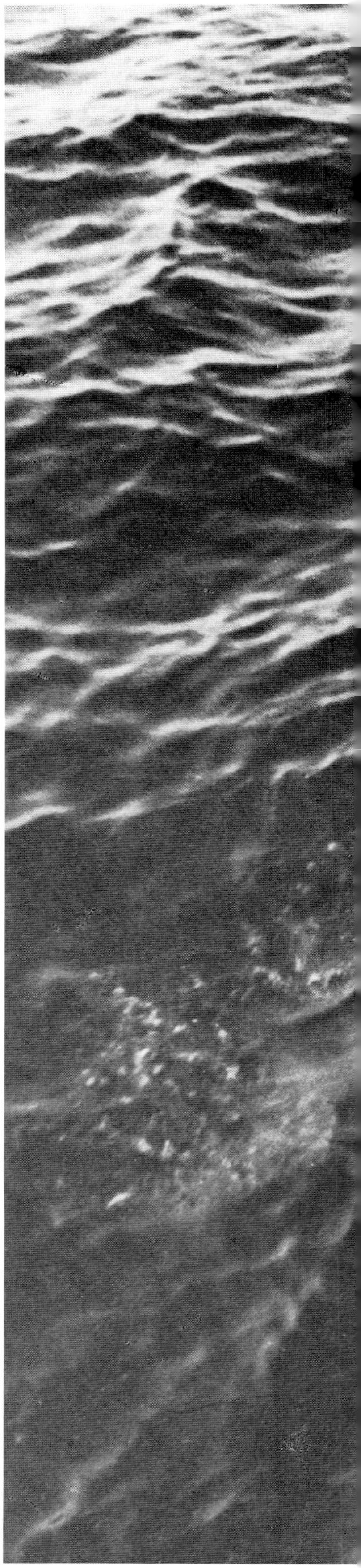

Das große Wunder dieses schrecklichen Morgens: Der Obersteuermann hatte ein kleines treibendes Objekt in erheblicher Entfernung – also kaum noch wahrzunehmen – entdeckt. Der Obersteuermann behauptete steif und fest, das könnte ein Mann sein. Keiner auf der Brücke pflichtete ihm bei, einige murrten: »So ein Quatsch! So weit weg.« Der Obersteuermann hatte aber in Gedanken während der Rettungsaktion mitgekoppelt. Er wußte, daß wir von der Sinkstelle weit weggetrieben waren, er wußte auch, in welche Richtung, und wußte demzufolge, daß das treibende Objekt über dem gesunkenen Boot schwamm. Alles, was er sagte, sagte er unter seinem Glas hindurch. Er nahm es keine Sekunde lang von den Augen. Und plötzlich kam es von ihm so laut, daß ich zusammenfuhr: »Ist tatsächlich einer!«, und dann gedämpft: »Da treibt einer. Hat eben den Arm gehoben.« Aber da hatte der Kommandant auch schon Ruder- und Fahrtbefehl durchs Sprachrohr gegeben, und unser Bug begann Richtung auf den treibenden Mann zu nehmen.
Endlich konnte ich ihn auch im Glas erspähen: kein Schlauchboot – der gelbe Fleck wäre besser zu sehen gewesen. Ein Wunder, daß der Obersteuermann den treibenden Punkt erkannt hatte.
Die Tour zurück, noch einmal durch das minenverseuchte Gebiet, ging an die Nerven. Aber dann hatten wir ihn: ein mickriges Kerlchen, höchstens siebzehn Jahre alt, aber offenbar mit starken Nerven ausgerüstet: Eine halbe Stunde nach dem Sinken war es ihm noch gelungen, aus dem auf Grund liegenden Boot heraus an die Oberfläche zu kommen. Aber das hätte ihm ohne den Obersteuermann auch nichts genützt: Um ein Haar wäre er nicht gesehen worden, und in dieser Gegend kamen keine Schiffe mehr vorbei. »Der wäre mutterseelenallein abgenippelt!« sagte einer auf der Brücke dicht neben mir, »ablandiger Wind und der Strom hier: gar keine Schangs!«

Links: Endlich taucht der Sperrbrecher auf und hinter ihm noch eine ganze Mahalla von Hafenkolchern. Höchste Zeit, daß U 309 Flakschutz bekommt.

Rechts: Den geretteten E-Maat hat es böse erwischt: schwere Verbrennungen an Kopf, Gesicht und Händen. Er kann nicht sagen, wie das passiert ist und wie er aus dem sinkenden Boot herausgekommen ist. Seine Kameraden haben es nicht geschafft. Von der Besatzung fehlen viele Leute – gut die Hälfte.

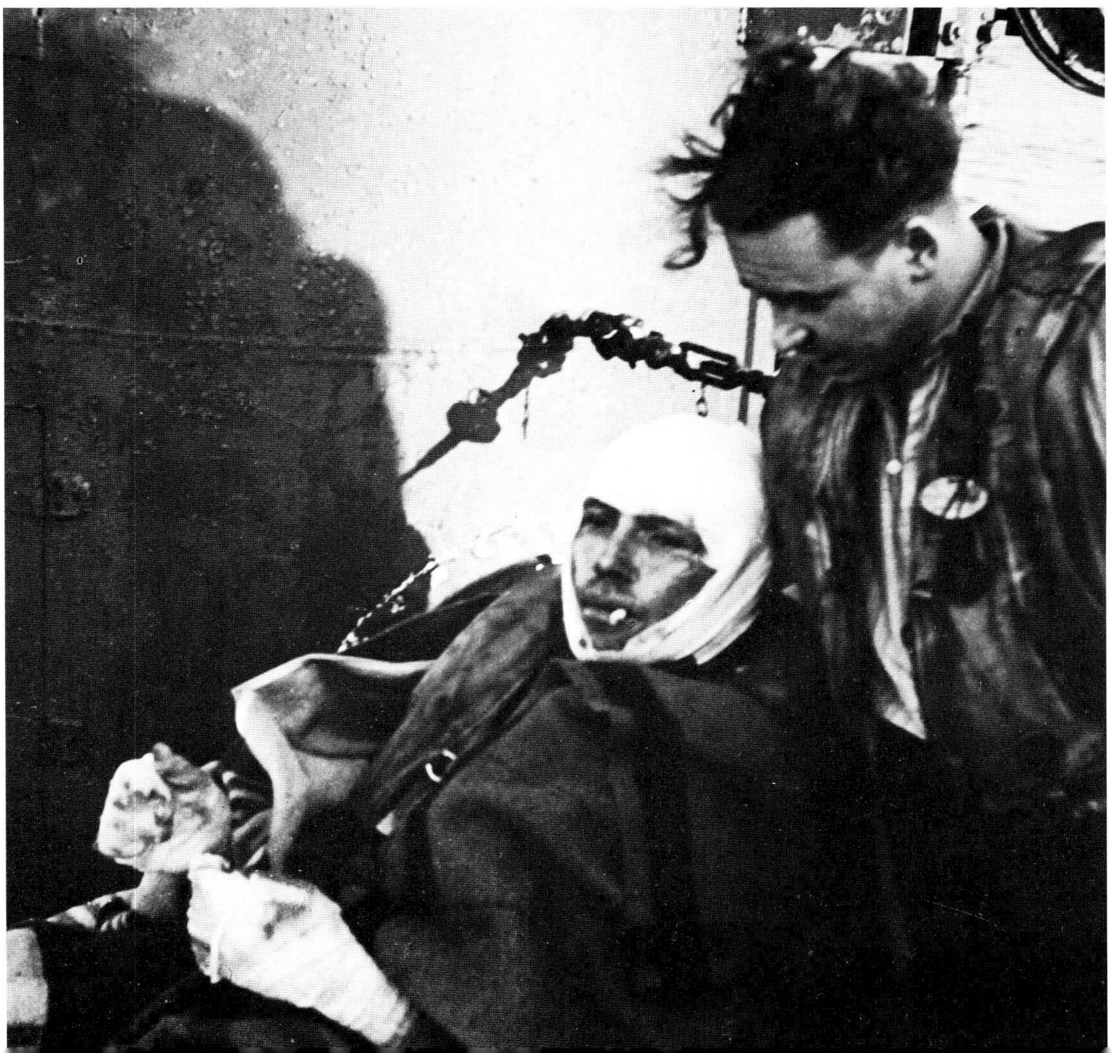

Das Ende

Am 30. April 1945 traf abends in Plön, wo Dönitz sein letztes Stabsquartier eingerichtet hatte, per Funktelegramm die Nachricht ein, daß Hitler den Großadmiral Dönitz anstelle des Reichsmarschalls Göring zu seinem Nachfolger eingesetzt hatte.
Das aus dem Führerbunker in Berlin an Dönitz geschickte Funktelegramm hatte diesen Wortlaut:
»FRR Großadmiral Dönitz. An Stelle des bisherigen Reichsmarschalls Göring setzt der Führer Sie, Herr Großadmiral, als seinen Nachfolger ein. Schriftliche Vollmacht unterwegs. Ab sofort sollen Sie sämtliche Maßnahmen verfügen, die sich aus der gegenwärtigen Lage ergeben. Bormann.«

In der Schilderung, die Dönitz vom Ende des Nazireichs selber gab, nimmt sich dieses Ende wie ein makabres Mantel- und Degenstück aus:
». . . Himmler erschien ⟨am 30. April 12 Uhr nachts⟩ in meinem Arbeitsraum. Der historischen Wahrheit wegen möchte ich erzählen, daß ich auf dem Schreibtisch unter einem Bogen Papier, meine Pistole griff- und schußbereit hingelegt hatte. Ich gab ihm das Telegramm zu lesen, das ich an diesem Abend von Hitler erhalten hatte und das mich zu seinem Nachfolger bestimmte. Himmler las das Telegramm. Er wurde blaß. Dann stand er auf, verbeugte sich und sagte zu mir: ›Lassen Sie mich in Ihrem Staat der zweite Mann sein!‹ Ich lehnte dieses Verlangen von ihm klar und eindeutig ab. Er verließ mich dann resigniert nach einem längeren Gespräch, ohne hierbei ein Wort zu äußern, daß er mir Opposition machen wolle. Ich fühlte mich erleichtert, obwohl ich nicht ganz sicher war, daß ich nicht doch noch Widerstände von Himmler zu erwarten hatte. Dies war also meine zweite personelle Maßnahme an diesem Abend. Die dritte war, daß ich dem Feldmarschall Keitel und dem General Jodl, dem Chef des Stabes und dem Chef der Oberkommandos der Wehrmacht, den Befehl gab, von Rheinsberg zu mir nach Plön zu kommen, denn selbstverständlich mußte ich nun stets ein klares Bild über die militärische Lage haben, um die richtigen Entschlüsse fassen zu können.«

Hitler war, das sollte man in Plön erst am nächsten Tag erfahren, seit dem Nachmittag tot. Dönitz wurde Staatsoberhaupt.
Am 4. Mai 1945 ließ Dönitz den U-Boot-Krieg einstellen. An die Boote erging der Befehl: »Keinerlei Zerstörungen, Schiffsversenkungen und Kundgebungen.«
Die Kommandanten von 138 U-Booten hielten sich nicht an diesen Befehl,

sondern brachten ihre Boote durch Selbstversenkung von der Oberfläche. Etwa 150 Boote setzten, entsprechend dem Befehl der Alliierten, die »schwarze Flagge«. Von den Booten, die nach England geleitet wurden, wurden etwa hundert im sogenannten Unternehmen ›Deadlight‹ auf tiefes Atlantikwasser geschleppt und dort, ungeachtet ihres hohen Schrottwerts, versenkt. (U-Boote zu versenken ist einfach: Man braucht nur die Bordventile außen und innen zu öffnen und dabei die Flutklappen und Entlüftungen offen zu lassen.)
Von der gesamten U-Boot-Flotte des Zweiten Weltkriegs blieben nur zwei Boote als Schaustücke übrig, das VII C-Boot, das am Strand von Laboe aufgebockt liegt, und ein Boot vom Typ IX, das von einem amerikanischen Verband gekaperte U 505, das in Chicago eine Museumsattraktion wurde.

Am 7. Mai unterzeichnete Generaloberst Jodl morgens um 2.41 Uhr im Hauptquartier der alliierten Streitkräfte in Europa, in Reims, die bedingungslose Kapitulation aller deutschen Streitkräfte. Sie sollte in der Nacht vom 8. zum 9. Mai um Mitternacht in Kraft treten. Der Kampf war zu Ende.

Im letzten deutschen OKW-Bericht, der aus dem Hauptquartier des Großadmirals in Mürwik bei Flensburg am 9. Mai 1945 verkündet wurde, heißt es:
»Seit Mitternacht schweigen nun an allen Fronten die Waffen. Auf Befehl des Großadmirals hat die Wehrmacht den aussichtslos gewordenen Kampf eingestellt. Damit ist das fast sechsjährige heldenhafte Ringen zu Ende. Es hat uns große Siege, aber auch schwere Niederlagen gebracht. Die deutsche Wehrmacht ist am Ende einer gewaltigen Übermacht ehrenvoll unterlegen.
Der deutsche Soldat hat, getreu seinem Eid, im höchsten Einsatz für sein Volk für immer Unvergeßliches geleistet. Die Heimat hat ihn bis zuletzt mit allen Kräften unter schwersten Opfern unterstützt. Die einmalige Leistung von Front und Heimat wird in einem späteren gerechten Urteil der Geschichte ihre endgültige Würdigung finden.
Den Leistungen und Opfern der deutschen Soldaten zu Lande, zu Wasser und in der Luft wird auch der Gegner die Achtung nicht versagen. Jeder Soldat kann deshalb die Waffe aufrecht und stolz aus der Hand legen und in den schwersten Stunden unserer Geschichte tapfer und zuversichtlich an die Arbeit gehen für das ewige Leben unseres Volkes.
Die Wehrmacht gedenkt in dieser schweren Stunde ihrer vor dem Feind gebliebenen Kameraden. Die Toten verpflichten zu bedingungsloser Treue, zu Gehorsam und Disziplin gegenüber dem aus zahllosen Wunden blutenden Vaterland.«
Karl Dönitz schrieb lange nach dem Krieg darunter:
»Ich stimme auch heute noch diesen Worten des letzten deutschen Wehrmachtberichts des Zweiten Weltkrieges voll zu.«

Das Gelände der ehemaligen Marineschule Mürwik wurde zum Sitz der ›letzten deutschen Reichs- und Wehrmachtsführung‹.
Dönitz führte, so heißt es, statt des Nazigrußes die militärische Ehrenbezeigung von ehedem – Hand am Mützenschirm – wieder ein. Die Reichskriegsflagge ließ er wehen, bis die Alliierten sie niederholen ließen. Formalien dieser Art blieben ihm offenbar bis zur letzten Minute wichtig.
Am 23. Mai 1945 wurde Dönitz mitsamt seinem ›Kabinett‹ von den Alliierten auf dem Passagierschiff ›Patria‹ der HAPAG, dem Sitz einer alliierten Kontrollkommission, gefangengenommen. Der Krieg war nun wirklich zu Ende.

Die Ehrenmale und die Veteranen

Dieses Ehrenmal, die Gedenkstätte der U-Boot-Fahrer in Möltenort bei Laboe an der Kieler Bucht, dient – wie viele anderer Ehrenmäler – auch dazu, die Schrecken des Kriegs mit gefälliger Architektur und bunten Blumen zu camouflieren, aus dem Blickfeld zu rücken und gar aus dem Bewußtsein der Masse zu tilgen. Niemand soll daran erinnert werden, was im Krieg der U-Boote an Schrecknissen tatsächlich geschah. Viele der Veteranen tun das Ihre dazu, die Erinnerung daran auszulöschen und die Kriegszeit in die ›schönsten Jahre des Lebens‹ umzufälschen.

Eine von den vielen im Rund angeordneten Bronzetafeln in Möltenort mit den Namen der zu Tode gekommenen U-Boot-Fahrer. Diese Tafel sollte man sich genau anschauen. Da sind fünf U-Boote verzeichnet, die nacheinander in Dienst gestellt wurden: U 66, U 67, U 68, U 69 und U 70. Alle diese Boote sind abgesoffen. Das letzte dieser Reihe U 70, unter Kapitänleutnant Matz, schon am 7. März 1941. »Im Nordatlantik durch Brit. Korvetten versenkt.« Die beiden Korvetten hießen ›Camelia‹ und ›Arbutus‹. Zwei Boote gingen 1943 im Nordatlantik zugrunde: U 69 unter Kapitänleutnant Ulrich Gräf am 17. Februar »ostwärts Neufundland durch Britischen Zerstörer versenkt« – und zwar durch den Zerstörer ›Viscount‹ –, U 67 unter Kapitänleutnant Müller-Stöckheim am 16. Juli 1943 im »Nordatlantik südwestl. der Azoren durch US-Flugzeuge versenkt« – und zwar durch Maschinen des US-Flugzeugträgers ›Core‹. U 68, unter Oberleutnant Lauzemis, wurde am 10. April 1944 im Mittelatlantik im »Gebiet der Kap Verden durch US-Flugzeuge versenkt«. Es waren Maschinen des US-Trägers ›Guadalcanal‹. Zuletzt traf es U 66, das erste Boot dieser Todesreihe. Es ging unter Oberleutnant Seehausen am 6. Mai 1944 zugrunde, »westlich der Kap Verden durch US-Streitkräfte versenkt«. Es handelte sich dabei um den US-Flugzeugträger ›Block Island‹ und den Zerstörer ›Buckley‹.

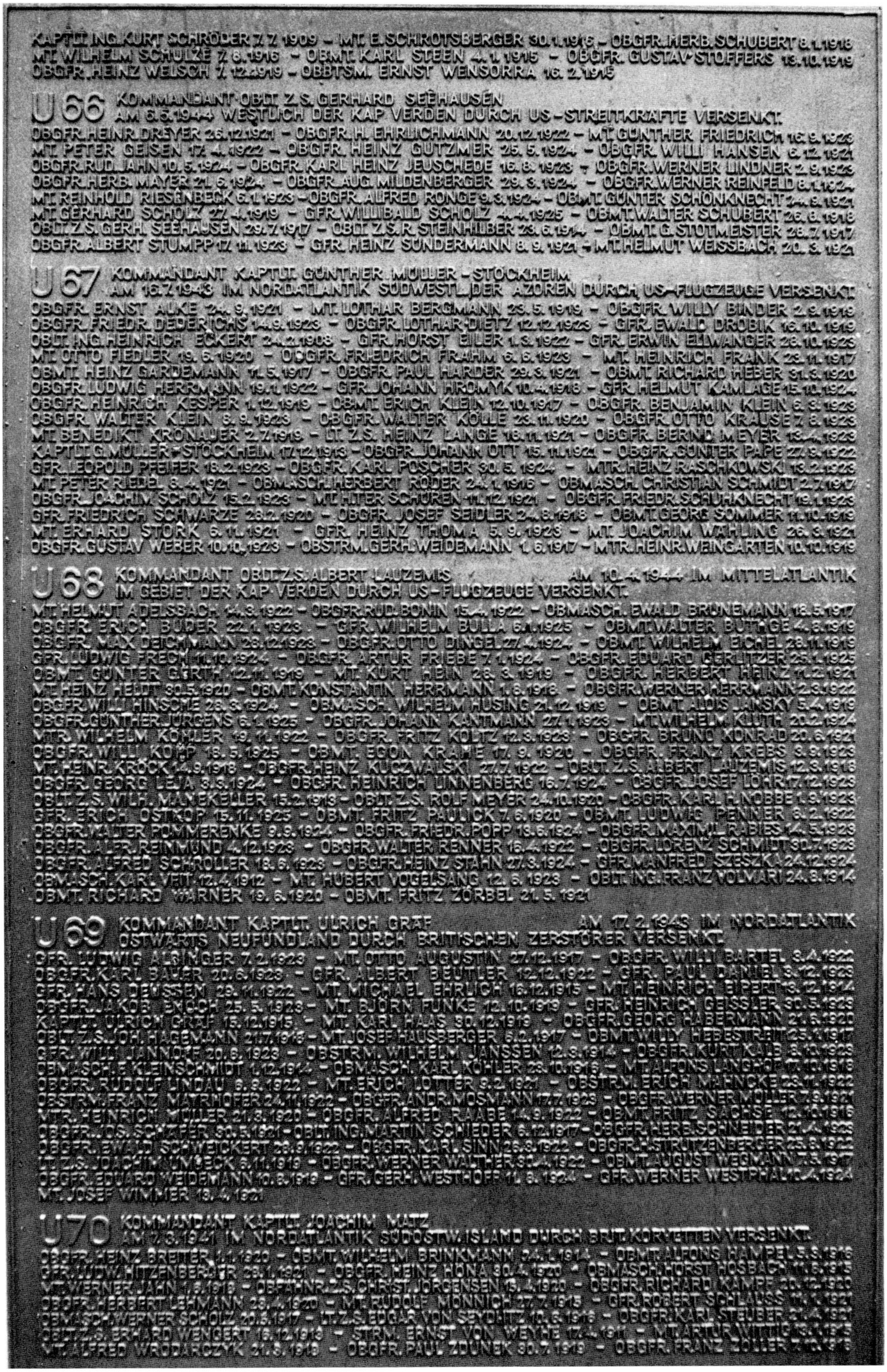

Das U-Boot mit der Nummer 995 wurde 1972 vor dem Marineehrenmal nahe Laboe an der Kieler Bucht auf dem Strand aufgebockt. Dieses Boot war erst 1943 vom Stapel gelaufen und hatte im Nordmeer operiert, ehe es in Trondheim von der Kapitulation überrascht wurde. Es wurde in die norwegische Marine eingegliedert und 1965 an die Bundesrepublik zurückgegeben.
Aus der großen U-Boot-Flotte des Zweiten Weltkriegs ist in Deutschland nur dieses Boot erhalten geblieben.
Den Badegästen, die sich durch das Innere des Boots drängen und es zu einer Strandattraktion degradieren, vermittelt es ein falsches Bild: Es ist nur eine leere Karkasse, eine Art ›technisches‹ Museum.
Ein Besucher schrieb: »Das Gesehene verdichtet sich zu dem Gesamteindruck: ein technisches Meisterwerk! Daß es sich dabei um eine raffinierte Tötungsmaschine und gleichzeitig um den ›Lebensraum‹ von fünfzig, manchmal monatelang eingepferchten Menschen handelt, dringt kaum ins Bewußtsein.«

IM WELTKRIEG 1939-1945 FANDEN 27491 MÄNNER DER
U-BOOT-WAFFE DEN TOD. 736 UNTERSEEBOOTE
GINGEN VERLOREN.
IM ATLANTISCHEN OZEAN UND IM ENGLISCHEN KANAL
18897 MANN 458 UNTERSEEBOOTE
IN NORD-UND OSTSEE 2313 MANN 80 UNTERSEEBOOTE
IM NORDMEER 3509 MANN 76 UNTERSEEBOOTE
IM MITTELMEER 1344 MANN 51 UNTERSEEBOOTE
IN WESTINDISCHEN GEWÄSSERN 427 MANN 11 UNTERSEEBOOTE
IM INDISCHEN OZEAN 510 MANN 11 UNTERSEEBOOTE
IN DER HEIMAT UND IN FREMDEN GEBIETEN
491 MANN 49 UNTERSEEBOOTE

Entlarvt durch das Wort – ein Epilog

U-Boot-Krieg als Erfahrung – das waren nicht nur das Boot, die See, die Menschen. Das waren in einem ungeheuren Maß auch Worte. Mit Worten, Parolen und Slogans, Tarnbezeichnungen und Erfolgsmeldungen, Befehlen und Reden wurde ununterbrochen der U-Boot-Krieg kommentiert – und korrigiert, wenn er nicht so lief, wie er es in der Vorstellung des Karl Dönitz sollte. Von den Decknamen bestimmter Vorpostenstreifen wie ›Störtebecker‹, oder bestimmten, groß angelegten Unternehmen wie ›Paukenschlag‹ (gegen die amerikanische Ostküste), über die prahlerischen Meldungen von Erfolgen und die Ankündigung künftiger Triumphe bis hin zu Schlagworten wie ›Opfergang‹ und ›Kräftebinden‹, die über das offensichtliche Versagen hinwegtäuschen sollten, trug die Sprache der Seekriegsführung den Stempel eines ins Heroische weisenden Extravaganz. Diese Sprache diente dazu, den U-Boot-Fahrern zu suggerieren, sie führten einen ›Kampf von mythologischer Größe‹; es ist eine Sprache des lauthals Übertreibens und Vergrößerns, aber dann auch wieder, wenn es darauf ankommt, des Über-Gefahren-Hinwegtäuschens, eine Sprache des Verharmlosens, des Wegredens und Verschweigens.

Gute Sprache spiegelt Wahrheit. Wahrheit drückt sich allemal in guter, klarer Sprache aus. Die Sprache dieses Kriegs und insbesondere die vom Stil des BdU, Karl Dönitz, geprägte, die des U-Boot-Kriegs also, offenbarte vieles – nur nicht die Wahrheit. Sie war durch und durch propagandistischer Natur.
Im Laufe des Kriegs wurde die Kluft zwischen dem *Anspruch* der U-Boot-Waffe, wie er sich in den Reden und Befehlen ihres Befehlshabers zeigte, und der *Wirklichkeit* immer größer. Je dubioser die ›Erfolge‹ wurden und je offenkundiger die Niederlagen, um so lauter und lügnerischer wurde diese Sprache. Was am Beginn noch übliche Agitation gewesen war, wurde in der Spätphase zum frivolen Täuschungsmanöver. Die Propagandareden, zu denen sich der BdU verstieg, klangen aufs i-Tüpfelchen genau wie die von Goebbels, aber ihre Basis war nicht frivoler Zynismus, wie er dem Reichspropagandatrommler eignete, sondern ein Zynismus, der auf eigener Verblendung beruhte: Die Täuschung war zugleich Selbsttäuschung. Wie anders ließe sich die Hemmungslosigkeit, mit der Dönitz – auch als letztes Staatsoberhaupt des Nazireichs noch – seine ungeheuerlichen Lügen verbreitete, erklären?

Man muß sich freilich darüber im klaren sein, daß die Lügen – und nicht nur die aus dem Mund von Dönitz – auf ein Publikum trafen, das nur allzu bereit war, sich täuschen zu *lassen*. In der Not und äußersten Hoffnungslosigkeit wurde die

Lüge, bei der Bevölkerung wie bei der Truppe, geradezu erwartet. Ein merkwürdiges Nicht-Wissen-Wollen, ein sozusagen aktives Nichtwissen – für diese Zeit geradezu symptomatisch – sträubte sich vehement gegen die Erkenntnis der Wahrheit. Wunschdenken trat auch beim Volk an die Stelle des Erkennens der Wirklichkeit.
Die Divergenz von Wunsch und Wirklichkeit prägte von allem Anfang an und während seines ganzen Verlaufs das Bild des U-Boot-Kriegs. Die fehlende Übereinstimmung dokumentierte sich oft überdeutlich im miserablen Stil der Verlautbarungen und Kriegstagebücher. Im KTB der Seekriegsleitung heißt es zum Beispiel unter dem 8. Juli 1941:
»Die feindliche Bekämpfung der eigenen U-Boote mit allen Mitteln wird sich steigern in dem Maße, wie die Erkenntnis von der auf die Dauer tödlichen Wirkung des Zufuhrkrieges auf der Gegenseite sich durchsetzt. Die eigenen Gegenmaßnahmen müssen dem Rechnung tragen, ehe die Verluste der Uboote in See und in den Häfen und Werften von empfindlicher Wirkung werden.«
Der einfache Umstand, daß der Gegner an Stärke und Gefährlichkeit zugenommen hatte, wurde hier auf albern gespreizte Weise ausgedrückt – damit die ärgerliche Bedeutung der Eintragung ein wenig schwerer erkennbar wurde – und übertönt mit der Phrase von der auf die »Dauer tödlichen Wirkung des Zufuhrkriegs«. Diese Wunschphrase wurde in vielfach abgewandelter Form von Dönitz so stentorhaft vorgetragen, als wäre am ›Endsieg‹ der U-Boote überhaupt nicht zu rütteln.

Zu den Schlüsselbegriffen der Täuschung des Volks gehörte das Wort ›Erfolg‹. Es sollte immer wieder die Überlegenheit der U-Boote suggerieren und die Fähigkeit der Kommandanten, einen de facto viel stärkeren Feind mit List und Tücke zu besiegen.
Die wirklichen Erfolge der U-Boot-Waffe rührten aus einer Zeit her, als der Gegner noch konsterniert und unvorbereitet war. Später gab es nur mehr mäßige Erfolge, und schließlich konnten ›Erfolge‹ nur noch mit allen nur erdenklichen Tricks vorgetäuscht werden. Es wurde ja bei der Nennung von Versenkungsziffern im Wehrmachtsbericht nie gesagt, wie viele Konvoidampfer trotz der Angriffe durchkamen und wie viele Konvois und Einzelfahrer ihre Ziele erreichten, ohne überhaupt gesichtet worden zu sein.

Dönitz, und das stellt sich bei genauer Nachprüfung seiner Entscheidungen und Befehle als zwingender Schluß heraus, dachte im Verlauf des Kriegs mehr und mehr in den griffigen Begriffen des Propagandisten statt in denen der Seestrategie. So simpel, wie Dönitz auch noch nach dem Krieg die Kriegslagen darstellte – und seine strategischen Entschlüsse begründete –, lief das ›Kriegstheater‹ gewiß nicht ab.
Die Vorstellung, Dönitz könnte es aber tatsächlich so erlebt haben, wie er es schilderte, ist freilich erschreckend. Diese Vorstellung gewinnt dadurch Nahrung, daß Dönitz sich oft sogar noch der Simplizität seiner Denkweise rühmte. Immer wieder schärfte er den Kommandanten sein »Angriff – ran – versenken!« ein, und auch, daß sie, statt viel zu denken, einfach schlagen sollten. Dönitz war der Mann des gordischen Knotens: durchhauen – nicht aufdröseln. Besonders den Unbedarften konnte er damit mächtig imponieren. Nicht viel denken – das war ihnen aus dem Herzen gesprochen. Der Haudegen war der Typ der Stunde, der Kunktator verpönt. »Von rechtem Schrot und Korn!« – das hieß allemal auch: ohne Kopf, ohne Phantasie und ohne Skrupel.

Im KTB des BdU wurde hinsichtlich des Einsatzes der U-Boote im Invasionsraum 1944 von »schweren, aber tragbaren Verlusten...« geschrieben. Was aber hieß »tragbar«? Wer trug denn die Verluste? Selbst noch in einem so kurzen Eintrag drückte sich die absolute Materialisation des Menschen aus, die für die Zeit und die Waffe typisch war. Der schier blasphemische Ausdruck ›Menschenmaterial‹ war ohnehin einer, den Dönitz gern gebrauchte. Zwischen verschossenen Torpedos und toten U-Boot-Fahrern wurde kein Unterschied gemacht. Und in jenem schon mehrfach genannten, ebenso rigorosen wie absurden Befehl heißt es folgerichtig:
»Das Boot, das dem Feinde bei der Landung (Invasion) Verluste beibringt, hat seine höchste Aufgabe erfüllt und sein Dasein gerechtfertigt, auch wenn es dabei bleibt.«
Diesen Befehlstext mit seinem hochtönenden Pathos und der feigen Verbrämung kann man gar nicht oft genug lesen. »Wo soll das Boot denn *bleiben?*« hörte ich damals einen durch seinen Zynismus von der Herde unterschiedenen Kommandanten mit gespielter Arglosigkeit fragen – und just das erschien mir als die denkbar beste Reaktion auf die nunmehr ins Absurde überkippenden Befehle des Karl Dönitz.

Nicht jeder Kommandant hatte genügend moralische Stabilität, um sich solchen Befehlen zu widersetzen, wenn er sie als das erkannt hatte, was sie waren: Wahnsinnsausgeburten. Von einsichtigen Flottillenchefs wurde dieser Selbstvernichtungsbefehl allerdings modifiziert und ihm damit die Spitze aus Wahnsinn genommen. Es gab aber auch in dieser späten Zeit noch genug Fanatiker, die Dönitzsche Befehle wortwörtlich verstanden und so den von Dönitz proklamierten »Opfergang«, zum Schrecken ihrer Besatzung, wahr werden ließen.

Die Dönitzschen Propagandaklischees bekamen auch dadurch keine Überzeugungskraft, daß er sie ad infinitum wiederholte. Lange noch nach der Kapitulation und nach seiner Spandauer Gefängniszeit versuchte Dönitz, sich in der Rolle des Seekriegshistorikers und Veranstaltungsredners mit seinen törichten Floskeln zu salvieren. In einer seiner Schriften liest sich das so:
»Im Juli 1944 befand sich Deutschland im Krieg. Es stand im schweren Ringen gegen den äußeren Feind. Die deutschen kriegerischen Kräfte waren bis zum Zerreißen angespannt. Unsere militärischen Landfronten hatten also gegen eine wachsende Übermacht in härtestem Einsatz zu kämpfen.
Ebenso befand sich im Seekrieg die deutsche U-Boot-Waffe in einem Opfergang: Gegen eine überlegene Abwehr mußte sie bei geringen Erfolgsaussichten, aber erheblichen Verlusten, weiterkämpfen, um die außerordentliche Zahl der militärischen und materiellen Kräfte, welche die Anglo-Amerikaner bisher in der Atlantikschlacht eingesetzt hatten, auch weiterhin dort zu binden.«
Dönitz beruft sich hier quasi auf eine höhere Macht: »... mußte weiterkämpfen«. Dabei war *er* es doch, der die Boote hinausgetrieben hatte.
»... befand sich im Seekrieg die deutsche U-Boot-Waffe in einem Opfergang«, das klingt nach blankem Zynismus: Die U-Boot-Waffe »befand« sich nicht, sie war von Dönitz höchstselbst zu diesem schrecklichen »Opfergang« gezwungen worden.
Der Text kennzeichnet schließlich auch in scheinbaren Nebensächlichkeiten die Denkschwäche des Autors: »militärische Landfronten« – was für andere als »militärische« Fronten gab es denn?

Um diesen Charakter und seine mit Forsche und Fanatismus getarnte Simplizität ganz zu erkennen, kann man gar nicht genug Originaltexte von Dönitz lesen. Vor allem seine von ihm so gern verkündeten Maximen sind höchst aufschlußreich. Sie offenbaren in ihrer Mehrzahl eine erschreckende Intellektfeindlichkeit und – als wäre das für Dönitz der Ausgleich – einen pervertierten ›Preußengeist‹. Hier ein typisches Beispiel:
»Meine Lehre war: Wenn Du in See im Feindgebiet nur marschierst, lege das Schwergewicht auf Deine Sicherheit, sei wachsam, sichere Dich gegen alle Möglichkeiten des Gegners, wenn sie Dir auch noch so unwahrscheinlich erscheinen. Bist Du aber im Gefecht, dann sei Dein dominierender Gedanke die Vernichtung des Gegners, handle dann für dieses Ziel mit aller Energie, schlagartig, mit vollem Einsatz Deiner Kampfmittel. Stehst Du so dem unterlegenen, gleichartigen oder gar überlegenen Gegner gegenüber, dann kämpfe, kämpfe und brich den Kampf nicht vorzeitig ab aus irgendwelchen Gedanken, die sehr oft nur scheinbar richtig sind, weil ihre Grundlage, bewußt oder unbewußt, nur die Sorge um Deine eigene Sicherheit ist.«
Genauer als in solchen – erstaunlicherweise noch nach dem Krieg von ihm publizierten – Selbstzeugnissen konnte Dönitz seine bis zum Ende praktizierte Abschottung von Vernunft und Einsicht nicht bloßlegen.

Der Irreführung des Volks mit Hilfe einer perfekten Propaganda entsprach die Irreführung im militärischen Bereich. Die Lüge und das Spiel mit verdeckten Karten wurden usus. Auch die Befehlssprache – sonst immer eine besonders klare Sprache – wurde unter der Dönitzschen Ägide auf merkwürdige Weise verwandelt und quasi aufgeweicht. Sie verlor ihre Eindeutigkeit.
Bezeichnend sind jene von Dönitz gegebenen Befehle und Äußerungen, die in den Ohren mancher Kommandanten anders klangen, als sie gemeint waren, und die als auslegbar galten.
Das hatte freilich weniger mit Sprachschlamperei als mit der Absicht zu tun, gegen eventuelle Vorwürfe ›unkorrekter‹ Kriegsführung gewappnet zu sein, aber dennoch seine wirklichen Absichten an den Mann zu bringen.
Das ›faire semblant‹ wurde zeittypisch. Es schlich sich auch bis in die Befehlsgebung hinein, und der Landserspruch »Befehl ist Befehl«, der hunderttausendfach im Krieg besondere Sturheit und später die grausigsten Verbrechen entschuldigen sollte, büßte seine Verbindlichkeit immer mehr ein. Es gab genug Kommandanten, die glaubten, ihren Befehlshaber besser verstehen zu sollen, als die Worte des Befehls es ausdrückten.
Für diese Zweideutigkeit mancher Befehle – oder sagen wir besser: für ihre zweifache Auslegbarkeit – gibt es manches schlagende Beispiel.

Die Vokabel, die Karl Dönitz am häufigsten über die Lippen kam, wenn er Besatzungen anstachelte oder seinen Flaggoffizieren Siegeswillen einzuhämmern versuchte, hieß ›fanatisch‹. Es war seine gängigste Münze. Denkende Männer in den Stäben und mitdenkende Kommandanten waren jetzt nicht mehr gefragt, nur mehr ›fanatische‹:
»Die Wehrmacht muß fanatisch an dem Mann hängen, dem sie Treue geschworen hat, denn sonst leidet eine solche Wehrmacht Schiffbruch, wenn sie dieses Urgesetz einer Wehrmacht nicht verstanden hat und trotz dieses Eides eine Reservatio innerer Opposition vorbehalten hat gegen den Mann, der alle diese Tugenden verkörpert, gepredigt und durchgeführt hat ... Es ist also notwendig,

diese Zusammenhänge klar zu erkennen, und daß es in diesem bitterernsten Schicksalskampf nur die fanatische Anhängerschaft an diesen Mann und diesen Staat gibt. Jedes Abweichen ist eine Lockerung und ein Verbrechen.« Dönitz-Rede vor Flaggoffizieren am 24. August 1944

Gegen Kriegsende glichen die Einpeitschparolen des Karl Dönitz den Beschwörungen eines Phantasten. Dönitz verfiel ins Geifern und überschrie sich, wenn er seine Aufputschreden vor den U-Boot-Fahrern hielt. Oft verfiel er sogar einer besinnungslosen Hysterie, er unterschied sich dann nicht mehr von der übelsten Sorte der Parteiredner. Und wie diese vermochte er immer wieder trotz der Billigkeit seiner Argumente den Wunderglauben zu schüren. Der Wunderglaube, schon Mitte des Kriegs ins Spiel gebracht, obsiegte jetzt über alle Vernunft. Was Dönitz nun im Stab bei Lagebesprechungen oder vor den Befehlshabern von sich gab, war *wirklich* von erschreckendem Fanatismus geprägt.

In der gleichen Rede vom 24. August 1944 heißt es weiter: »Lieber möchte ich Erde fressen, als daß meine Enkel in dem jüdischen Geist und Schmutz erzogen würden und vergiftet werden, und daß die Sauberkeit der heutigen öffentlichen Kunst, Kultur und Erziehung, die wir jetzt alle für selbstverständlich halten und deren Unterschied uns erst klar wird, wenn man plötzlich entsprechende Dinge aus der Systemzeit sieht und schön gefunden hat, wieder in jüdische Hand kommen soll.

Es ist also zu verlangen vom Offizierskorps, daß es restlos hinter diesem Staat steht, daß es fanatisch entsprechend die Truppe erzieht. Daß diese Erziehung ihre Quittung nicht in schönen Reden, sondern in einem fanatischen Sterbenkönnen haben muß. Wer das nicht will oder kann, kann nicht höherer Führer oder Truppenführer sein und muß verschwinden.«

Dönitz wäre für mich kein Thema mehr, wenn er nicht von gewissen uneinsichtigen und unbelehrbaren Veteranen, den inzwischen sklerotisch denkgehemmten ›jungen Helden‹ von einst, mitsamt ihrer Waffe glorifiziert und zum ›Nur-Soldaten‹, der nichts anderes als seine soldatische Pflicht tat, stilisiert würde. Just das – ein Nur-Soldat – war er eben nicht, sondern im Gegenteil einer, der die von ihm selber so nachdrücklich proklamierten soldatischen Tugenden gegen billige Naziideologien eingewechselt und damit einige der besten seiner Kommandanten tief beschämt hatte.

Dönitz ließ sich zwar verächtlich über solche Schranzen wie Himmler und Göring aus, im Grunde aber war er selber ein in der Wolle gefärbter Nazi: Raeder trug das Goldene Parteiabzeichen, Dönitz soll sich darüber, obwohl er ganz und gar mit Naziideologie infiziert war, mokiert haben. In den höheren Stäben wurde er aber als der ›Hitlerjunge unter den Admirälen‹ – so hatte ihn Raeder genannt – bespöttelt, und schließlich steckte er sich – wohl nach dem 20. Juli – das Goldene Parteiabzeichen selber an.

Dieser Mann behauptete doch nach dem Krieg empört, er hätte von den KZs nicht das geringste gewußt – behauptete auch, er wäre »nur durch Zufall so hoch aufgestiegen«, und schließlich sogar, er hätte »mit der Partei nie das geringste zu tun gehabt«.

Dabei putschte Dönitz noch im Februar 1944 Flaggoffiziere so auf: »Er ⟨der junge Offizier⟩ muß militärisch erzogen werden, vor allem aber auch dahin erzogen werden, daß er als Offizier bedingungslos Wächter unseres nationalsozialistischen Staates sein muß.

Man muß das gesamte Offizierkorps von vornherein so einstellen, daß es sich mitverantwortlich fühlt. Der Offizier ist der Exponent des Staates; das Geschwätz, der Offizier ist unpolitisch, ist barer Unsinn.«

Einer seiner heftigsten Kritiker, Alexander Rost, räumt zwar ein, er habe »ein paar Hofschranzen der Partei verachtet«, fährt aber dann fort: »Aber das tat damals auch jeder Pimpf in Deutschland.«
Rost wirft Dönitz vor, er sei »nicht nur mitgegangen, mitgefangen in einem Staat, der aus dem Ruder lief, und nicht der Kriegstechnokrat, der sich, ähnlich wie die Besatzungen in den Booten, um das Geschehen hinter dem Horizont seines Kartentisches nicht scheren konnte«. Nach Rost »hatte sich ⟨der Großadmiral⟩ an der sogenannten Weltanschauung Hitlers willig infiziert und wurde ein Vorkämpfer des Regimes, ein Lautsprecher für dessen Durchhalteparolen und selbst ein Machthaber, der dem Kriegsgerichtsterror seinen Amoklauf ließ. Am Ende wirkte er hitlerisch wie Hitler, in der Tat ein letzter Führer... Er war eben nicht der Nur-Soldat, wie er sich in Nürnberg dem Gericht präsentierte, einer der hohen Militärs, die zur Melodie von ›Politisch Lied, garstig Lied‹ ihre Skrupel verdrängten, sondern hat sich mit der ›politischen Führung‹ in einer Weise identifiziert, die jedes Gerede von Pflicht und Gehorsam und Schicksal zur Faselei macht. Für diesen Karl Dönitz gibt es keinen Tauchretter, der ihn in irgendein Traditionslicht herauftragen könnte.«

Dönitz war es, der am 1. Mai 1945 nach dem Selbstmord Hitlers aus dem Führerhauptquartier als Sondermeldung die schamlose Lüge vom Soldatentod Hitlers verkündete. Diesmal gab er sich pathetisch:
»... unser Führer Adolf Hitler ⟨ist⟩, heute nachmittag in seinem Befehlsstand in der Reichskanzlei bis zum letzten Atemzug gegen den Bolschewismus kämpfend, für Deutschland gefallen ... in stolzer Ehrfurcht und Trauer senken wir vor ihm die Fahnen.«
Es sind die ›dirty tricks‹ der Täuschung – und damit wohl auch der Selbsttäuschung –, die sich auch noch in den Befehlen finden, mit denen Dönitz kurz vor Torschluß die Männer bei der Stange zu halten versuchte. Nur mit einem gerüttelt vollen Maß an Menschenverachtung konnte es ein soldatischer Führer über sich bringen, seine Untergebenen so schamlos zu belügen, wie es Dönitz tat.

Auch noch in seiner letzten Funkbotschaft an die U-Boot-Fahrer fälschte Dönitz die Wahrheit:
»Eine erdrückende Materialübermacht hat uns auf engstem Raum zusammengedrängt. Von der verbleibenden Basis aus ist eine Fortsetzung unseres Kampfes nicht mehr möglich.«
Als ob die Rechnung dieses Weltkriegs so einfach gewesen wäre wie: hundert Tonnen Stahl gegen zehn Tonnen Stahl. Als ob es nicht auch weit über 30000 tote Seeleute auf der anderen Seite gegeben hätte, als ob nicht Millionen alliierter Soldaten im Kampf gegen Nazideutschland ihr Leben gelassen hätten.

Die Funkbotschaft des Großadmirals an die U-Boot-Fahrer tönte pathetisch weiter:
»Ungebrochen und makellos legt ihr nach einem Heldenkampf ohnegleichen die Waffen nieder.«
Das klingt fatal nach: Im Kampfe unbesiegt. Just dieses die totale Niederlage weglügende »ungebrochen« geistert gerade heute wieder durch die Reden der

ewig Unbelehrbaren. Es verfälscht die Geschichte des U-Boot-Kriegs genauso wie das Adjektiv »makellos«.
Wie kann Töten jemals »makellos« sein? Selbst diejenigen, die den U-Boot-Krieg als gläubige Paladine ihres Großadmirals erlebten, können ihn nicht mehr makellos nennen. Der Kampf der U-Boote war mörderisch – für die Seeleute der Alliiierten wie für die eigenen Besatzungen –, makellos war er sicher nicht.

Es gibt noch allzu viele Menschen, die aus existentiellen Gründen oder mit bewußten Verfälschungsabsichten die alte Lügenmär von der ›trotz allem‹ siegreichen U-Boot-Waffe weiterspinnen, zu viele Menschen auch, denen es nur recht sein kann, wenn die überlebenden U-Boot-Fahrer ihre alten Siege wieder feiern, die Schrecknisse des U-Boot-Kriegs aber ausschweigen – zu viele auch, die einen neuen Krieg deshalb »machbar« nennen, weil sie mit der Kriegsangst ihre guten Geschäfte machen.
Heutzutage geben sich militärische Häuptlinge schon wieder selbstgerecht, ja sogar fesch und smart, aber wenn man sie argumentieren hört, erscheinen sie nicht anders als die skrupellosen Einheizer von ehedem. Sie machen mir die gleiche Angst wie sie – und auch wie die Verschweiger und Verfälscher.

Glossar

anblasen	mit Preßluft das Wasser aus den Tauchzellen drücken. Das Boot bekommt dadurch Auftrieb
achtern	hinten
Back	Tisch, früher Aufbau über dem Vordeck
Backschafter	trägt das Essen auf
Besteck	Angabe des Bootsstandorts nach Länge und Breite
Bilge	Raum zwischen Flurplatten und Schiffsboden
einsteuern	das Boot durch Zulassen von Wasser oder Lenzen bei der Tauchfahrt in einen bestimmten Schwebezustand bringen
Eskader	kleines Schiffsgeschwader
Fender	hängt beim Anlegen zwischen Bootsrumpf und Kai, um Bewegungen des Boots gegen die Kaimauer abzufangen
Flaggoffizier	Offizier vom Konteradmiral an aufwärts
Flurplatten	Eisenplatten, die den ›Fußboden‹ des Boots bilden
gap	Zone im Nordatlantik, in der die U-Boote vor Angriffen durch Flugzeuge sicher waren, weil deren Reichweite das Gebiet nicht abdeckte
Gast	Mannschaftsdienstgrad, nach Funktionen getrennt, z. B. Signalgast
Gräting	Rost aus Holz- oder Eisenstäben
Kimm	Horizont auf See
Kolcher	kleines Schiff
krängen	Auf-die-Seite-Neigen eines Schiffs
Kulani	Uniformjacke
Leder-Päckchen	Borduniform aus Leder
lenzen	Wasser aus dem Schiff pumpen
Maat	Unteroffizier
Metox	Funkmeßbeobachtungsgerät (FuMB)
Pallen	Holzklötze
Piepels	Leute / Männer – von engl. *people*
Pier	Hafenmauer
Prahm	Arbeits- / Frachtkahn mit geringem Tiefgang
Prise	von einem Kriegsschiff aufgebrachtes Schiff
reesen	quatschen
Regelzellen	durch Lenzen oder Fluten der Regelzellen läßt sich der Gewichtszustand des Boots verändern, z. B. zum Einsteuern

Schapp	Schrank/kleine Kammer
Schmutt	Koch
Schott	Trennungswand, aber auch Tür
skylight	Oberlicht
sloop	Kriegsschifftyp
Spring	Festmacheleine
Sprung	Höhenunterschied zwischen Heck und Bug eines Schiffs
Stelling	Laufplanke, aufhängbares Sitzbrett
Steven	Bug- und Heckbegrenzung nach außen
Süllrand	Dichtungsrand ums Turmluk
Tauchbunker	können wie Tauchzellen verwendet werden, sind jedoch in der Regel mit Treiböl gefüllt, das erst im Laufe einer Unternehmung durch Seewasser ersetzt wird
Tauchzellen	dienen dazu, dem Boot bei Überwasserfahrt Auftrieb zu geben. Sind bei Überwasserfahrt voll Luft und werden zum Tauchen geflutet
Typhon	Signalhorn des U-Boots
trimmen	Gewichtsverlagerung längs des Boots
Wuhling	Durcheinander

Abkürzungen

AK	Alle Kraft
BdU	Befehlshaber der U-Boote
BÜ	Befehlsübermittler
FdU	Führer (regional) der U-Boote
FuMB	Funkmeßbeobachtungsgerät
KTB	Kriegstagebuch
LI	Leitender Ingenieur
ObdM	Oberbefehlshaber der Marine
OKM	Oberkommando der Marine
OKW	Oberkommando der Wehrmacht
PK	Propagandakompanie
RAF	Royal Air Force
UZO	U-Boot-Zieloptik
I/II WO	erster/zweiter Wachoffizier

Bildnachweis: Edition Yves Buchheim, Fribourg